美育教育新探索

——从职业人生到美丽人生

穆林　著

·北京·

内容提要

本书以习近平新时代中国特色社会主义思想为指导，以中华优秀传统文化为立足点，通过对美育教育的研究，对大学生起航人生初心的培养，对大学生美育实操技能的训练，认真梳理高校美育教育的经验，同时探讨美育教育的新途径，把职业人生提升到美丽人生探讨中，让大学生在新时代创新创业中感受到生活的美好、社会的美好、国家的美好。

本书分为六章，第一章主要探讨美学与美育的关系、美育的作用以及艺术院校在美育教育中的作用。第二章主要探讨文化自信与智慧人生，阐释文化之美以及所延展的文艺之美、生活之美、修养之美与家风之美。第三章侧重探究年轻人的初心与梦想，希望年轻的大学生能为了梦想勇往直前。第四章探讨如何从优雅人生到美丽人生。通过实操来提升自身的气质，形成“教”与“学”的良性互动。第五章探讨从事业人生到健康人生以及在职场中的管理智慧。第六章着重探讨创新创业之美，鼓励年轻人在创业中感受奋斗之美，体验生命之美。

本书以创造美好生活为目标，激发并挖掘年轻人源自内在的、难得的美，这种美是通过力量、勇气、尊严以及奋斗散发出来的。高校要顺应时代的要求，强化学生的审美能力、独立思考能力与创新能力，实现思想政治教育与艺术教育、就业创业教育的融合，着力将大学生培养成德、智、体、美、劳全面发展的社会主义建设者与接班人。

图书在版编目（CIP）数据

美育教育新探索 ： 从职业人生到美丽人生 / 穆林著
. -- 北京 : 中国水利水电出版社, 2021.9（2024.10重印）
ISBN 978-7-5170-9909-3

Ⅰ. ①美… Ⅱ. ①穆… Ⅲ. ①美育－教学研究－高等学校 Ⅳ. ①G40-014

中国版本图书馆CIP数据核字(2021)第179852号

策划编辑：陈红华　　责任编辑：王玉梅　　封面设计：梁　燕

书　　名	美育教育新探索——从职业人生到美丽人生 MEIYU JIAOYU XIN TANSUO——CONG ZHIYE RENSHENG DAO MEILI RENSHENG
作　　者	穆林　著
出版发行	中国水利水电出版社 （北京市海淀区玉渊潭南路 1 号 D 座　100038） 网址：www.waterpub.com.cn E-mail：mchannel@263.net（万水） sales@waterpub.com.cn 电话：（010）68367658（营销中心）、82562819（万水）
经　　售	全国各地新华书店和相关出版物销售网点
排　　版	北京万水电子信息有限公司
印　　刷	三河市华晨印务有限公司
规　　格	170mm×240mm　16 开本　15.75 印张　263 千字
版　　次	2021 年 9 月第 1 版　2024 年 10 月第 2 次印刷
定　　价	88.00 元

前　言

党的十九大报告提出“经过长期努力，中国特色社会主义进入了新时代，这是我国发展新的历史方位”。说明中国特色社会主义进入新时代。报告还提出“在全面建成小康社会的基础上，分两步走在本世纪中叶建成富强、民主、文明、和谐、美丽的社会主义现代化强国”。

党的十九大报告专门就文化进行了充分论述，“文化是一个国家、一个民族的灵魂。文化兴国运兴，文化强民族强。没有文化的高度自信，没有文化的繁荣兴盛，就没有中华民族伟大复兴。”

每个国家的人才培养都是建立在这个国家的历史文化之上的，并融入了其自身的价值观。高校要在人才培养过程中增强大学生的价值认同和文化自信，用社会主义核心价值观培养人才，并促使其社会主义核心价值观的内化。习近平新时代中国特色社会主义思想是高校铸魂育人的根本。高校要准确把握共同营造教育发展良好环境的要义，引领社会树立正确的审美观念、培养高尚的情操、塑造健康和谐的人际关系，以美育人、以文化人。艺术院校要推动美育的基础探索，推动艺术升级行动，“以大爱之心育莘莘学子，以大美之艺绘传世之作”，实现教育高质量发展，服务国家新发展格局。

艺术是一种情感教育，能陶冶情操，纯洁心灵，提升境界，获得高尚、温情的精神家园，从而通往自由与幸福。艺术院校要尊德尚艺，提升人们的审美情操。建设美丽中国就是提高每个公民美的素质，而美的素养与教育有关，与学校更有关联。美育教育是学校生态建设的基本内容，更是艺术院校的使命担当。艺术院校要成为美的供应者，成为新时代美育教育的探索者、传播者与实践者。

本书以思想政治教育的总体目标、美育教育的总体目标和培育担当复兴大任的时代新人为导向，力图明晰思想政治教育大融合体系，构筑思想政治教育、创新创业与美育耦合的“大思政”，探索新时代思想政治教育发展的全维度模式，打造我国审美教育、美育探索新进程。本书既是一种美学与美育的理论探索，也是美学与美育实践的操作手册，通过美育来强化思想引领，坚定学生理想信念，同时，通过美育来加强学生人生教育，强化就业创业教育，助力思想政治教育。培养学生良好的审美品行，促进学生成长、成人、成才、成功。

爱美是对生命价值的肯定。为美所感动，时常可以为自己的生命找到光明的前景。当我们对前途失去信心时，最适当的途径是寻找使自己感动的美。因为爱美而产生的生命的执着，爱美所激发的生命力，最终会落到每个心灵上，从而活出不一样的人生。美是一种生命的力量，是存活的竞争力。美育教育新探索就是要立足于审美能力培养，提高人们美的修养，为美所感动，为生命所感动，最终提升生命境界，用美的眼光解决生活中的烦恼、创业中的困境以及人生的艰难。自美的探求，进而体验生命的真正意义。公民审美能力的培养、美感的养成之道在于美育。

本书始终贯穿着文化元素，希望通过挖掘中华文化的智慧来提升人的审美能力，深度感悟中华文化之美，体悟人与社会之美，提高年轻人干事创业的积极性，提高生活质量，最终实现从职业人生到幸福人生，从智慧人生到美丽人生的转变！本书同时也是作者三十多年高校工作实践的总结，通过形散而神不散的写作形式，总结与分享在高校三十多年的从教经验，通过短文短语的方式激发青年努力践行使命担当，努力实现梦想。本书贯穿始终的是爱党爱国爱家教育，是以文化素质教育为依托的创新思想政治工作新范式。

大学的根本任务是立德树人，大学教育要培养德、智、体、美、劳全面发展的社会主义建设者和接班人，美育教育要贯穿学校教育的始终，并融入思想政治教育工作的全过程。让年轻人运用自身具备的美的创造能力，把创造的美奉献于社会。青年有梦想，国家有希望！

本书也是融入了美育教育的一部思想政治教育教材，旨在激发学生们的创新活力和创业积极性，激发年轻人为了祖国的富强而努力，向着美好的梦想奔跑，让其追梦之路更清晰，筑梦之基更坚实，追梦初心不变，追梦意志更坚毅。

人有两种心智能力，从而形成两个世界，一是理性世界，二是感性世界，理性世界是科学素养，感性世界更多的是艺术表现。科学与艺术，二者犹如鸟之两翼，重视理想、忽视感性意识的发展，有时会毁掉一个孩子一生的幸福。从小培养孩子的感性素质，让其对周围的环境有良好的选择与价值追求，这也是生命品质的要求。为什么很多人在物质水平提高了以后，并没有感到幸福如期而至？就是因为缺少美的素质，缺失体验幸福所需的素质。感性的质量也就是审美，审美弱、感性素质低的人，对品质的追求相对不高，成功相对较难。人的感性素质的提升，也是社会进步的表现。中国当下一些企业不把产品作为作品，产品的品质与品牌难以提升，核心竞争力缺失，企业的发展受到制约，原因之一就是忽略了艺术审美功能与产品的关系，其感性素质较低，缺乏基本的艺术修养，缺乏获取感性智慧的能力。

现代社会有些人用金钱衡量一个人的成功，用分数衡量一个学生的进步，这些都是对人生丰富性的一个扁平化和简单化的理解。人生是一个充满多义性和多维度的立体面。学校的教育应该将人性、生活、生命、智慧以及灵性和情感融为一体，是美的修炼场。教育不是把篮子装满，而是把灯点亮！

美育教育就是在美的基础上让更多人认识到自身的潜能，点亮人们心中的灯，在守住初心的同时不忘梦想，执着地努力。在新时代，只有创造者才能成为一个贡献者。美育是培养创造性的最佳途径。创造美好的生活，美育可以温润心灵，激发创新创造活力，让美育生活化、生活美育化成为我们的价值追求。

我们是美的创造者和传播者，也是美丽心灵的陪伴者和雕琢者。做人，不一定要风风光光，但一定要堂堂正正；处事，不一定要尽善尽美，但一定要问心无愧。以真诚的心，对待身边的每一个人。以感恩的心，感谢拥有的一切。未来，是志同道合、敢为人先、正直、正念、正能量的人的天下。真正的危机，不是金融危机，而是道德与信仰的危机。与智者为伍，与善者同行！

青春由磨砺而出彩，人生因奋斗而升华。青年一代应该有理想、有本领、有担当。“志行万里者，不中道而辍足”。让我们共怀愚公之志，同尽担当之责，只争朝夕，不负韶华。我们的幸福并不遥远，我们的努力更需坚持。生活的真谛就是生命永远在路上，只有拥有明媚的心境，才会有明媚的际遇，才会与幸福同行。

岁月不居，时节如流，最难忘的时光已刻写在年轮深处，最艰难的时刻已经过去，祝福所有向着阳光勇毅笃行的人。

本书系2018广东省教育科学“十三五规划改革开放40周年”党建工作研究项目《习近平新时代中国特色社会主义思想在广东高校的实践研究——以艺术院校思想政治理论课教学“零一二三四路径”为例》（2018JKDJ039）结题成果。

作　者

2020年12月

目　　录

第一章　美学与美育

第一节　美学

一、美学的基本概念

美学是研究人对现实的审美关系的科学。其框架性内容构成一般包括四个部分，即美论、美感论、艺术论、美育论。

美论研究审美关系中的客体，即审美对象。审美对象原则上研究两个问题，一个是“美是什么”，一个是“什么是美”。

对“美”的理解有三种观点：一是“美”是一种客观存在，是事物表征出来的独特形态。不管你是否去感知它，它都存在着，感知是一种发现与体验。二是“美”是主观的，或者说美的“样态”是主体感知中赋予的，它就是一种“存在”，与他物的存在没有什么差异。这种观点比较复杂，它既表现为理性主义的特征，又包含一些“反美学”（又称“问题美学”）的认知。三是“美”是主客观统一，美是客观存在，但只有主观去感知了，才激活这种存在。中国传统审美与现象学的认知多有这种倾向。

美感论研究的是审美关系中的主体，审美主体主要是审美心理和审美修养研究。美感是一种瞬间的生理直觉，感官意义上的感觉获得，它更多来自实践经验，讲究直观性和随机性。

艺术论是对艺术美的普遍品格的研究。艺术美集中了人对现实的审美关系，是美的最高形态。

美育论研究人在审美关系中如何受到美化、教育与熏陶。美育论既是对美育的理性认识，也是美育应用的实践与操作。

美学与美育关系密切，美育是美学的一个有机组成部分。美学更多的是研究理性和学科框架及方法论规则等，如果没有美学做理论基础，美育就无章可循，无法可依。

马克思主义认为，美是“人的本质的对象化”，人是“按照美的规律来塑造”的。

马克思在《政治经济学批判》中将人的发展分为三个阶段，即以人的依赖性为基础的阶段、以物的依赖性为基础的阶段、人的自由全面发展的阶段。人的全面发展对于年轻人来说就是要成为德、智、体、美、劳全面发展的人。

在“美”出现的时候，它是带来愉快的对象，存在事物之中，可以被清晰感知。它的主要特征是“和谐”，体现为各种“关系”：物的形式秩序与协调，人与对象的友好共处。而这些和谐的特征全都在人的身体感官可以接受的范围内，即通过感知可以体会到。美既以形态特征而客观存在，又是人可以主观感知的对象。这种客观对象的形态具有“形式美”的特征，而主观感知体现为愉快的心情，产生了情感的波动。但一切都非常单纯、朴实与纯洁。社会的发展变化带来了美的内涵的变迁，美在纯粹之外复合了“观念”的内容，表现出多样性与复杂性，不同时代、不同地域形成各自美的标准不尽一致。人的感知也在这一过程中发生着变化，人们并非为了追求纯粹之美，感知出发点也随之复合着更多的因素。或为了纯粹的愉悦，或寻求精神的寄托，甚至为了生存的需要也企图通过感知去实现。这一切均影响着我们对“美感”的认知，影响着美的艺术创造与欣赏，并延伸至审美教育。

所以，我们说人有两种心智能力，从而形成两个世界，一是理性世界，二是感性世界，理性世界是科学文化，感性世界是给人觉知的。从小培养感性素质对孩子的发展有很大的帮助，孩子会对自己所生活的世界有更深刻的认知和体验。美的素质缺失的人幸福的体验少。感性素质低的人很难成功，因为快乐的来源更多的是感性素质，快乐是需要体验的，快乐是把经历转变为积极成果的关键因素。

党的十九大报告中提出要“建设美丽中国”。美丽中国是我们的奋斗目标，是需要提高每个公民的审美能力。审美能力是一种文化素养。孟子说：“人之所以异于禽兽者也，庶民去之，君子存之。”人类与动物的区别不仅在于具有真、善，还有逐美愿望。一直以来，逐美成为人类一种神圣而崇高的理想。提高大众美感，要从生活美化着手，要从教育入手，让所有的教育与美的教育有关联。学校要成为美的供应者，要把公民美学作为美育的普及来进行、来强化，让审美成为大众的精神食粮。欧洲的一些国家从 19 世纪开始采用全民美育的方法，这种方法在美育史上证明是非常有效的。全民的美育素养提高了，人文精神素养也提升了，大众的审美水平也上来了。

一个国家、一个民族不能没有文化，没有艺术。艺术的目的是创造美，艺术创作必须来自一种原始的、深层次的诉求。艺术是一个人的生活方式和存在方式，也是他寄托与抒发内心性情的方式，是提高人们审美的必经途径。中外一切经典文艺作品的共同特点是“人”与“物”、“心”与“脑”、“心”与“心”相通，充分展现了真善美与假恶丑的较量。

在这个时代，温饱问题已经解决，人们对精神上有了更高的追求，对美的追求也被视为一个国家真正富裕的标志！财富不再是衡量一个国家及一个人文明的标准，有良好的审美意识和审美修养才是文明的基本品格。对美好生活的向往是所有中国人的追求。对已经过上小康生活的中国人来说，更是希望提升自己美的认识与美的气质，希望通过艺术找到历史文化的灵魂。美学资源具有共享性和再生性。要坚持面向全体，让人人成为艺术财富的共享者。

二、中华美学

中华美学在世界美学发展的总格局中占据着重要的地位，作为东方美学的一支，有着许多迥别于西方美学的特征。比如“天人合一”既是审美过程，又是审美意识与审美境界；艺术美学观念与艺术表现技法的叠合与融合；艺术哲学意识与生命哲学意识的一致性，气、性、形、神、风、格、情、韵等诸多人的素质成为对美的追求与体悟，艺术美学的最高境界是“自然”。人自身既是自然的人，又是社会的人，必然是天人合一的智慧生命。“自然”“参错”“中和”成为中华美学的基本内容。美，始终是人生的终极关怀。美，既体现为物质形态，更体现为精神形态。美，更多的是内心世界的淡泊宁静。艺术意境的高低取决于艺术创造主体的思想境界与美学水准。因此，中华美学注重作品的整体美感、整体效应，追求大而化之的艺术气度与美学风度，讲求留有余地的空间想象。中国艺术体现方式，一向讲求藏、掩、隐、抑。艺术创造者要为艺术鉴赏者营造出一种艺术审美上的心理场，让观赏者有更多的空间拓展，有更多的意味深长，艺术审美的导引更强烈。

“画者，天地无声之诗。诗者，天地无色之画。”能从画中听出诗的声音，从诗中见到画的色彩。可见，中华美学通过挪移、置换与延展、想象等艺术的表现手法，培养人们的审美感悟能力，提高其审美素养。

“天地有情，万物有韵。”在中国艺术中，人们不但讲究“韵”，而且追求“韵外之致”。艺术中的“万物之韵”，要求体现中国人，特别是知识分子的清高、孤傲、超脱的人格与精神。明代戏剧家汤显祖说：“以若有若无为美。”喜欢隐约之美、依稀之美、朦胧之美，虚虚实实，引人神往。同时，中国文人以“扬清为美”。道家追求“清静无为”的人生境界，以“清”为美。孟子曰：“胸中正，则眸子瞭焉。”“激浊扬清”显示了一个民族的生命活力，反映了整个民族文化建设的自体调节与自净能力，也反映了审美层次上的高追求。

世界上不缺少美，而是缺少发现美的眼睛。审美是一种视觉与观感的过程，是脑想、动手实践的理性与感性相互交织的过程，也是获得创造能力的一种方式，可以激发和培养人们的智慧，为人们提供认知世界的新方式。如中国古代书画所固有的宇宙观、自然观和禅学思想，所拥有的空间感、书写性、平面性以及想象力等均是一种创造。山水与画、物象与笔墨无不渗透着创作者的心声，既是写实又是写意，更是心性，展示了独特的审美价值体系。我们可以在潜移默化中增强感受、鉴赏、创造美的能力。

审美对个人和社会都很重要。一个人不懂得审美，便会在各个方面都不注意，特别是自己的形象，邋里邋遢，房间也乱七八糟。不能判断一件东西是否好看，只能靠价钱高低来确定美丑。一个社会不懂得审美，就会脏乱差，建筑不美，街道不美，整个城市也不会有韵味。审美对社会文明、个人修养有着至关重要的作用！

人在一定的生存基础上就会去追求艺术、宗教和哲学。所以，艺术、宗教与哲学一样，都是为了满足人们的精神追求，让人们更加美好，但是艺术更接近生活，更会让人们在日常生活中不知不觉地感知到美。艺术的最高境界就是让人心动，让人们的灵魂受洗礼，让人们发现自然之美、生活之美、心灵之美。艺术是培育健全人格、实现灵魂塑造的孵化器。因此，费尔巴哈说动物只是为身边的光线而激动，人却为宇宙中与自己看似无关的光线而激动。

美感能熏陶气质。虽然我们的生活水平提高了，但是审美水平却依然令人担忧。在一些地方如美术馆、博物馆等为了赚钱，改成了儿童游乐场，本来是一个宁静的、让人思考的慢节奏的场所，变得人声鼎沸，浮躁不堪。一部分文化机构还采取趋同大众趣味的方式，以降低自己的品位来迎合大众，为了吸引观众，将文化彻底地变成商品出售。越来越多的影视文化、快餐文化夹杂着非文化的大众趣味，民族原有的审美趣味越来越少。一个不懂得审美的社会，怎能够孕育出经典的文化，创造生活的美？

中国式审美曾经领先世界，诗歌、辞赋、茶道、书画、插花等无不展示古人的高雅情趣，但现在所谓的西方式审美到处都是，如大红大绿的街坊招牌、魔性音乐、奇葩建筑、超现实流行等。现在，一部分中国人是讲实用主义没有审美愿望的，画家吴冠中说："如今中国的文盲不多了，但美盲却很多。"我们的教育重视实用主义和知识灌输，但如果一代人的审美缺失，影响的将是下一代人的创造力。

一个懂得审美情趣的人，他们是在真正地生活。他们会去欣赏音乐和诗歌，去学习自己喜欢的乐器，去绘画，这些事情跟美有关而与其他无关，这些艺术修养让他们的灵魂高贵起来了。我们常常看到一些成功的人，因对某些事物的感动、某些事物的美而树立创业的信心，由于对美的执着，在遇到困难时也可以勇往直前，这就是爱美而产生的一种生命的执着。被美所激发起的生命的价值完全不同，大部分有成就的创业者如此，19 世纪末，梵高与高更也是如此。

很多人只知道爱因斯坦是物理学家，不知道他也是音乐家，小提琴拉得非常好。据说，他在构思"相对论"时，常表现得"精神反常"，喝一口咖啡，弹一阵琴，来回无数次，自己一个人在书房里关了两个星期后，创造了"相对论"理论。

爱因斯坦曾说："我在科学上的成就，很多是由音乐启发的。"

很多科学家有很高的音乐修养，如近代实验物理学的奠基人伽利略、"进化论"的创造者达尔文、发明避雷针的富兰克林，还有我国的物理学家钱学森等。这说明，艺术的思维在科学研究中的作用是巨大的。科学家率先觉醒，首先意识到科学与艺术的关系，艺术思维可以让人们走出碎片化环境，走出刻板条框，激发人们的探索欲，激活想象力，开启与他人、与内心、与社会及文明交流的通道，让人们眼中的世界更加真实和完整。

随着现代生活节奏的不断加快，社会竞争的日趋激烈，人们的心理承受能力越来越差。由于审美情趣直接作用于人的情感世界，与人的身心关系最为紧密，并在人的理性和感性冲突之间找到平衡，使人们的生活方式由"物质化"向"艺术化"转变，这也是审美教育所特有的精神救赎的功能。现代高科技不断提供美、生产美、创造美，使大家的生活更加愉快，生命更加充实。艺术最本质的是精神，是人的精神展示与诠释，也是释放压力的一种方式。

懂得审美，就会有不一样的眼界与人生。审美，影响着人的终极判断。如果一个孩子生长在一个有品位的环境中，那他是幸运的，高水平的审美环境会影响他的认知体系，并对其影响一生。如果一个孩子生长在一个粗俗的环境中，也会形成较低水平的审美认知并影响其一生。

在人的一生中，会面临很多的判断与选择，一般情况下是较容易的判断，我们通过利弊分析即可得出结论。然而，当问题各有利弊或没有利弊条件参考时，我们如何做出选择呢？我们往往选择自己感觉较有美感的那个物质。因此，可以说审美对人的一生影响巨大，不仅仅体现着一个人的格调和品位，还深层次地影响着我们的终极判断。

一些人有这样一个误区，认为审美只是艺术上的事，是艺术家的事。其实，审美是每一个人的事。在许多时候，当事人不知道自己已经进入审美状态。审美的背后蕴藏着巨大的价值诉求，蕴藏着一个人的素养，也是一个社会文明进步的标志。可以这样说，一个民族和一个时代的生活质量往往取决于这个民族和这个时代的审美价值、审美能力、审美水平和审美愿望。如果我们因为不富裕而在心理上排除美，那就太无知了。拿愚昧当坚忍的美，拿奴性当信仰的美，拿流氓当潇洒的美，拿权属当谋略的美，拿背叛当灵动的美，拿贪婪当理想的美，拿虚荣当满足的美，这就是社会与生活的一种堕落，也是审美力不足、幸福感缺乏的重要原因。

艺术意境是天地万象与艺术家心灵融合的产物。艺术意境蕴含着审美者的心境“内容”，审美者的心境影响着艺术意境以及艺术作品形象的创构，也影响着艺术的深度、高度、广度。一个不懂审美的人，即便他富甲一方，也很难欣赏到艺术的真正之美，很难体悟到艺术境界的心灵幽情，很难体悟到人生命的情调，很难体悟到人生的深邃，很难获得有幸福感的人生。过度追求财富的人，容易缺乏对美的感知和热爱，生活中自然没有了品质的追求，他们以为可以用金钱弥补一切，可以用金钱代替一切，精神的崇高追求没有了依托。

不同的人群有不同的审美标准，只要是从真实的生活里自然而然地孕育出来的审美，就必然有内在原生的活力。我们不应该用中产阶级的审美标准去要求所有人。审美水平提高与社会的进步是成正向关系的，一个社会进步了，这一代人的整体教育水平提高了，他们的眼界、鉴赏力和艺术修养能力提高了，整个社会的审美水平自然会有一个大的提升。

爱美对人的气质有提升作用，对人的素质有提升作用。

气质之美主要通过长期的修炼达到。它取决于主体生活环境，得益于后天的教育和自我修养。一个自信的人，一定与他的德、才、胆、识等修养有关，人的气质之美来自日常生活，在日常生活中必然注意培养优良的个性，纠正不良的习惯，一定会在逆境中坚守，接受一次又一次的挑战，也就具有了常人不具备的自信心和创造力。谈吐文雅、着装得体、言语有度、举止自然、含蓄有节，仪表与性格、气质和谐一致。

2020 年 3 月 5 日，在武汉，一位 87 岁的新冠肺炎病人在去医院检查的路上，停下来静静欣赏落日。这种美感是一种超功利的愉悦，给人带来精神慰藉。这就是生活的态度，感知生活中的点滴之美。不将就，不凑合，不马虎，即使生病，也希望欣赏到美丽的瞬间。有美的欣赏，才会有美的生活。

多数时候，生活的美意是以一个个平凡瞬间呈现给我们的，只有我们认真欣赏，才会觉得动人。生活中平凡的瞬间，是生活赐予我们的美，也是生活最珍贵的部分。

钱穆说：“一个名厨，烹调了一味菜，不至于使你不能尝。一幅名画，一支名曲，却有时能使人莫名其妙地欣赏不到它的好处。它可以另有一天地，另有一境界，鼓舞你的精神，诱导你的心灵，愈走愈深入，愈升愈超卓。人生在谋生之上应该有一种爱美的生活，否则只算是他生命之夭折。”

三、中国古代文学艺术之美

艺术的构成最主要的成分就是客观之象与主观之意的结合。“自然”“参错”“中和”成为中华美学的三大支柱。

1. 中国哲学追求的“自然”二字

中国历代文人会把实现生命的“自然”与“中和”当作自己追求的美学目标。“自然”本原之意是“原本的样子就是这样”。老子认为“人法地，地法天，天法道，道法自然”。也就是说，物质变化，天地运行，都遵循一定的规律，即道，即自然。

东晋文学家陶渊明的创作具有遵循“天人合一”的审美情趣，意境在陶渊明的诗中体现得最为完满。“采菊东篱下，悠然见南山。山气日夕佳，飞鸟相与还。此中有真意，欲辩已忘言。”陶渊明以艺术创作的形态，第一次相对完整地确立了中国人的“天人合一”的审美理想。从绘画到园艺，从文学到诗歌，从歌舞到戏曲，中国人的审美观念，始终在追求着与自然的和谐，因此，中国人追求天造地设、天作之合、天衣无缝、天生丽质、天香国色等等，皆以“天”为标杆，切忌留下人工的痕迹。“巧夺天工”就是最美的，是最美中国风。

2. “参错”就是顺应自然情态

在中国文化中尽量弱化人为的痕迹，极力保持天然的情态，而“参错”就是像大自然一样，万象错布。我们的社会、生命万物就是参差交错的，并且在纷繁交错的变化中呈现出规律性的一面，我们的审美就是要把握大自然的这种规律，这种动静结合的时空衔接。在中国的园林艺术建筑中，参错之美体现得特别突出，也构成了中国园林独特的民族特色与审美特征。

“参错”就是取万象错布的自然常态，遵循自然中和谐的规律，讲求阴阳、刚柔、曲直、高低、抑扬、经纬等搭配，表面上看似无序，实则是无序中的有序，参错并奏，自然的规律与人生的规律相融合，或以景呈情，或以景衬情，以大自然的韵律来显示生命的节奏，通过展示自然的节奏之感、韵律之美，来展示人们心理与生理的生命周期的节律，达到“与天地并生”（刘勰《文心雕龙·原道》）的境界。如唐代诗人李商隐的“望乡尤忌晚，山晚更参差”（《送丰都李尉》），借山的起伏，来表达自身心境的忐忑，借景呈情，让我们在感受大自然的韵律之美的同时，也能听到诗人的心声。再如王维的“渭城朝雨浥轻尘，客舍青青柳色新。劝君更尽一杯酒，西出阳关无故人”（《送元二使安西》），托物言情，由当下想到将来，空间变了，时间也变了。又如苏轼的“人有悲欢离合，月有阴晴圆缺，此事古难全”（《水调歌头》），写人间的离合与月亮的圆缺是一样的，也就是所谓的天上人间一体的旷达胸怀。中国的文化如中国的诗艺与词艺就是这样巧妙地表现出“参错”之美。中国的书法更是大小错落、参错有致、气脉贯通。通过笔法和笔势产生笔意，达到笔境。“阳刚者气势浩瀚，阴柔者韵味深美”（宗白华《美学散步》）。书法之美或笔画简约、线条连绵，或流畅飞逸、居静以治动，形成一种行云流水之美，展示出一个人独特的精神气质。

3. “中和”就是和谐适中

《中庸》曰：“喜怒哀乐之未发，谓之中；发而皆中节，谓之和。中也者，天下之大本也；和也者，天下之达道也。致中和，天地位焉，万物育焉。”《荀子》曰：“中和者，听之绳也。”“中和”成为中华民族所奉行的一种生命哲学与艺术哲学，也是一种审美。“和”就是美，无论艺术还是生活，皆追求“和谐”的境界。

“和而不同，美美与共”，既“和”且“谐”，是我们民族为之欣赏的一种美好状态。

人们渴望“琴瑟之和”，追求“秦晋之好”，人们向往“天时、地利、人和”，人和万事兴，这些都是对美好生活的向往。把艺术“通盘的人化或生命化”，各种艺术都要体现生命之美与天人合一的和谐之美。

中国历代文人在艺术创作或修身方面，都讲求保持心境之“平和”，不急不躁，不激不厉，方能达到艺术顶端，方能使作品既雅又劲。“中和”作为历代艺术之美的最高理想，它是一种强调状物与抒情、再现与表现结合，注重形与神、意与法和谐统一的审美要求。“中和”是和谐，不是无原则的折中调和。通过艺术家对多种对立因素的生发、融合，最终达到谐和统一，也最终达到人生的和谐统一。正如项穆说：“圆而且方，方而复圆，正能含奇，奇不失正，会于中和，斯为美善。”中和之美是我们精神内核的集中体现。

中国文化的体现方式一向讲求藏、掩、隐、抑。藏与露、掩与透、隐与显、抑与扬。如白居易《长恨歌》中的名句“回眸一笑百媚生，六宫粉黛无颜色”描写杨玉环的美，摄取了“回眸一笑”的瞬间，回眸之时，我们会惊叹她姿容的美艳，但立刻她又会回过头去，给你一个背影，给欣赏者一个审美上的心理场。

诗言志，词言情。如宋词更多的是表现出它的抒情性，它的小家情调，它的天涯之感、人生之感、家国之愁。如李煜《虞美人》中的“问君能有几多愁？恰似一江春水向东流”与李白《横江词》中的“一水牵愁万里长”气势、状态完全不同。李白只写水的绵长，很豪气，但李煜写的是家国之愁，更具震撼人心的感染力。

四、中华美学的特点

中华美学是中华文化的集中体现，讲求托物言志、寓理于情，讲求言简意赅、形神兼备、意境深远，强调知、情、意、行相统一。中华文化纯正与朴素，讲求心灵与神韵，体现兼容并包，讲求天人合一，追求精深博奥的天理人事之学，达到“天人合一”的境界。讲究美在天人合一，美在意象交融。所有的人生态度，实质上就是一种审美态度。

（一）追求“参错”的辩证艺理

（1）相辅相成，相反相成。如古代描写美女的面孔时，常说“沉鱼落雁之容，闭月羞花之貌”，连自然界的鱼、雁、月、花都不敢面对。

（2）有无相生，有之以为利，无之以为用，以若有若无为美。

（3）虚实互用，贵在虚灵。

（4）内美外饰，蕴内著外，意内言外。

（5）动静结合，动静在心。

（6）刚柔两相济。“刚”是一种威仪，一种自信，一种气概；“柔”是一种风度，一种魅力，一种姿态。

（7）以“曲”为美，求“直”之心，曲直有度。

（8）天圆地方，规矩方圆，至圆行方，方圆兼备（建筑、书法、钱币等）。中国的美学是以礼为核心价值的规矩的美学，古人说，无规矩不成方圆。

（9）远近。生理距离、心理距离、历史距离的远近。

（10）淡浓。淡浓相成，浓淡得宜，自浓归淡，以淡为宗。

（11）疏密。中国文人一向以简、淡、虚、逸、清、空为上。

（12）大小。大小相对，小大由之。戏场小天地，天地大戏场。大小可以互变。

（13）多少。以一当十，一即多，多即一。

（14）巧拙。巧舌如簧，笨如拙鸟。

（15）雅俗。化俗为雅，雅俗并进。

（16）法度。法度之中，规矩之外。比如，中国的书法、中国的山水画，每一幅作品都是一种观念和精神的象征，也如一面面镜子，映照出作者内心的感受，展示出作者的精神指向和审美。

时而追求有序，时而追求无序，但中国人更喜欢无序之序，也就是说，追求无序与有序交织，不和谐与和谐变换。

竹，不刚不柔，高风亮节，凌霜雪而不凋，挺拔青翠，伐而可复生，清风瘦骨，虚心而有节。

历代画家常以竹喻君子情操，写竹之风大盛。而文人们除了以画颂竹，相关的诗文更是不少。如清代郑燮的《竹石》：

咬定青山不放松，立根原在破岩中。
千磨万击还坚劲，任尔东西南北风。

这首诗表达了竹子的坚韧与执着，歌颂了其坚强的品格。

除了竹以外，梅花也深受中国文人的喜爱。梅花在冬天里开放，以冷、瘦、傲著称，叶子落尽、枝干之美因而得以呈现，象征着古代文人的刚毅、傲骨，所以梅花之美，多数是古代文人在道德情操上历经久远的岁月所积累的一种气概、一种骨气，一种心性所依附的美感。竹梅之美，不在叶，不在花，在根部，在枝干，颂梅、画梅，颂竹、画竹，成为人文志节之美的化身。不了解人文之美、内在美的韵味，很难知晓中国文化中梅、兰、竹、菊的真正含义。中国的梅、兰、竹、菊四君子，更成为家喻户晓的道喻君子的人格写照。

梁实秋先生说："花中四君子并非浪博虚名，确是各自有它的特色。梅，剪雪裁冰，一身傲骨；兰，空谷幽香，孤芳自赏；竹，筛风弄月，潇洒一生；菊，凌霜自得，不趋炎热。合而观之，有一共同点，都是清华其外，淡泊其中，不做媚世之态。"

（二）讲究"神""气""韵"的审美追求

中国文化博大精深，中国古人对审美的追求可谓境界高远。如古人衡文，讲究"神""气""韵"的审美追求，即"神气""神韵""气韵"。缺乏"神""气""韵"的文艺作品，便显得味同嚼蜡。走进艺术领域，就是要体悟"神"，让人体验到韵味无穷、美妙神秘的世界。"神"是本原的规律性，混沌无迹，是宇宙灵机和智慧心源的统一体。中国绘画充分体现了"以形写神"这一特点。

神韵之作离不开神思，它超越时空界限，突破具体的有限约束进入超凡、超验的神游状态。要求审美体验与审美想象不再受观察现实的局限，发挥独创精神，以神妙之思打开艺术的大门，正所谓"迁想妙得""神超理得""神之所畅"，从而得到超然旷逸、富有浓郁艺术魅力的艺术作品。以顾恺之的《洛神赋图》为例，曹植与洛神，前后顾盼，含情脉脉，难舍难分，可以说不言之处尽在"通神"。陆机在《文赋》中说："丹青之兴，比雅颂之述作，美大业之馨香。宣物莫大于言，存形莫善于画。"绘画并非只是对现状的描摹，而是与雅颂一样，具有比兴的作用，我们观顾恺之的《女史箴图》就是如此，以形象的艺术传播后宫之德。

古人云："形在江海之上，心存魏阙之下"。神韵指出了自然规律的神妙性，开启了人内心情感的空间，成为审美的最高境界，因此，神韵逐渐转化为一种妙悟于心的文化需求。神韵更从精神性与灵魂性上转化为超然出尘、神妙飘逸的文化特征。正如庄子《逍遥游》中所描述的，"原天地之美而达万物之理"，站在心性的高空，体悟"无己""无名""无功"的境界，这是艺术的最大魅力。

古人强调自然山水与艺术精神领悟之间的"应""感"相同，"应会感神"。"应目”即“观其所感”，“会心”则“天地万物之情可见矣”。这些都是古人的艺术审美最高境界，是艺术构思的理想标准，也是自然本质的道理。“神思”是高级的心领神会，是对自然神理的感应和领会。神韵无迹可求却又牵引着人们以虚静之心，神思游荡于洪荒之外，进入物我浑然融合的境界。艺术的美是“静故了群动，空故纳万境”的天人合一妙理，其超越了时空，又融入天地之美。

如音乐艺术之美，中国古典音乐讲求的是超越时空的一种境界之美、一种空灵之美。而现代声乐用年轻时尚的演唱方式，颠覆大众对高雅音乐的印象，引领观众感知声乐艺术独特魅力。艺术作品是时代的产物，当一首歌响起，会引发人们的回忆与共鸣，也可以诠释那个时代的故事。人们唱起那首歌时，总会勾起某年某月的某段记忆、某个画面，它是时空隧道，带人们穿越过往。

中国的绘画不求形似而取其神韵，中国画以意境、气韵、格调为最高境界，中国画从“神、妙、能”三品到“神、妙、能、逸”四品，都特别强调作品独有的内在气质，也充分表达了作者的思想水平、哲学观、人生观、性格、才智、经历、审美趣味、人生修养和道德情操。中国画之美往往是意在笔先，意在笔外。一幅作品不可增一笔也不可少一笔。笔笔恰到好处，线条中蕴含着人格理想。中国的画家认为，画到极致时为写，书到极致时传意。看似任意、随手、随感的画面，却是作者所控制、所意识、所表达的情感所在，在美感上达到“势如斜而反直”的效果，理性与感性交融，达到留白与点到为止的想象空间。一幅好的中国画应该在笔、墨、神、气皆具的同时，赋予其生命的活力，注重气的承接连贯、势的动向转折，力求在画面上创造出蓬勃灵动的生机和节奏韵律。

中国书法与绘画有极为相似的地方，都是用圆锥形的毛笔、宣纸和墨作为工具，都是展示笔墨之美，形成相同的艺术风格。只不过书法是书写文字，而绘画是书写物象，没有深厚的书法功底很难创作出有分量的绘画作品。中国的书法之美在于章法自然天成，无一做作之态，重构成，重笔墨的法度。线条的运动过程富有变化，用不同的用笔节奏来控制或营造时空的情调，笔墨的变化与不同的节奏韵律表达出复杂的情感，柔中有刚，刚中有柔，但皆是心灵轨迹的流露。写到无墨处还能见笔见力，余味无穷，尽显人生百态，如东晋王羲之的《兰亭序》，被誉为“天下第一行书”，是书法者的“精神的碑石”。通篇字字飘逸、精妙，笔法变化多端，尽显王羲之从容豁达之精神，体现了“飘若浮云，矫若惊龙”之美。北宋苏轼的《黄州寒食诗帖》笔法娴熟巧妙，笔画雄健丰润，章法平中求奇，在不经意中利用字体与行笔的变化构成了一个又一个高潮，是一件集书法与诗歌俱佳的作品，也充分表达了苏轼的对人生的平淡看法以及个性的天真率性。我们从这些书法作品中可以感受到书写者的精神气质、个人抱负、时代精神等。书为心画，书如其人。正如唐代画家张璪所说的“外师造化，中得心源”。书法的最高境界是个人精神生活的一种体现，是人生阅历的一种诠释，渗透着自我、表现着自我的一种理想，是一个社会的文化气息具体呈现，是一个时代审美情趣的真情表露。

一个民族的传统艺术必然体现着这个民族的历史、文化、道德和气质，是这个民族的才情、智慧、境界和艺术创作经验，以及美的规律性知识的积累和延续，也是文化自信的来源。中国古代的书法与绘画是不分家的，有“书画同源”之说。如《清明上河图》充分展示当时都城东京（今河南开封）的繁荣及人们的生活方式，给人很多想象空间，从中也能看出中华民族过去的繁荣。“诗不能尽，溢而为书，变而为画。”“诗中有画，画中有诗”，绘画的视觉艺术意境的构成，充分展示了中国人的审美情趣。

五、中西文化美学的差异

有人说，中西文化的差异在于，西方重物质，中国重精神。如中国绘画讲究的是写意，多数描写山水，讲究意境；西方绘画讲究的是写实，西方的绘画多数以人物为题材，不论是古典的神灵、圣者还是贵族、平民，西方喜欢描写人物的美，展现人物生动的生活场景，表达其宗教内涵。

中国画极简，多一笔嫌多，少一笔不足，恰到好处，恰如其分，此为妙极。老子说：“大道至简。”极简，就是看一是一，但又不仅仅是看一是一。简单的笔墨、线条或构图，达到极致，便妙不可言，传达着画家的精神寄托。在国画里，极简不仅仅是一种美，还是意境，是内涵。删繁就简，去伪存真，寥寥几笔，就是品位、文化、美感。这种深入骨髓的风骨，看似信手拈来，却是画家将根植于内心的质朴、智慧深处的趣味、灵魂深处的简静、高洁孤独的精神，构思成绝妙意境。极简的国画，不仅仅是一朵花，也不仅仅是一只鸟，而是画家的一种价值观、人生观、世界观。中国画追求的是意境之美、精神之美。

西方文化拥有“实有”，西方讲真、善、美之分别说。讲究主体与客体、潜能与实现、材料与形式、实在与作品，讲究美的黄金分割法，讲究时间、地点、情节的有比例的黄金分割。

古希腊用科学方法系统地研究美的根源，把音乐数字化，把美术几何化，建立了美学。他们的美感文化重视视觉之美，认为美是上帝对人类的恩赐，只有开窍的人才能享受。因此，美丑的辨别与善恶的辨别都应该通过视觉的方式表现出来，如同人体的美一样，人体之美的欣赏也成为文明的标杆。与中国古代重视情境之美不同，中国文化更重视情境中的“情”，所有的都是托物言情，更重视感觉之美，通过诗词描述某种景致，达到诗书画的境界，表达文人的情绪，最后升华为精神上的愉悦之美。

西方文化的美从形式开始，也从形式结束，因为他们认为美的形式是美感的根本。一幅油画通过轻快的线条、明亮的色彩、和谐的构图、温暖的色调可以逼真地表达生活的画面。他们认为艺术就是要反映真实的世界，艺术就是要做到逼真的效果，精密度无法想象。线条控制着一幅作品的气氛，用线条感表达人物的思想与内在的变化。因此，西方早年的绘画里，有所谓雄壮之美、崇高之美，都是让我们从形式上找到美感与感动。当然，西方古典艺术之美是雅俗共赏的，因为它来源于人性化的精细、精密，坚持精致美的创作风格。俗人可以欣赏它的真实、亮丽、光洁，雅人可以在线条、比例、韵律、色彩层次、光亮处理等方面找到美感，既有可视性、感官性，又有可触摸性。

西方的艺术以宗教为本源进行创造，或者说西方没有离开宗教的艺术，宗教的世俗化也必须通过艺术来完成。怎么掌握芸芸众生之心呢？西方认为要靠神的力量，因此创造了神，但神怎样走进百姓的生活里呢？通过艺术来感动人们，宗教用艺术的感动来坚定人们信仰，来提升心灵凝聚力，因此，一部西洋艺术史就是一部宗教发展史。不同的宗教展示出不同的艺术面貌，中国文化到了唐代由于佛教盛行，很多艺术作品打上了佛教的烙印。但整体西方文化中宗教的色彩更浓厚，将油画、建筑、教堂等渗透到宗教的故事中。自最基本的故事的创造，进而有音乐与建筑，把故事内容神圣化，再进一步则为美术的介入，使信仰的想象力提升，进入性灵的境界，固化人们的宗教艺术美。通过音乐的音韵之美净化人们的心灵，让人们感受到受苦后的希望与未来，通过美术把宗教的故事具体化与活化，通过雕塑、油画等造型艺术增加故事的感染力。艺术是宗教信仰认定的力量，这个力量就是西方美感。如西方的美术——雕塑与绘画，基本上是对人物的描写。世界名画《蒙娜丽莎》、非常有名的雕塑《维纳斯》，都是通过静态的描述来展示人动态美的瞬间。

18 世纪以来，西方世界的理性宗教艺术已经随着宗教精神的没落，与艺术分离。由于现代西方艺术突破了原有的宗教藩篱，过分追求艺术的自由与感性，追求艺术家的原创造动力，艺术的庄重感、美感已经难以表现，艺术撼动人心的任务难以达到，西方现代艺术也就成了看不懂的艺术。

中国文化强调人与自然的混合关系，讲究真善美的合一。中国文化为“心”文化，注重诗、礼、乐境界，注重心、意、知、物“四无”。“无心之心则藏密，无意之意则应圆，无知之知则体寂，无物之物则用神。”

中国文化更强调内容之美。受中国传统文化的影响，中国文人在“礼”的约束下以诗文表达自己的家国情怀，认为人生苦短，悲情为多，中国诗词多数是先描写景致，然后点出诗词的本意，让人回味无穷。中国文化中民间的工艺之美，也称匠人之美，具有形式美的特征，这些匠人没什么文化，生活简朴，他们的感性世界里没有高雅的美感，但却有一种天然的韵味，是一种带有浓浓的民族特性的装饰美，由于一直藏于民间，如民间的手工艺制作，随着工艺大师们或传人的离开，很多已经失传了，所以我们讲中国文化的特点更多的是诗书画所表达的美感。

因此，以中国文人为代表的中国文化不是逐物文化，而是心性文化。山水是中国美学的重要审美对象，也是传统的中国诗人、画家抒写情思的媒介，是借景抒情所凭借的典型之景，这不同于西方自古希腊以来人体美的审美取向。中国文化艺术，一向以灵变著称，所以文艺美学理论中总是讲求“合度”，既有一定的尺度，但又不是一个固定的、绝对的数字，即“修长合度”，如中国的烹调时常说“少许”。中国文化是悦目之美、悦耳之美、悦食之美、悦心之美。中国文化不太讲求形式，讲求的是愉悦之感，生活中美感无处不在，器物、衣物、餐具、食物、饰品、文房用具的生活美感无可取代，将美感融入生活，生活层面也就有了美感素养，这也是中国美育与西方美育的不同之处。中国文化的美育强调美融入生活，美感素养在生活中形成与培养，无须刻意学习。

美学和美育是相关而不相同的两门学科。美学是人类审美实践的总结，美育则是人们运用审美理论在教育方面的实践与总结，属于应用理论范畴。从学科性质看，美学是具有自身独立完整性的理论学科，而美育则是美学与教育学交叉渗透产生的应用学科。在现代社会，随着生活水平的提高，人们更关注生活质量，因此，也就更注重生活品位，讲究仪式感与美感，而美育在现代生活中更不可或缺，人们总想通过对美的熏陶实现心灵释放，从而达到美的境界。

第二节 美育

美育是什么？一般意义上的理解，美育即审美教育，是“美感”养成的教育，终结目标是“美感经验”的获得，这也是我们通常所说的“审美能力”。美育，也可称为艺术美育，就是对艺术感知的培养。从更广义看，美育是文化的内容之一。美育，一般定义为“美感教育”“审美教育”“审美观和美学素养教育”等，是美学与教育学之间的交叉学科。狭义的美育通常指审美教育，专指“艺术教育”。广义的美育，一般认为是“将美学原则渗透于各科教学后形成的教育”。故美学与美育密切相关，美育是运用美学理论和美的现象，在审美关系中实施教育以培养人的爱美、审美、创造美的能力和素养的一种教育活动。也就是说，一般意义上的美育是指培养学生认识美、爱好美和创造美的能力的教育，也称美感教育或审美教育，是全面发展教育不可缺少的组成部分。更广义的美育指的是将美育原则渗透于各科教学后的教育。现代社会，美育教育无处不在，渗透到我们生活的方方面面，特别是对于年轻人来说，更要时刻以美的眼光去审视事物，透过现象看到事物的本质。

2020年10月15日，中共中央办公厅、国务院办公厅印发了《关于全面加强和改进新时代学校美育工作的意见》中，对美育的定义为：“美育是审美教育、情操教育、心灵教育，也是丰富想象力和培养创新意识的教育，能提升审美素养、陶冶情操、温润心灵、激发创新创造活力。”要健全面向人人的学校美育育人机制，“构建德、智、体、美、劳全面培养的教育体系”。

美育又称审美教育、艺术教育、美感教育，更多地体现在人文、艺术、美术设计方面。德国诗人、剧作家、美学家席勒，在《美育书简》中从“完满人性”的角度系统而深刻地阐述了美育。他所说的“完满人性”“完整的人”，也就是我们所说的德、智、体、美、劳的标准。

蔡元培认为，“美育者，应用美学之理论于教育，以陶养情感为目的者也”（《哲学原理》）。也就是说，美育的目的在于陶冶人的情操，让人认识美丑，培养高尚的兴趣、积极进取的人生态度。在美育中，会引导人们净化心灵，养成高尚纯洁的人格，追求一切美好的事物。美育具有通过美好的情感熏陶使人成为“完全的人”的养成功能，也是一种教育活动。

中国作为四大文明古国之一，有着悠久的历史和灿烂的文化。中华文明亦是人类文明史上唯一没有中断而延续至今的古老文明。

中国的艺术强调“技”与“道”相结合，艺术中的“技”是指一定的绘画基础，如造型能力、色彩能力、素描能力、模仿能力、动手能力及创作能力等，而“道”是指思想与审美。美育教育更多的是“道”的教育，通过艺术形式，潜移默化地影响人们的审美能力、艺术修养和创造性思维。“技”与“道”缺一不可，只有掌握基本的技能，又不停留在“技”的层面，才能由“技”入“道”。无论艺术的形式和材料发生多么大的变化，都不会改变艺术教育中的审美教育性质，都不会改变美育的功能。

21 世纪的今天，艺术教育显然已经成为体现国家和民族文化传统、经济和社会发展风貌、国民审美水平和文化软实力的重要载体。社会发展越来越快，每天都有新的事物诞生，越来越多元化改变着人们的生活方式和观念，包括衣、食、住、行和审美需求。人们日益增长的美好生活的需要既体现在物质生活上，又体现在精神生活和文化生活上。因此，推进文化供给侧结构性改革，通过文化创新服务，各地产业集群升级和区域经济转型发展，引领艺科融合与跨界创新，努力为社会提供更多更好的文化产品和服务，为人民过上美好生活提供丰富精神食粮成为我们的奋斗目标。随着社会时代的不断进步，美育已经成为人一生的必修课，美育教育要因时而新，在实践中不断探索美育教育的未来。当今，艺术的表现形式越来越丰富多彩，年轻人的艺术感知能力越来越强，视觉感知的概括力越来越强，美育教育要把握其规律并不断创新。

美育作为一个系统，有它自身的内容层次。从层次上看，主要是三个方面：爱美教育、审美教育、创美教育。

爱美教育的重点在于激发人们的爱美意识。每个人最初都有爱美之心，却在成长过程中慢慢失去了初心与本心，过多地追求物质上的东西而忽略了本心，爱美教育就是要引导人们往美的事物靠近，通过艺术、美术游戏等进行有效的教育。爱美教育更多的是在青少年中进行，因为青少年对美丑有时是分不清楚的，特别是现当代艺术环境下的美育教育更要在挑战、开放与关联中找到平衡。

审美教育是爱美教育的深化和升华、是通过一种教育的手段与过程，实现一种能力：明辨美、发现美、感知美、体验美并形成审美经验。审美教育是通过审美知识的传授和审美实践的体验对人进行审美能力和审美修养的培养。通过审美能力的培养，人们不仅可以观赏自然美、欣赏艺术美、崇尚社会美，还可以积累审美知识和审美能力，强化审美知识和美学理论。审美能力可使人因知美丑而辨善恶，培养出良好的艺术气质。

创美教育是指导学生进行美的创造实践的教育。应该说，爱美教育、审美教育最终都应该通过创美教育来体现。现代社会人们更关心创造力，艺术可以给人更多的灵感以便更好地创新。创美教育不仅要教育人们创造艺术作品，更要让人们学会以艺术家的眼光去发现事物的变化，以创造者的姿态去挖掘事物内在的多样美。现代艺术、现代生活更讲究与众不同，求新求变求美。人们对美好生活的向往就是创美的动力，可以说，人的一切活动都是美的创造。教育就是要引导人们在创美的实践中不断挖掘自身的潜能，提升人们的审美能力，最终达到热爱生活，实现对“完整的人”的培养。

教育兴则国家兴，教育强则国家强。经过多年的发展，我国高等教育向普及化阶段快速迈进，2018 年，我国普通本专科毛入学率达到 48.1%，2020 年我国毛入学率达到 51.6%（《中国共产党第十九届中央委会员第五次全体会议公报》），中国高等教育迈入普及化阶段。人才培养质量和科学研究水平稳步提升，高等教育整体实力达到世界中上水平。但与党的十九大报告提出的目标任务相比，高等教育还存在较大差距和不足，特别是推进精神文明建设以及在培育文化影响力、文化价值体系、精神品格、文人关怀的审美文化建设等方面差距较大。

教育的价值在于唤醒每一个人心中的潜能与欲望。一个人想要获得一生的幸福，不仅要拥有获得幸福的生活条件，还要拥有体验幸福的能力与素质。体验幸福是需要素质的，这个素质的培养要靠教育。为什么很多人在物质水平提升了以后，并没有觉得幸福呢？就是因为体验幸福的能力也就是感性素质低下。感性素质高者，愿意为美化环境、享受生活付出成本。感性素质低的人一般不会享受生活，不会享受生活中处处存在的美。物质条件水平提升了，但没有文化艺术体验能力，生活的美好也体会不到。每个人会因为自身经历的不同，对某一类型的艺术、文化、国家和世界形成主观的理解，即世界观，它影响着一个人的思维方式、言谈举止和人生格局，最终也影响一个人的快乐感受。感性与理性发展的不平衡最终也会影响一个人的快乐生活。席勒说，要让一个感性的人成为理性的人，唯一的途径是先让他成为审美的人。追求美是一个人的天性。在某种意义上说，人人都可以成为艺术家。艺术教育让每个人成为一个修养全面、求真向善的自然人。

建设文化强国，就是要重视教育，重视美育教育。这有利于继承和弘扬优秀传统文化，有利于传承中华传统美德，增强国家的软实力，增强自主创新能力，最终推进全社会精神文明上台阶。过去一说起艺术教育，就是指特长教育。随着社会的发展，现代化进程加快，美育生活化，生活美育化，是现代人的价值追求。而美育是促进人的全面发展的重要途径，艺术教育最终不仅仅是作为升学技能训练，而是适应社会发展的必然要求。艺术教育是塑造品位的，黑格尔说，真与善只有在美中间才能水乳交融。

我们要发展“美”。前几年中国高校更多的是发展新工科，如人工智能、大数据等，2020 年开始，提出了中国新文科建设。新文科建设就是要以文化人，以美育人，培育时代新人。人的现代化是社会现代化的基础。新文科建设把艺术提升到一个高度，认为艺术教育是一种土壤建设，之前土壤破坏较大，现在必须把美育作为一种浸润土壤的过程来实施。过去我们的艺术教育更多的是学习西方的模式，自主创新少，艺术教育的同质化倾向严重。时代发展了，这一代人的美学经验与之前不同，高科技带来的设计美感随时在改变着我们的生活。随着科学技术的发展，艺术已经从边缘学科走向中心学科，特别是艺术中的设计学科，让更多的科学工作者认识到科学与艺术之美。技术科学谈艺术，人文科学谈技术，高精技术下的“美”无处不在。总之，自然、社会生活、文化、时代、地域，均参与了美的构建，“美”多姿多彩而复杂化。同时，普通劳动者、专业性工匠与特殊身份的艺术家、美学家、哲人与思想者，人人都可以成为美的感知主体、受益人与创造者。所有人都是美的创造者，也是美的感知者。

艺术教育与创造力紧密相连。人类天生具有一定的想象力与创造力，美育可以激发创新力与想象力。如今，社会的各个阶层均需要越来越多的具有创造力的人，艺术教育在人的创造力发掘上具有重要作用。人们做好每一件事都需要探索，需要积极的创意，艺术能带给人们好奇心，沉浸在一种独立设计的空间中，让人独立、灵活而有毅力，有强烈的冒险精神，激发人们的想象力。人们可以用创新的方式解决问题，并且得到更多的答案，越把工作作为艺术来创造，创作的过程就越快乐，人们就越有耐性去探寻未知世界。

美育是审美教育，也是情操教育和心灵教育。美育作为感性教育，主要面向人的感知、情感、想象、直觉等，保护和发展人的感知的敏锐性，提升情感体验的深度与广度，增强想象力与丰富性，最终实现每一个个体感性和理性的和谐发展。美育有明确的目标指向和价值指向，是有组织的具自觉性的教育行为，由施教者和受教者共同实施，并达到既定目标，如2020年10月15日，中共中央办公厅、国务院办公厅印发的《关于全面加强和改进新时代学校美育工作的意见》中提到的美育目标："到2022年，学校美育取得突破性进展，美育课程全面开齐开足，教育教学改革成效显著，资源配置不断优化，评价体系逐步健全，管理机制更加完善，育人成效显著增强，学生审美和人文素养明显提升。到2035年，基本形成全覆盖、多样化、高质量的具有中国特色的现代化学校美育体系。"而审美是个体发现美、体验美、创造美并获得美感的情感活动，是一种心理行为和精神活动，一般情况下审美者的个体行为具有明显的自主性、自发性、随机性和无功利性。美育以受教育者的审美实践为基础，离不开受教育者的审美活动。美育的实施过程就是引领受教育者激发审美情趣，培养审美习惯，提高审美素养，学会发现美、感悟美、鉴赏美、创造美的过程。审美教育对人生的意义在于提升人的精神境界，使人进入一种超越功名利禄、超越人我之见、超越利害生死的境界，使人体验生命的真正意义，获得精神的愉悦与满足。美育作为人才培养的重要途径，要始终把培育和践行社会主义核心价值观融入美育之中，以美育人，培根铸魂，培养德、智、体、美、劳全面发展的社会主义建设者和接班人。

美育与德育、智育、体育相辅相成、相互促进。德育重在意志行为的优化和伦理道德的培养，而美育重在艺术的熏陶与感染，智育重在知识的学习与修养，美育因德育而使人心灵充实、情感纯正，智育因美育而使人更加聪慧，以美启智、养智、优智，使思维更具开拓性与创新性，美育因智育使人明快空灵。可以说，美育、德育、智育互补互动，达到美育的融合性。我们就是要加强美育与德育、智育、体育、劳动教育相融合。形成真正的艺术教育。

美育与德育密不可分，美是提升道德、丰富精神的重要源泉。美育本身就肩负使人高雅、远离低俗的使命，无疑与德育育人目标殊途而同归。而德育也需要借鉴美育的方式才能产生美感与情感共鸣，最终让受教育者自觉接受教育。但目前由于对美育教育的认识不足，直接导致德育的育人效果不理想。

美育与艺术教育有着密切联系。美育是教育功能的一个重要维度，艺术教育则是学科概念。美育的范畴比艺术教育要大，除了艺术教育学科（如音乐、舞蹈、设计、工艺、美术、书法等）之外，其他学科都包含美育的因素。艺术教育从属于美育。艺术教育是美育的最基本内涵、重要载体。艺术是审美最集中、最典型的形态。因此，艺术教育也是美育的主要实施形式，是学校实施美育的重要途径和内容，是素质教育的有机组成部分。美育的基础是艺术教育。美育是全面发展教育的重要组成部分，艺术教育是专业、课程或通识教育。在学校教育中，艺术课程是学校实施美育的专门课程，艺术课程也是实施美育最为便利的途径。尽管美育还应该渗透到其他学科或课程中，但艺术课程是实施美育的主渠道。

一、美育的教育功能

美育的教育功能是什么？一是真，用来抵制假；二是善，用来抵制恶；三是美，用来抵制丑。中华文化用美育来达到寓教于美的作用。王国维在《论教育之宗旨》中说："完全之人物，精神与身体必不可不为调和之发达，而精神之中又分为三部：知力、情感及意志是也。对此三者而有真善美之理想：'真'者知力之理想，'美'者情感之理想，'善'者意志之理想也。完全之人物不可不具备真善美之三德，欲达此理想，于是教育之事起。"蔡元培说："美育之目的在于陶冶活泼敏锐之性灵，养成高尚纯洁之人格。"早在古希腊时期，亚里士多德也提出了著名的"净化"说，认为美有净化人的心灵的作用。柏拉图则提倡，要从小培养起融美于心灵的习惯，从而使人的性格也变得高尚优美。正是从这个意义上，黑格尔认为，审美带来了令人解放的性质。因此，他提出："在文明社会中推行美育，实在是丰富人生所不可缺少的一环。"中国美学家朱光潜说："人生来就有真善美的需要，真善美具备，人生才完美。"由于爱美而产生对生命的执着，这种执着带来生命的成就感或创造力，更激发了生命力，彰显了生命的价值。因为为美所感动，也为自己的生命找到了光明前景。神奇的生命充满了美妙的感觉，而美妙的感觉使我们赞颂生命、理解生命的意义，最终会落到爱心上，因而爱惜生命，爱的力量由此产生。爱的人生就是创意的人生。美是一种力量，是创造的契机，是创意人生的一个境界。

在智力的培养过程中，有两样思维能发挥作用，即发散思维和收敛思维，发散思维与创造性思维有关，而收敛思维与逻辑思维有关。发散思维由三部分构成：建立关联、自由思考和无意识思考。发散思维更多来自美育教育。美育教育能开启人们更多的思维方式，解决自身的情绪问题，通过艺术创作提高其表达自我的能力，对自己所处的困境泰然处之。

学艺术的孩子，并不都会成为艺术家。而是在勤学苦练中懂得坚持，懂得配合，懂得自律，懂得在重复性的练习中获得快乐和成就感，这就是艺术的教育功能。学艺术的孩子思维开放，懂得通过扮演角色来体验生活，如通过幽默表演，体验玩笑与打趣而产生的快感，最终获得快乐的人生。席勒说，只有当人充分是人的时候，他才游戏，只有当人游戏的时候，他也才完全是人。学艺术能使人获得难以言表的快感，可以摆脱粗俗的追求，理解生命的真正真谛。美育用纯净的景色和高雅的艺术让孩子脱俗，拒绝平庸，丰富其内心的涵养，陶冶品性，追求有品位的人生。美育是培养孩子魅力的最佳途径之一，是快乐教育的首选，是培养孩子爱学习、爱社会的品质的最佳手段。美育让教育的过程满足受教育者多种需求，并最大限度地开发其潜能。

美是没有偏见的，它超越文化之间的壁垒，成为文化交流的一种通识符号。西方文化把美视为至高无上的、神明一样的力量，因此产生了以美为中心的艺术史。美不但是延续生命冲动的触媒，而且是演化的动力，是物竞天择生物演化的基本原则。中国古人谈起美很含蓄，更多的是通过真与善的方式来诠释美。在中国传统价值观中，内在美比外在美重要得多，外在美是动人的外貌，内在美是道德的修养，讲究心灵美。中国文人更多地通过对自然的赞美来展示生命与生活之美，日月晨昏，花开花落，四季周而复始，有很多让人感叹大自然之美的体悟，中国文化依靠诗文、书画以怡情养性，使生命趋于平静自然，在平静的生命中寻求生命的真谛。

总之，美育是实现每个人自由全面发展的重要内涵；是弘扬中华文化，提升国家软实力的重要内容；是推进国家乃至科技创新的重要动力。感性教育、人格教育和创造教育是美育的基本意义。美育的价值与意义，从大处看，文化繁荣与发展，离不开全面审美素养的整体提升。审美不仅仅是一种技能与经验，更是一种品格与眼光，是构建高水平社会和谐的前提，而和谐的建构又是人类走向文明与幸福的重要保证。从小处看，没有审美素养，不仅艺术感知力差、生活贫乏，而且思维方式僵化，品行修为、想象力与创造力均很难获得提升。也就是说，美是人的基本素养。从深处看，美连接爱，爱是美的必然结果。美育是爱的教育，让人与对象之间产生善意与关联，培养对世界和人生正面的价值观，以及爱心和同情心。不能欣赏美就会对人、自然、社会缺少爱心，导致情感扭曲与冷漠，可能丧失爱的力量。蔡元培说："一个不懂美育审美的民族是不懂善恶的。"不懂善恶导致一个社会变得诚信扫地、尔虞我诈、不知廉耻，道德水平低下，社会风气也不好。从人生看，美育和人的生命活动密切相关，是生命得到温润滋养的过程。美育培养人的精神生活能力，以便创造人生的价值和意义。美育不仅给人以审美快乐，也丰富、充实人的精神，让人产生幸福感、归宿感与获得感。

美育的终极目标就是唤醒人们对美的觉知，带着这种"觉知"去遇见独特的、拥有爱之能力的自己。美育的最终目标是"以美化人"。因此，在美育实践中，我们应该着眼人本美育。美育的根本任务是立德树人，在日常教育中应该注重价值观的培养，厚植家国情怀，陶冶高尚情操，塑造高尚品格与健全人格。同时，应该着眼于时代美育，用中华优秀传统文化开启美育新征程。中华民族自古以来重视美育对人和社会发展的重要意义。中华文化有自己的根脉与灵魂，中国人民历来向往美好的生活，滋润并推动中华文明向前发展，形成源远流长的中华美育精神。我们要在美育中传承中华优秀传统文化，形成更基础、更广泛、更深厚的美育教育。培养人们的文化认同与自信，培育深厚的民族情感，激发想象力和创新意识，拥有开阔的眼光和宽广的胸怀。

（一）中华美育

中华美育源远流长。《周易》云："观乎人文以化天下。"孔子提出"兴于诗，立于礼，成于乐"的乐教思想，重视美育对人的本质形成的决定性作用。传统儒家育人有一种信念，那就是人格教育的内在性。孔子讲"德"，靠情感的教育获得"德"，重视美育对人的本质的形成的决定性作用。认为"诗教"和"乐教"是一种"心育"，"诗教"和"乐教"也是一种"情育"。到近代，蔡元培提出："美感者，合美丽与尊严而言之。"从古至今，教育是培养人格的事业，而美育则促进了生命意义的圆满，几千年来滋养了一代又一代中国人。

在宏富的中华民族美学思想面前，每个人有美的选择，但不管怎样，"天人合一""顺天应人""顺人应天"是我们基本的审美态度与审美要求，故而"自然""参错""中和"成为中华美学的三大基本要求。

美到底是什么？中国人如何审美？中国审美的基本特征是什么？

首先，自然是美的来源。人们赞美自然美，遵从自然美，就是顺应自然、顺应天道，就是按照自然的本来面目营造自己的生活，达到人与自然的和谐统一，这是中国人视为人生最高境界，即人生之美。所以，美既体现为物质形态，更体现为精神形态。美是人的生命力的重要表征，艺术创作往往以体现美为目标。通过美的作品，达到美育的教化教育功能。因此，集中全力表现生活之美、生命之美和人类对美的不懈追求，一直是艺术作品的崇高使命和追求，也是我们对美好事物创作的动力。

其次，中国人认为美是一种情感体验，更多的是一种内化的过程，不同的人情感经历不同，体验出来的美就不同。人的情感如果得不到满足，人就不会真正快乐，美的力量也就是情感的力量，情感丰富了、体验深刻了，理解力就强。

中国古代哲学家对美育的特点有着深刻的理解，与西方传统美学相比是非常独特的。中华美育弘扬美育的人文主义精神。同时，融合艺与道。艺道统合、天人合一，是中华民族关于自然、社会、人生领域的审美认知和教育实践的理论根源与实践总结，是中华美育精神的集中体现。

（二）中华美育的特点

（1）理论性。中华美育是中华优秀传统文化在美育方面的思想总结，是中华民族对美育思想和理论的集中体现。

（2）民族性。中华美育植根于中国大地，着眼于民族教化的审美规律和审美特征，将民族美育精神与民族传统文化融合起来，凝练出中华美育精神。

（3）境界性。中华美育展现了美的境界，心怀天下等道德情操，表现了“爱国为民、崇德尚艺的优良传统”。中华美育精神融入日常生活并超越日常生活。中华美育重视百姓人伦，并不意味着趋向欲望享受和感官快乐，而是批判日常生活的物质化和精神世界的低俗化，发挥审美的超越性功能，使审美成为人们安身立命的精神食粮。

二、美育的当代价值

美育是审美教育、情操教育、心灵教育，也是丰富想象力和培养创新意识的教育。美育不等于艺术教育，但艺术教育是美育的主要方法和主要内容。美育的当代价值主要体现在怡情、养性、启智、创新思维及育美方面。

（1）怡情。怡情就是激发人们的情感交流与共鸣。艺术中情感所具有的理性深度能使人们产生审美领悟。人们在欣赏优秀作品后，常感到自己的灵魂受到了震撼，自己的生活更加美好，自己的情感得到了净化。美育过程中最突出的特征是情感体验。审美是令人愉悦的情感享受，是一次使灵魂获得解放的盛宴。审美的过程是审美者把审美对象人格化的过程，审美者超越了功利的驱使，在审美对象身上寄寓了自身的性格、品性和理念，赋予了丰富的心灵之趣，因而获得了精神的自由和愉悦，满足了情感需要。泰戈尔曾说："教育的目的应是向人们传送生命的气息。"所谓生命的气息，是对生命的感知、尊重和热爱。通过爱美、感受美、创造美、传播美，让人感受到大自然的博大神奇、文化的多样性，从而更加尊重生命，敬畏自然，热爱生活。

（2）养性。艺术能使欣赏者的灵魂受到震动，陶冶性情。确切地说，在艺术体验中，人们摆脱了有限的功利目的，也摆脱了现实人格的片面性和局限性。这种养性教育是观赏者在不知不觉中完成的，这种熏染之力来得更加自然、有效果，特别是对青少年。良好的艺术教育可以消释、化解"心理暴力"或如抑郁等心理不健康的问题，给内心世界注入向真、向善、向美、向上的正能量，可以使学生呈现出整体素质和谐发展的教育状态，最终实现每一个个体感性和理性的和谐发展，让美的教育成就美好人生，使其焕发富有创造之美的生命光彩。

（3）启智。艺术不以传授知识为主要目的，艺术主要目的还是开启人的心智，在感性层面去激发人们的创造力和创新力。特别是现代社会更讲求创新思维，艺术可以很好地培养和发展想象能力与直觉能力。很多科学家也是艺术家，如爱因斯坦等。学生通过声乐和音乐基础训练，学会安静、倾听、合作、尊重和分享，提高歌唱能力、音乐表现力、团队协作能力和承受能力，激发乐观向上的精神。现在很多的音乐胎教、音乐治疗等都是想激发人们的想象力与创造力，找回人们内心的自信。

（4）创新思维。创新思维是现代社会最为强调的一种能力。教育绝不仅仅以发展智力为唯一目标，更重要的是要开发受教育者生存发展所必需的潜能，激发其创新思维。创造性思维是智慧的源泉，创新思维的培养其实在人们生活的早期就埋下了种子。儿童早期思维模式的形成，对其人格形成和未来发展起着非常重要的作用。一个人的思维方式往往来源于他天生的性格因素和外在环境因素，同时也受家庭、学校、社区、社会等多种因素影响。一个孩子在成长过程中所感受到的现实体会和心灵感应，都在潜移默化地构建未来的创新思维定式。艺术教育通过对儿童早期创造力、想象力的训练，尊重孩子的个性与禀赋，培养其健全的人格，激发潜在的创造力和不落俗套的创意，让每一个孩子都能找到自己的自信。

艺术讲求独特性，早期受到艺术熏陶的孩子必定会张扬自己的个性而否定一些东西，积极表达自己喜爱或其他情绪。

一个有创造力的人必定是一个具有批判性的人，这样他才懂得取舍，才知道需要什么。艺术创造的过程就是通过追求独特性、通过批判性思维的培养，建立个人独立思考的空间，培养潜在的创造力。我们不要求每个人都成为艺术家，而是一种思维的培养，思维的培养比简单的传授知识更为重要。一个内心体验贫乏、感觉迟钝麻木、想象力贫乏的人很难感知到世界新鲜事物，他的生活必定是乏味的。人是一个有机整体，感觉迟钝、想象贫乏、情感枯竭、对生活索然无趣的人一定是缺乏创新与批判思维的。美育的当代价值就是，通过美育教育，我们每个人都能找到属于自己的创造力。你也许是个极富创造力的服装设计家，也可以是个富有创造力的木匠，也可以是一个极富创造力的糕点师。如此一来，不论什么样的小事，你都能摆脱乏味无聊，你的生活将会变得格外有趣，格外有美感。因为不论你做什么，都在为美而创造。艺术是个性自由创造的最高成果，也是创造教育的极佳途径。美育作为创造教育，对培养具有创新意识、创新能力、创意精神、想象能力等都具有非常重要的作用。

艺术美育是审美文化的核心与规范形态。艺术美育所培养的这种审美态度，小时候一旦形成，长大后就会成为一种“审美视野”，丰富人生的各个阶段，使自己的生活艺术化，使人生成为一种具有审美情趣的生活。所以现在的家长不管自己再忙，都希望小孩学习绘画或学习钢琴、小提琴等，希望在孩子的成长阶段植入一些艺术素养，为其以后的生活增添美好，有一技之长，增强孩子在未来社会的自信心和竞争力。

当然，也有些家长因为孩子学业上不去，就让孩子走艺术的“捷径”，用考艺术来上更好的大学。他们在向艺术要功名、向艺术要攀比、向艺术要虚荣。为了考上音乐或美术附中，花费不少钱去学艺术，使得社会上有些人认为，一部分学艺术的孩子是因为学业上不去才不得已而为之。本是美、快乐、动人与希望的艺术，有了一些功利因素在里面，这不是美育教育的本质。

美国国家教育科学院曾对 1999—2000 学年与 2009—2010 学年的艺术教育进行对比研究时，做过一个有 5 万多名毕业生参与的问卷调查。其中有一个问题是“什么知识最有用”，结果颇感意外。毕业 1～5 年的学生答案是“基本技能”，毕业 6～10 年的回答是“基本原理”，毕业 11～15 年的结论是“人际关系”，而毕业

16 年以上的则认为：艺术最有用。

艺术教育是润物细无声、潜移默化的。“蓬生麻中，不扶而直，白沙在涅，与之俱黑。”艺术教育在生命的早期具有特别重要的意义，每个儿童都天生拥有艺术的心灵与艺术细胞。通过艺术教育，能开发儿童的艺术本能与想象力，滋养心性；能使儿童感知到世界的多种形式，如色彩、声音、韵律等。因此，在 7～14 岁期间，艺术教育应该成为学校生活的主旋律，成为孩子生活的主角。现当代艺术的内容与手段是任意且多元化的，具有强烈的实验性，在此影响下的艺术教育也不应有太多条条框框。老师应更多地给予学生鼓励与引导，让他们自己动手尝试，体验艺术创作带来的乐趣，用更直观的感受和具体体验来发现美，寻找艺术与其他学科之间的联系，从而培养学生的综合素质及艺术素养，最终引领他们向真、向善、向美、向上。

世界上不缺少美，而是缺少发现美的眼睛。我们要培养善于发现美的眼睛。每个孩子内心深处都有审美的潜能，它被唤醒、被塑造为更高层次的美的意境、生命的境界的关键，就在于美育教育。

长期以来，我们多提倡德、智、体全面发展，往往忽略“美”。有时美育教育多数是面向少数人。但一方面，美是人全面发展必不可少的内涵，缺乏它，人将会有很大缺陷。另一方面，美育是促进德、智、体发展的重要手段，我们要培养德、智、体、美、劳全面发展的社会主义建设者与接班人。

美育资源具有共享性和再生性。艺术是人类共有的宝贵的精神财富。学校美育应该让更多的受教育者获得艺术财富，让更多的受教育者因获得这一财富而享有幸福的人生。新时代的学校美育，就是要面向人人的美育，让每一个学生都成为艺术教育的受益者，实现公平的艺术教育。同时，通过美育培育健全人格、塑造灵魂，实现价值引领。只要中华民族一代接一代追求真善美的道德境界，我们的民族就永远健康向上，永远充满活力与希望。

加强美育教育是繁荣社会主义文艺，建设社会主义文化强国的需要。文艺繁荣建基于高水平的美育。换言之，文艺高峰的出现是建立在美育水平普遍提高的基础上的。毕竟大众普遍的高审美水平、文学艺术家普遍的高美学素养对文艺精品的出现极为关键。而美育是提高大众审美水平及艺术家美学素养的重要路径。唯有如此，方可繁荣社会主义文艺，建设社会主义文化强国。为此，必须加强美育与社会主义文艺之间的关系研究，为文艺繁荣提供理论指导，加强美育教育，繁荣社会主义文艺，建设社会主义文化强国。

从 2002 年 7 月教育部下发《学校艺术教育工作规程》到 2006 年教育部下发《全国普通高等学校公共艺术课程指导方案》，再到 2014 年教育部下发《教育部关于推进学校艺术教育发展的若干意见》等文件，都是在不断加强学校艺术教育工作，促进学生全面发展。

2015 年 9 月，《国务院办公厅关于全面加强和改进学校美育工作的意见》印发，其中对美育的定位是“美育是审美教育，也是情操教育和心灵教育，不仅能提升人的审美素养，还能潜移默化地影响人的情感、趣味、气质、胸襟，激励人的精神，温润人的心灵。美育与德育、智育、体育相辅相成，相互促进”。同时，该意见要求强化育人目标，深入推进学校美育教育教学改革，实施美育实践活动的课程化管理。要求把社会主义核心价值观和中华优秀传统文化教育融入学校美育全过程，加强美育的渗透与融合，以美育人、以文化人，提高学生审美和人文素养。构建美育课程体系，开设丰富优质的美育课程。注重校园文化环境的育人作用，引导学生在美育实践活动中增强文化自信，增进对民族文化的理解和热爱。

2018 年 9 月，全国教育大会提出“全面加强和改进学校美育，坚持以美育人、以文化人，提高学生审美和人文素养”。

2019 年 3 月，《教育部关于切实加强新时代高等学校美育工作的意见》出台，该意见对新时代高校美育改革发展提出明确要求，认为“学校美育是培根铸魂的工作，提高学生的审美和人文素养，全面加强和改进美育是高等教育当前和今后一个时期的重要任务”。强调到 2022 年，高校美育要取得突破性进展，美育教育教学改革成效显著，师资队伍和场馆设施明显加强，推进机制和评价体系日益完善，高校学生的审美和人文素养显著提升；到 2035 年，形成多样化高质量具有中国特色的社会主义现代化高等学校美育体系。

2020 年 10 月 15 日，中共中央办公厅、国务院办公厅印发了《关于全面加强和改进新时代学校美育工作的意见》。以美育人导向更加凸显。该意见加强顶层设计，明确了新时代学校美育为什么做、做什么、怎么做，进一步凸显了美育的价值功能。强调要“把美育纳入各级各类学校人才培养全过程，贯穿学校教育各学段，培养德、智、体、美、劳全面发展的社会主义建设者和接班人”，要“充分挖掘和运用各学科蕴含的体现中华美育精神与民族审美特质的心灵美、礼乐美、语言美、行为美、科学美、秩序美、健康美、勤劳美、艺术美等丰富美育资源”“整合美学、艺术学、教育学等学科资源，加强美育基础理论建设，建设一批美育高端智库”“在学生掌握必要基础知识和基本技能的基础上，着力提升文化理解、审美感知、艺术表现、创意实践等核心素养”。构建以学生发展为中心的教学模式，普及面向人人的美育实践活动，促进艺术学科创新发展。

科学与艺术的发展伴随着整个社会的发展和进步，科学与艺术的发展要形影相随：艺术需要科学的眼光来创作，科学需要艺术的想象来创新。随着社会的发展，数字化、智能化时代的到来，科学与艺术的交互越来越密切。艺术的发展、科学的进步，让艺术的深层哲学思考也越来越深入，能够促进科学、艺术及其相关领域的交流与合作，沟通“已知”与“未知”的联系，触发灵感，开拓新的学科交叉机遇。我们要整合各个方面力量，激发美育改革的内生动力，建立更加规范、更加合理的美育发展机制，助推艺术与科学融合发展。

今天，复杂的技术让生活变得越来越便捷，越来越简单，也导致人们渐渐失去了在生活当中的思考能力。艺术能够让我们的生活越来越“复杂”，这个“复杂”是让人们去思考，从不同的角度去认识生活。数字化时代的美育发展将打破艺术专业的壁垒，人人都是艺术家，人人都可以成为艺术家。把生活当作自己“风格”的艺术品，艺术就是生活，生活就是艺术。生活美学化，美学生活化。

人类的文化传承以技术为条件，技术是文化传承的物质载体，艺术属于特殊的技术。科技进步可以促进艺术的变革与发展。现代社会，应思考如何通过技术来建立观众与艺术品之间的互动关系，达到美育的效果。艺术教育不只是让观者观看结果，而是共同去创造技术全过程。“美”的进化始终依赖于技术的发展。今天的艺术教育已经不是单纯就作品论作品，而要为学生提供更为丰富的材料、仪器、实验室和数字媒体中心等，因此，美育不仅仅是看作品，挖掘其背后的故事，美育更是新的生活范式，是人们雕琢有艺术品位的生活方式，艺术教育的作用，不只是规范人的行为，更重要的是拓展人的思维，成就智慧人生。

三、以美育人的文化使命

以文化人，就是要注重文化中的价值引导，关切文化在人的世界观、人生观、价值观养成中的影响和作用，发挥文化在坚定理想信念、道德观念和法治精神中的效用。美育是文化的重要内涵。以文化人，既有知识性的滋养，也有人文精神的感染和熏陶，而以美育人更多的是一种人文精神的感染与熏陶。

以美育人的文化使命就是要加强和改进学校美育，将学校美育作为立德树人的重要载体，坚持以美育人、以文化人，以社会主义核心价值观为引领，以提高学生的审美和人文素养为目标，弘扬中华美育精神，增强文化自信，以促进人的现代化建设。美育要全面提升学生感受美、表现美、鉴赏美、创造美的能力，要加强美育与德育、智育、体育、劳育的融合。艺术是意识形态的重要组成部分。一个时代的艺术往往是其意识形态的载体和形象体现，肩负引领社会风气的重任。任何时代的艺术都是社会主流意识形态的形象再现。在社会主义新时期，艺术的重要功能是反映社会主义建设和改革开放的时代精神，弘扬社会主义核心价值观，即文艺为人民服务，为社会主义服务。

艺术作品是思想政治教育的重要载体。著名画家梵高说："艺术的内涵，是多么的美啊！"巴尔扎克说："艺术乃德行的宝库。"席勒说："政治上的改进要靠人格的高尚化，而人格的高尚化只能通过艺术。"这些精辟的论述充分说明了艺术是思想政治教育的载体，是塑造人格的重要途径。艺术育人是每个时代的要求，也是艺术长久流传的社会教化功能所在。

美育教育和美学教育不同。美育属于经验界，具有感官性；美学属于超验界，具有抽象性。美学教育着重理论灌输，美育教育则强调实践性和学生的体验性。

美育教育是我国教育的重要内容和重要组成部分。学校教育要聚焦立德树人，打造有深度的美育。优秀的美育应该是各学科协同育人的融合剂，将有形的实体世界依托情绪感知转化为无形的现象世界，又将无形的意识世界通过逻辑思维引导表达于艺术创作。树人者，不应是按一个标准来规划所有人的未来，而应像一盏灯、一道光，点亮受教育者的生命，激发其创造潜力，唤醒他们的未来。学校加强美育工作，可以很好地促进教育目的的实现，对塑造美好心灵和提升创新能力具有重要作用。

广东省开展的美育浸润行动三年计划，聚焦重点，全面推进。美育浸润计划以立德树人为总要求，推进新时代学校美育改革发展，促进教育公平，探索高校支持中小学美育协同发展，全面提升中小学美育质量，引导高校师生强化服务社会意识。通过选取一些艺术类高校的优质资源，对口支援粤东西北地区。根据对口县（区）中小学的需求，依照教学大纲及地方艺术特色，开发和实施2～4门美育专项课程或专项实践课程。帮助对口县（区）中小学建设 2 个以上美育兴趣小组或社团，面向全体学生开展丰富多彩的美育活动。通过名师工作室、名师工作坊、培训进修、师徒结对、集体备课、项目研学等多种形式对口支持相对贫困地区的中小学美育教育工作。通过美育的品牌示范引领，高校优质资源的帮扶，提高区域内中小学美育教师专业水平和教育教学能力，协同推进各地美育资源的最大化利用。同时，加强动态管理，以点带面，推动以美育人、以美化人的价值育人取向常态化。高校通过定向精准帮扶和志愿服务与高校实践教学课程相结合，建立了包含教师、研究生和本科生在内的结构合理的志愿服务团队，形成了“传帮带”的稳定服务模式，提升了高校服务社会意识，实现了高校美育教育的真正落地。各对口中小学都是相对贫困地区，美育教育资源贫乏，高校作为高水平的艺术团队在三年持续浸润，势必真正达到美育润物细无声、温润心灵的作用，也达到艺术扶贫的特殊作用。艺术教育是实现美育的主要途径，美术教育、音乐教育都是美育教育的重要内容，它们在育人上的独特作用更在于浸润的力量，在潜移默化中改变人们的心灵与品质。在新时代背景下，我国美育不仅要符合教育现代化的规律，而且要弘扬中华美育精神，彰显美育的中国特色。

美育产生是文化发生的成果之一，任何美育都是富有文化内涵的。文化影响并制约美育，美育丰富和深化文化。任何美育都是通过一定的文化方式实现的，同时，美育所建构的审美价值系统，不仅可以丰富人类的文化价值观念，而且可以通过受教育者参与社会实践，提高社会文化的审美价值，提高全社会文化活动的质量，从而提高全民族文化自信。

艺术之于一个国家、民族是有特别意义的。艺术是一个民族精神的表征、灵魂的呈现，也是一个民族文化软实力的体现。一个国家、一个民族不能没有灵魂。文艺工作、哲学社会科学工作属于培根铸魂的工作。艺术家要多用大众听得到、听得懂、听得进的途径和方式，积极传播中华文化，阐发中国精神，展现中国风貌，中国艺术家的作品要扎根中国大地，“为时代明德”。

新时代，新征程，呼唤全面发展的栋梁之才。学生时代是人一生中最美好的时光，处于长身体、长知识、长才干的最佳时期，每天都有新收获和新期待。“世界上没有两片完全相同的树叶”，学校要充分尊重学生的差异性和个体性，尊重学生的个性发展。我们培养的人才，既需要有理性，也需要有激情、有时代担当，要培养与党和人民同心同行的人。他们应该是理想远大、信仰坚定、乐于冒险的人，是立足大局、遵纪守法、品行高尚的人，他们有责任到祖国最需要的地方去，让青春在奉献中闪光。他们也应该是美的传播者和创造者。

中华美育承载着民族教育的审美追求和审美理想。高校具有传承和弘扬中华文化的使命，具有弘扬中华美育精神的责任。美育教育有中华文化作基础，具有中华文化所特有的独特性，美育教育能活化中华优秀传统文化。高校美育的实质就是引导学生理解美、欣赏美、感受美、创造美并活化中华优秀传统文化，这也是新时代高校美育的必然选择。

今天科技革命正在改变传统工业的思维，人们的生活习惯也被大大改变，人们可以几个月不出门，依靠网络而生活。时代的网络化，让人们的美感也发生了大的变化，对美的需求与理解也发生了转变。传统的“美”的养成更多地靠意识的影响，有一个中心，有一定的层级水平。信息时代的传导是点对点的，新的“美”可能会基于交互、定制、虚拟，这种变革对传统的美是一种冲击。但不管现代艺术如何变化，都是基于传统艺术的创新，也只有基于艺术上的创新才能生命长青。

目前，艺术类院校的美育更多地传授绘画或音乐的基本知识与技巧，更多的是技巧的传授；非艺术类院校的美育，更多是为了完成教学工作，为了学分，仅仅停留在一些大师的背景介绍上，缺少实践的引导，因此高校的美育教育功能未能很好地发挥。高校的美育教育要全面梳理古今中外的美学美育思想及新兴美学分支学科，提升美育教研水平，准确把握推进践行教书育人使命的要义，为数字化时代下的人的现代化建设服务。

第一，加大课程改革，满足学生对美育学习需要。要深刻知晓“为什么改”“改什么”“怎么改”，要弄清楚什么是美育，美育与艺术教育的关系是什么，谁来做美育；要明确美育领域的关键环节和主攻方向，找准推进路径和有力抓手并改进美育评价体系。

首先，科学定位不同阶段课程目标，分类改革，构建大中小幼相衔接的美育课程体系。如新时代高校普通艺术教育课程改革，要由知识教育为主向知识教育和艺术体验活动相结合的转型，打破原有班级概念，根据个人的兴趣自由选择艺术课程。其次，由艺术学习为主向艺术学习和人文熏陶相结合的转型。高校公共艺术教育课程应纳入人文教育课程体系来规划；再次，由中西艺术结合向突出中华美育精神教育的转型，弘扬中华美育精神与坚持学习国外优秀艺术不仅不矛盾，而且可以很好地结合；最后由人格教育向人格教育和人格创造相结合的转型。

明确美育的关键环节和主攻方向，找准推进路径和有力抓手。美育的素质培养分为两大部分：一是培养健康的审美观念，激发多样的审美情趣，展现自由活泼的个性，充分挖掘人的美好天性，滋养人的自由心灵；二是培养审美感性的能力、审美鉴赏能力、审美创造能力，不仅仅是学艺术的人应该有审美创造能力，所有人都可以培养其审美创造能力，以此创造美好的生活。

第二，优化课程结构，合理分配学分。学校实行学年学分制，各类课程学分构成科学合理，建立起美育课程的大体系。小学侧重审美情趣的培养，初中侧重审美能力的培养，高中培养审美素养，而到了大学则侧重在审美素养中激发创新能力。

第三，加大经费投入。鼓励和引导社会资金支持学校美育发展。

第四，加大人才引进力度，加强美育教师队伍建设。根据《学校美育改革发展备忘录》相关要求，努力建设一支德才兼备、结构优化、富有创新精神和学术竞争力的高素质美育教师队伍。

第五，搞好校园美育活动，强化美育社会服务，强化校园艺术节建设。

第六，强化美育社会服务。

第七，加大资金投入，改善美育保障条件。特别是农村，更需要通过加大教育投入来引导学生及早认识真正的美，认识到人的美首要的是心灵的美。全社会通过科研创作与平台建设、艺术展览、艺术交流、软硬件提升等改善美育保障条件，促进美育的改革发展，完善美术馆、图书馆建设，为师生的美育学习提供良好条件。

第八，培养与社会服务相互促进的特色化美育教育体系及品牌，建立全方位美育协同工作机制，不断加强学校美育工作制度化建设。促进美育工作制度化、科学化和规范化，完善相关投入与保障，围绕美育领域的重点及现实问题，普及引导与服务教学并举。立足普及知识、引导趣味、提升素养，积极引进与培养美学美育人才。

第三节　美育教育新探索

一、改革开放 40 年来艺术院校美育教育发展的实践与展望

改革开放 40 年，我们在回顾改革开放的巨大成就时，深切地体会到艺术院校

美育教育工作也随之取得了丰硕的理论和实践成果。40 年来，艺术院校美育教育深刻把握学科发展规律，坚持立德树人，扬优势、补短板、强弱项，始终按照“德艺双馨”原则培养人才，崇德尚艺，遵循美育特点，弘扬美育精神，充分发挥了艺术院校美育的育人功能，形成了“一校一品”“一校多品”的学校美育发展新局面。

（一）实践与探索

美育是我国高等教育的重要内容和重要组成部分。美育对塑造美好心灵具有重要作用。改革开放 40 年来，艺术院校以弘扬中华优秀传统文化和革命文化、社会主义先进文化，实施中华文化为己任，努力推动中华优秀传统文化融入教育教学，加强革命文化和社会主义先进文化教育，深化中国共产党史、中华人民共和国史、改革开放史和社会主义发展史学习教育，利用红色资源充分展示我国改革发展的伟大成就，开展形式多样的主题教育，弘扬以爱国主义为核心的民族精神和以改革创新为核心的时代精神。

1. 牢牢把握艺术院校美育教育的规律

艺术院校通过多年实践，牢牢把握美育教育的规律，创作了形式多样、健康向上、格调高雅的艺术作品。通过植根生活、表达现实、体现家国情怀，积极探索艺术作品的育人功能，打造“美育德育共同体”。真正实现了艺术教育守“品位”为正，出“高雅”之新。如艺术院校的国画创作更关注现实，贴近时代脉搏，有浓厚的地方特色、生活气息、时代气息和家国情怀，并且富有革命精神和时代性。国画创作既有对传统绘画的创造性转化，又有创新性发展，笔墨紧扣时代脉搏，关注社会发展。画家把目光投向社会的现实生活，以更开放的姿态和更敏锐的视角审视社会变革和艺术创造的问题。同时，在艺术创造上坚持中华美育教育规律，不断融合与创新，熔铸中国文化气质和时代精神，反映时代巨变，展现大国形象，彰显社会主义核心价值观，在正本清源上展现新担当，在守正创新上实现新作为。在承上启下的发展中，国画创作者具备了文脉线索上对国画深度思考和实践探索的能力，并且具备了贯穿时代的使命感与创新发展的敏感度，在个体的应有之义外，始终体现一种艺术与人民密切相连的氛围感，并一直呈现高歌时代和勇于担当的面貌。

艺术院校以精品奉献人民，用明德引领风尚，明确育人的导向，重视学生人格的养成，培根铸魂。在思想引领和专业指导上，对学生进行家国情怀与社会担当的教育，特别是在创作主题上给予积极的引导，始终强调把立德树人作为教育的根本任务，全面加强和改进学校美育，坚持以美育人，以文化人，提高学生审美和家国情怀的素养，以富有启发性的精神开拓筑牢高雅艺术精神之基。

艺术院校在改革开放40年中，充分利用党史、国史的丰富资料，积极拓展和创新美育教育的方法与路径，不断更新教学方法、创新技术手段，着力提升美育教育的针对性、实效性、亲和力和感染力。如一些艺术院校通过创作革命历史题材作品，弘扬主旋律，讲好历史革命故事，教育学生什么是初心，什么是信仰坚定，什么是家国情怀。通过讲好革命故事，讲好家国情怀故事，让学生更好地学习党史、国史。通过师生共同创作歌舞剧、学生主演来理解历史，营造了良好的艺术创造氛围，展现出良好的精神风貌和优秀的整体形象，最终达到学生自我教育与自我觉悟的目的。家国情怀作用于艺术教育上，可以使教师在怀有崇高理想的同时持有严谨的教学作风；可以使学生向老一辈艺术家学习，多维度关注现实、感悟人生，传承学院品格，磨炼风骨。在尝试转换进而开拓的探索中，不再拘泥于对客观对象的写实再现，而是通过对中华传统艺术的研究与利用，结合时代语境，尝试创作出适合当代人审美诉求的作品，从而实现审美范式的当代构建，促进美育教育的创新与发展。

改革开放40年来，艺术院校美育教育取得显著成效。艺术院校师生对党、对国家的热爱通过创作充分展现出来。一是高扬中华美育的人文主义精神。如在中国画创作与教学中，广州美术学院一直秉持关山月先生强调的“一定要站在中国画的立场考虑，创造一种继承与发展民族传统的新的中国画”，在教学中贯彻“四写”（摹写、慢写、默写、速写）、“三并用”（手、眼、脑并用）、“两要求”（形神兼备、气韵生动）的原则，以对中华美育的理解，守中有进，进中有守。二是现实表达与家国情怀。题材上无论是表现历史，还是表现现代社会、乡村生活，抑或是表现改革开放场景等；表现手法上无论水墨写意还是工笔重彩，在素描造型与笔墨技法方面都融合了写实表达，深刻地契合与表现社会和时代风貌，体现了艺术的现实关怀，体现了现实的整体需求。

艺术院校通过40年的探索，形成的美育教育不仅仅是技艺和技巧的教育，还承载着文化传承和思想延续。艺术院校在美育教育方面始终大力弘扬艺术审美与思想道德统一的美育精神。通过作品的创作，成功地将个人体验与社会发展相互融合，通过对视觉美感的驾驭完成对社会的关注，以“大爱之心”和“大美之气”回馈社会。通过艺术鉴赏、艺术创作、艺术传播等活动传递真、善、美，传播社会主义核心价值观与正能量，增强审美判断力和提升道德水平；通过艺术关注社会，反映人们美好生活，增强社会责任感。

2. 紧跟时代发展步伐，与中国改革开放进程紧密联系在一起，歌颂锐意进取的改革开放精神

创新是引领艺术院校美育教育发展的重要动力。艺术院校在传承基础上不断进行创新，充分利用当地或本校的改革开放资源来挖掘教学资源。如音乐院校通过爱党、爱国、爱家乡的革命歌曲来培养音乐学子的情操与修养，激发其创作激情；美术院校通过绘画作品来引领社会的价值取向，通过歌颂改革开放精神，展示改革的活力与开放的包容，以艺术家的视角记录令人感动的人物和事件，展示了艺术家在现实中不可推卸的历史使命感与社会责任感。用不同的表现手法和艺术语言，紧跟时代步伐，完成了纵深而多向的探索。

改革开放 40 年来，艺术院校以敢闯敢干的勇气，闯出了一条创新路、一条实践路，实现了美育教育的大众化。广东是改革开放的排头兵、先行地、试验区。40 年来，广东改革开放先行者大胆地闯、大胆地试，以“敢为天下先”的历史担当和“杀出一条血路”的革命精神，解放思想，争先创优。如何讲好改革开放史，讲好逢山开路、遇水架桥的敢闯敢干敢试精神？广州美术学院利用地处广东的优势，通过讲述“德艺双馨”的美术家的艺术作品与艺术人生，引导学生体悟艺术家的风范，理解改革开放精神，充分挖掘了作品所蕴含的丰富的育人价值，推进中华文化思想入心、入脑，取得了较好的思想政治教育成绩。广州美术学院通过参观本校老师创作的雕塑作品《拓荒牛》和其他作品，了解改革开放 40 年的艰苦创业精神，让学生们深刻理解“改革开放是决定当代中国命运的关键抉择，是实现中国民族伟大复兴的必由之路”。

3. 挖掘和利用区域文化资源，协同育人、合力育人，实现从美育课程到课程美育再到美育全过程的转变

各艺术院校充分挖掘和利用区域文化资源。区域文化资源是中国古代艺术宝库的重要组成，在全国各地分布较为广泛，散见于历史遗址、古村落、古建筑、风景名胜等。打造开放性的校园文化平台，把区域文化资源特别是红色资源融入美育教育之中，拓展校园文化建设的空间。优秀的区域文化不仅可以美化校园环境，而且有利于引导学生重视并参与区域非物质文化遗产的保护和开

发。学生在日常的学习和生活中，接受区域艺术文化的熏陶，确立审美文化观念，唤起审美感、道德感，从而激发起对中华美育精神的认同感。传承红色基因，通过现场教学，让学生们去思考，汇聚在这里的共产党人究竟是一个什么样的群体，他们为什么可以成就一个辉煌的政党，开启一个民族的复兴之旅？他们的信仰、他们的初心是什么？艺术院校努力挖掘当地红色资源，弘扬爱国主义精神、民族精神，同时用美术设计与色彩变化展示独特的祖国风光。同学们通过参加演出红色题材作品，在研讨剧本、体验生活、挖掘历史等过程中受到良好的教育，真正实现了美育教育润物细无声，这既是课程美育，也是过程美育。坚定信念、艰苦奋斗是战胜一切困难的法宝，是正在成长的大学生强大的生命需求，更是培养社会主义事业建设者和接班人的基本底色。艺术院校积极利用区域文化资源，探索美育教育机制创新，初步解决了协同育人、合力育人这一重要问题。

牢牢把握艺术院校师生思想特点和发展需求，大力推行美育实践与创新。通过改革开放40年艺术院校的探索，美育教育展现出蓬勃的生命力和强劲创造力。如在美术院校庆祝改革开放40周年系列美术展中，展览的作品连接了人们的历史认知，也让人们在这一幅幅作品中回味历史的甘苦，同时造就了一大批骨干人才。艺术院校能准确把握社会发展的思想特点，不断提高美育教育的专业化、科学化、精细化水平，既有显性的灌输式引领，也有灵活的、隐性的植入式引领，用艺术的手法引导大学生，用科学的理论武装大学生，用真理的力量感召大学生，激发起学生对中华美育精神的自觉践行与发展需求。

4. 用艺术作品感染人，达到直入灵魂的作用，实现了共创、共享、共生，促进了学生的全面发展，达到了出精品、起高峰、树丰碑的效果

艺术院校的美育教育工作要入脑、入心，并不容易。每一个艺术创造者都在自己的成长背景、地域文化和价值观念中形成了自我的参考坐标、艺术趣味以及创作方式，呈现多元性和丰富性的特点。在时代的机遇与挑战中，艺术院校强化主体精神的人文自觉与形态的拓展，彰显了与时俱进的能力。同时，艺术院校凝心聚力，打造精品作品，成为培育优秀艺术作品和艺术人才的摇篮。

改革开放40年来，艺术院校通过不同作品的创作，进一步强化正确导向，以弘扬主旋律、歌颂改革开放成就为主题，用艺术彰显民族自信，反映时代新声，展示改革开放的伟大成就，展示过去革命将士的英勇奋斗事迹，歌颂伟大的民族

精神。这些人的勇气与力量，不是一个个体依靠道德操守便可以达到的，这样的力量和勇气，只能来源于博大而深刻的精神追求，只能来源于内心深处坚定不移的信念与初心。广州美术学院通过带领大学生到雕塑园里观看英烈的雕塑，通过讲好共产党人自己的故事，群体性创作作品，通过故事联想与启发，清晰地勾勒出那一批奋斗在中国大地上的共产党人的形象：他们拥有无比坚贞的信仰，他们拥有面对挫折、知错即改的勇气，他们还拥有抵御诱惑的强大精神力量，他们已经将自己的人生观与一个政党的宗旨高度地契合在一起。通过现场教学，同学们把自己的奋斗目标融入到社会的需要，并从中升华革命情感，激发其主动参与国家重大题材创作，推出了一批有温度、有高度的作品，达到了出精品、起高峰、树丰碑的效果。如现实题材创作，题材丰富，呈现出鲜明的地方特色和时代特征，话剧、音乐剧、舞剧、戏剧以及地方山歌等，形式多样，进一步拓宽辐射领域，同时，通过线上线下联动、台上台下互动等方式，让艺术真正面向基层，全方位满足观众欣赏艺术的需求。

5. 坚持依托其他学科，将学科理论与教育实践进行有效互动，改进教学内容，擦亮地域特色

艺术院校坚持改进教学内容与方法，通过学科与教育实践的有效互动，调动艺术家们充分利用地域特色，汲取民间艺术养分，投身主题创作的热情。依托其他学科协同互动的效果，真正达到“立德树人”教育根本。各艺术院校坚持打好地域文化这张牌，擦亮自己的地域特色。任何文艺作品只有首先是民族的，才可能是世界的。如广东有岭南画派，广西有漓江画派，西安有长安画派、黄土画派。各艺术院校用鲜活的地方剧种、音乐、美术作品，通过一画一课、画中有话、一个音符一堂课等特色课程，让学生感受到家乡的美好、祖国山河的美好。改变了注入式、说教式、填鸭式的教学方法，创造了启发式、研究式、实验式、体验式、教学相长等教学方法，将社会热门话题导入教学，提升了教学效果。通过运用线上线下媒体平台，不断提升艺术院校的整体影响力和美誉度。在教学改革方面，始终不断改革教育教学内容与方法，用多种方式来进行美育教育，如广州美术学院马克思主义学院的老师将集体备课的地点移到了“大潮起珠江——广东改革开放 40 周年展览”展览馆里，通过参观本校老师创作的作品和其他作品，深刻理解了改革开放 40 年的艰苦创业精神。老师通过视觉形象化的体验方式，在展览馆里集体备课、集体讨论教学内容的改革，改进了思政课的备课方式，提高了备课

质量。

（二）展望与思考

新时代学校美育工作是今后一段时间艺术学院要不断跟进的工作。艺术院校的美育教育符合教育创新发展趋势，它存在于我国发展总体实践中，存在于艺术院校创新发展中，与我国的高等教育创新发展同向同行。随着新时代学科内涵式发展的不断深入，新时代的学校教育视域下美育教育会进一步延展，对美育教育功能的把握，以及对以文化人的美育的规律、机理、方式、评价等问题的探讨，都会更加深化。如如何助力提升新时代意识形态工作质量，如何助力实现社会主义核心价值观，如何助力提升思想教育的实效，如何助力推进社会主义文艺繁荣发展，如何助力推进美育生活化、生活美育化等等。

过去我们对美的追求、艺术美感的教育还不够，人们的艺术审美功能没有达到一定的水平，对什么是美的感知受限。美育教育本身就肩负着使人高雅、远离低俗的使命。

1. 深刻认识新时代中国特色社会主义思想“进校园”的新使命，认识美育教育的新动能

新时代中国特色社会主义思想是当代中国的马克思主义。“进校园”事关“培养什么样的人、如何培养人以及为谁培养人”。“进校园”的新使命就是要做好“五进”，即“进头脑、进教材、进课堂、进网络、进宿舍”，狠抓学风建设，狠抓人才培养质量。

高校立身之本在于立德树人，“种树者必培其根，种德者必养其心”。高校要努力成为先进思想文化的传播者。艺术教育尚美至善，要围绕学生、关心学生、服务学生，传明道、授实业、解心惑，高校要做好学生健康成长的人生导师和知心朋友，把学生培养成德才兼备、全面发展的人才。

艺术院校要扎根时代生活，弘扬中华美育精神，要深入生活、扎根人民，创造具有鲜明时代烙印的精品力作，用高尚的艺术作品引领社会风尚。要根植中华优秀传统文化深厚土壤，让中华优秀传统文化基因浸润学生心田。要引领学生自觉接受中华优秀传统文化的熏陶，汲取中国智慧、弘扬中国精神、传播中国价值。如广州美术学院推进“广美一阳江美育浸润行动计划”，通过师生下基层学校，组建当地小学夏令营等方式，全面提升基层小学的艺术创新思维，提升学生的艺术素养。将“美育”的理念深入基层，落实到一个个学校，并与多学科综合能力一

起培养。通过举办夏令营等方式将“美育”浸润到各个学校，打造“一校一品”“一校多品”的美育特色项目与课程，加强地方特色美育课程建设，形成一校一特色，一年一成果。通过结对子和集中培训等方法，开展面向人人的“美育进修计划”。广州美术学院通过师生志愿者参与美育实践活动，探索建立高校支持中小学美育协同发展机制。通过挖掘当地非遗资源，挖掘当地的风土人情，打造有温度的美育。通过实实在在的美育浸润，学生们的观察力、创新思维、学习能力、合作能力都有显著提升，学习的积极性更是有明显提高。同时，学校还积极推进由专业教师、思政课教师、学生共同参与的暑期“三下乡”活动，组建志愿者到广东梅州、清远等地进行红色苏区考察创作，服务美丽乡村建设等，使学生在红色文化和红色体验中践行社会主义核心价值观，让红色基因代代相传。通过实实在在的体验课，落实艺术为民，形成独具艺术院校特色的实践教学，实现美育与思政教育融合，打造艺术思政，为新时代的艺术思政教育探索新路径。

2. 用艺术力量弘扬时代精神，坚持以社会主义核心价值观引领文化建设，重心下移，扎实做好基础性工作

党的十九大提出，高校“要以培养担当民族复兴大任的时代新人为着眼点”。赋予了新时代艺术院校美育教育新的时代责任和历史使命。改革开放40年来，之所以取得举世瞩目的成就，最根本的原因在于坚持党的领导，坚持以社会主义核心价值观引领文化建设。高校人才培养的重要目标就是培养德、智、体、美、劳全面发展的社会主义现代化建设事业的接班人，这就要求艺术院校在美育教育中坚持不忘初心，用艺术力量弘扬时代精神，坚持以社会主义核心价值观引领文化建设，同时加强师德建设，以德立学、以德施教，始终把美育教育落到实处。

中国特色社会主义进入新时代，艺术院校要抓住时机，弘扬中华传统文化、革命文化、社会主义先进文化，用艺术力量促进全体人民在思想上、精神上紧紧团结在一起。引导师生坚持以人民为中心的创作导向，在弘扬新时代主旋律中发出艺术院校最强音，不断满足人民群众对美的追求。艺术院校通过艺术表演、艺术作品、媒介视频、艺术实践工作坊等美育改革方式促进美育健康发展。如大学生艺术实践工作坊是一项集体性、实践性、互动性、体验行动视觉艺术创作实践项目，通过实践工作坊的主题“艺术的创意与创新”，鼓励更多高校关注美育创意，参与美育创新，享受美育带来的成果，为高校美育的创新成果和学生的创意理念提供一个实践机会、一个展示平台，可以实现艺术引领创新，创新引领创业，拓

展高校众创扩建，加强高校创新创业文化建设。将重心下移，展示艺术与美丽乡村建设，展示艺术与乡村建设融合，聚焦脱贫攻坚，助力乡村振兴，推动乡村发展的创新实践，如农村景观设计、主题墙绘、农副产品包装设计、生活用品的设计制作等，体现艺术美化乡村、艺术美化生活的理念。

以“一院一品”“一曲一课”“一画一课”“画中有话”等特色党建品牌为抓手，焕发艺术院校弘扬时代主旋律的生机与活力，用先锋工程让艺术活起来。或者利用艺术院校的优势，改革高校思想政治课教学，如《一画一课：红色美术经典作品赏析之革命历史篇》，通过思想理论引领，创新高校思想政治课教学与改革，把思想政治教育做到实处，做到学生的心坎上，增强和提高学生的专业自信和能力，也激发和培养了学生的责任感和使命感。又如，广州美术学院录制的“川流不息——胡一川红色美术经典赏析”系列视频，以艺术家胡一川的作品为主线来上好思政课的每个章节；探索“画中有话——红色美术经典赏析”慕课，打造广美“艺术思政”特色品牌。从艺术与思政交叉融合的视角，探索独具艺术院校特色的思政教育规律，用艺术力量弘扬时代精神。如结合中国共产党建党 100 周年，推出了“画说艰难与辉煌——百幅美术经典致敬建党百年”。用 100 幅红色经典美术作品展示建党 100 年来的艰难困苦、光荣与辉煌。同时用这 100 幅经典美术作品梳理思政课的整体文脉与教学，用 100 幅美术作品贯穿 4 门思政课的教学。用新媒体方式——五分钟短视频展示教学形式上的创新，真正达到“艺术思政”效果。

3. 自觉融入国家发展战略，构建发展新维度，更好构筑中国精神、中国价值、中国力量

艺术院校要主动参与国家“一带一路”建设，主动融入中国特色社会主义先行示范区建设，做大做强构建国际交流合作新维度，如中国－东盟艺术高校联盟、粤港澳大湾区音乐联盟、粤港澳大湾区美术与设计联盟等；主动融入国家发展战略，深化文化艺术和科研创作领域高水平交流与合作，培育自主品牌，延伸美育教育链条。

广州美术学院主动融入国家发展大局，主动参与，积极推进《粤港澳大湾区发展规划纲要》和《广东省推进粤港澳大湾区建设三年行动计划（2018—2020 年）》建设。自 2018 年起，学院已经连续三年举办粤港澳大湾区学校美术与设计作品展。这些艺术作品从一个侧面集中反映了粤港澳大湾区学校近年来艺术教学的成果，以及在共同地域情境中呈现的开放、融合和多样的文化格局，体现了师生对

艺术实践的探索和拓展。粤、港、澳三地城市相连，文脉相同，民俗相近，艺术教育的交流、交会和交融进一步增强了粤港澳大湾区的文化软实力，打造出世界级湾区的文化名片。同时，加强粤港澳大湾区艺术教育交流合作与融合发展，以粤港澳大湾区建设、粤港澳合作、泛珠三角区域合作等为重点，全面推进内地学校同香港特别行政区、澳门特别行政区等学校的艺术与设计方面的合作，促进三地艺术教育和文化事业的繁荣。

在推动粤港澳大湾区建设的进程中，美术与艺术设计被赋予了新的时代使命，也迎来了更广阔的发展空间和历史机遇。为落实国家美育教育政策，构建全方位美育工作体系和打造粤港澳大湾区美育高地的实践行动，广州美术学院将参展作品扩展为大中小学师生作品，展出作品涵盖了空间设计、产品设计、视觉设计、书法、绘画、雕塑、手工艺、影像等艺术门类，集中呈现了粤港澳大湾区学校近年来美术与设计教学的成果，作品或基于社会课题的设计，或基于生活和未来发展的思考，或基于对艺术美的追求和材料的体验，体现了师生们的求知热情，对文化传承与创新的追求以及对粤港澳大湾区未来建设的畅想。

广州美术学院作为联结教育发展和文化建设的艺术院校，所承载的艺术与设计内容，是粤港澳大湾区建设不可或缺的发展维度。“打造教育和人才高地”，共建人文湾区中最具活力和创造力的环节。粤港澳三地艺术教育和文化建设既有深厚的交流积淀，更有广阔的合作空间。广州美术学院通过主动参与粤港澳大湾区活动，并以此为纽带和平台，促进粤港澳大湾区艺术教育交流与融合发展，为粤港澳大湾区建设培养高质量创新型人才。

4. 努力践行以文化人、以美育人的使命担当，激励“爱国奉献、追求卓越”的情怀

艺术院校要“以大爱之心育莘莘学子，以大美之艺绘传世之作”，要教育师生“先学做人，再事丹青”。我们是美的创造者和传播者，也是美丽心灵的陪伴者和雕琢者。艺术院校美育是以美为核心的教育，其内容囊括美的形式、美的规律和美的意义等。

美育教育和美学教育不同。如著名版画家李桦先生创作的木刻作品《怒吼吧，中国!》，极富感染力和震撼力，具有强烈的视觉冲击力，成为中国抗战史上的一个符号，也是“一二·九”运动中的宣传画。冼星海的《黄河大合唱》，以恢宏的气势、独特的艺术表现力，加深了人们对民族精神的理解，激发了人们热爱祖国、

保卫家园的赤子之情。

艺术院校美育教育的根本任务就是传递真、善、美，传播社会主义核心价值观，引导艺术院校大学生树立正确的世界观、人生观、价值观，这些未来的艺术家要秉持中国精神、时代精神，要有责任担当，美育教育要激发爱国奉献、追求卓越的情怀，完成“美育内化”。

广州美术学院党日团日活动时，带领学生去美术馆参观“烽火红棉——新中国革命历史题材雕塑作品展”。在展览中，真实的场景、经典的人物让学生们领略到革命时期的风骨和脊梁；生动的形象、动人的场景、丰富的影像资料，让学生们体会到动荡年代里社会变革的惨烈和热血重生。通过学习，深化了同学们对历史的理解，唤起了同学们对艺术之美的感悟与共鸣，也让同学们深刻地体会到“一切向前走，都不能忘记走过的路；走得再远，走到再辉煌的未来，也不能忘记走过的过去，不能忘记为什么出发”。同时，同学们也被一代代广美雕塑人执着追求、探寻多种雕塑形式与红色革命主题完美结合的精神所折服，被老一辈艺术家充满激情和活力的作品所震撼，被老一辈艺术家运用娴熟的技法、创新的材料以及对革命精神的深刻领悟所佩服。烽火红棉映初心。通过现场教学与学习，加深同学们对革命精神的理解，不能忘记前辈的痕迹，艺术为民服务，坚定了同学们为社会主义事业添砖加瓦的信念，激励其“爱国奉献、追求卓越”的情怀。

5. 体系设计：着力构筑“大美育 1+X”工作格局，提升艺术院校发展过程中的文化自觉，切实增强艺术院校美育教育持续发展的内生动力

构建新时代新美育教育体系，需要进行理念重塑，结构重组，流程再造，内容重构，模式重建。系统性、整体性构建是新时代美育教育发展的显著特征，要着力构筑“大美育 1+X”工作格局。整合资源，以艺术院校美育资源为主线，同时协同各方资源，将美育资源浸润到各个方面，如美育+高水平艺术团队建设、美育+艺术节、美育+社区文化建设、美育+合唱团队等，提升艺术院校的文化自觉。从艺术教育、学科融合、校园文化建设等方面着手，将显性教育和隐性教育有机结合起来，让学生在美育实践中感受到美的快乐，用艺术滋润生命，让生命绚丽绽放。

回归大学文化传承的本质。艺术院校的文化自觉不仅可以满足学生成长发展的需求，还有利于学校软实力与硬实力的平衡，塑造学校的文化形象，更有利于提振艺术院校的精、气、神，把富有个性的专业艺术资源贯穿到学校人才培养、

科学研究、社会服务等各个方面，落实到教师、学生等各个群体。艺术院校要整合资源，促进本校美育优质资源发展，要调动教师和干部的积极性，促进教师和干部自身发展，不断增强学校文化艺术的影响力。艺术院校要着力厚植艺术教育人才土壤，大力扶持学校品牌特色建设，正本清源，树艺术教育“金字塔尖”，让最专业的老师、最专业的学生、最专业的指导进社区、进学校，从艺术的根脉发掘全民的艺术潜质，把美育教育的重心放在普及上，让更多的学生享有同等的教育资源、同等的教育机会，在更多的人心中埋下美育的种子，逐步构建具有本校本地特色的现代化美育发展体系。

深入实施美育教育“1+X”工程，以红色基因为基础，增强文化实力，坚持以人民为中心的创作导向，深化教育体制机制改革，加快补齐文化事业短板，着力培育文化领域战略性新型产业，提升大众的审美情趣与人文素养。艺术院校要建立问题、任务、责任清单，主动承担美育社会功能中的导向与激励、凝聚与陶冶、规范与约束的责任。如广州美术学院参与广州市中小学的“高校引领促发展，美育团队显活力”项目，通过举办学术活动、专项调研和参与督导评估，加强广州市中小学美育领域的学术交流和沟通，提高中小学美育领域的学术研究能力，推进中小学美育课程体系建设和教学改革，为广州市中小学带来形式多样的艺术展览、演出和赛事服务，并以此为契机，扶持高水平学生美育团队培养，从整体上提高中小学的艺术鉴赏能力和艺术表现力。以艺术院校强大的师资力量和丰富的教学经验来牵引当地中小学优秀美育项目，全面提升广州市中小学在美术、书法、舞蹈、戏剧、传统工艺等专业方面的艺术素养、鉴赏能力和展示能力。帮助有潜质的学校打造高水平美育团队，并通过高水平美育团队来带动其他学校美育的发展，以普及促提高，以提高带普及，创造更多的校与校之间、学生与学生之间的交流与互动，实现学生审美观念、审美情趣和艺术感知能力提升，真正实现以大手牵小手，以高校带动一片的社会责任。

人们对美好生活的向往更多的是通过对艺术的追求开始。艺术院校要从“大美育”的思想理念出发，涵盖美术、设计、音乐、影视、戏剧等各个方面，按照不同年龄阶段及需求设置课程主题，打造更加具有专业性、艺术性与权威性的美育综合共享平台。以美育为核心，扩展艺术教育；立足学生禀性，确定培养方向；以个性的完善，促进团队建设；提供广泛的美育资源，深化美育教育改革，完成“美育内化”。艺术院校要因事而谋，谋定而动，因事而定，顺事而动，坚持扎根中国大地办好艺术教育，面向未来社会发展办强艺术教育，实现教育发展的“变轨超车”，实现新时期美育教育的新使命，为实现“两个一百年”奋斗目标，实现中华民族伟大复兴的中国梦，贡献艺术院校应有的力量。

二、中华美育精神与我国高校美育教育

美育是我国高等教育的重要内容和重要组成部分。加强美育工作，很有必要。高校应全方位、多渠道实施学生美育教育，培养学生感受美、表现美、鉴赏美、创造美的能力。中华美育精神是中华文化的集中展示，对塑造美好心灵具有重要作用。在新时代背景下，高校要认真贯彻落实《国务院办公厅关于全面加强和改进学校美育工作的意见》《教育部关于切实加强新时代高等学校美育工作的意见》等文件要求，做好高校美育教师队伍建设，高校艺术专业人才培养模式改革创新，高校中华优秀传统文化艺术传承创新，高校美育评价体系建设，高校美育服务社会路径以及协同育人机制等，坚持目标导向和问题导向，探索符合教育现代化的规律，并融入中华美育精神的现代美育教育，在美育改革创新实践中形成具有引领性、突破性、示范性的做法、举措和经验。

（一）中华美育精神：高校美育的必然选择

高校的重要职能是要解决“培养什么样的人，怎样培养人和为谁培养人”的问题。高校作为美育教育的重要载体和前沿阵地，是传承中国传统美育、凝聚中国精神的主要场所。高校美育是实现立德树人根本任务的重要手段。高等教育要聚焦立德树人，打造有深度、有广度的美育。高校美育是以美为核心的教育，其内容囊括美的形式、美的规律和美的意义等，是新时代高校美育的必然选择。

（二）高校弘扬中华美育精神的方法策略

高校美育应以中华美育精神为理论指南，重视从中华美育传统中汲取丰富思想资源，构建具有中国气派和中国风格的美育教育体系。

1. 挖掘中华美育资源，重构高校美育的课程体系

高校要把立德树人作为培养人的根本任务，全面实施素质教育，重构美育课程，改进美育教学，提高学生审美和人文素养；要以艺术教育为切入点，创新美育理念，培养学生良好的道德情操，树立正确的审美观，增强爱国主义思想，促进智力与非智力因素双向发展。学校美育最根本的任务是教会学生学会审美，必须面向全体学生，必须将普及和提高并重，进一步完善美育工作体系及育人机制，

力争使美育教育促进学校特色发展。

艺术教育是美育中最重要的实施途径，但它不是美育工作的全部，在学校教育中的各个学科、各个环节等都蕴含着丰富的美育因素。因此，高校在开好艺术课程的同时，还要注重挖掘各育人环节的美育因素，积极将美育工作融入学校教育的全过程，促进美育与德育、智育、体育、劳育的相互渗透、协调发展。高校要将美育教学渗透到专业课程的教学中，如多数高校开设计算机平面设计、动漫设计和师范教育等与艺术相关的专业。将学生的艺术设计和创作作品在校园中进行展示，让全体师生感知动画美、设计美、装饰美和语言美等，通过美育激发和唤醒学生们的创新意识和内驱力。发挥课堂美育的教学主阵地作用。用艺术润泽学校教育，让学生身心全面和谐发展。各学校应在充分发挥艺术教育特殊的育人功能上有所突破，在美育与其他“育”相互渗透、相互促进上有所突破，让艺术教育落到实处。面对 21 世纪的艺术与科技的发展，面对社会文化发展的新趋势，美育要适应新科技文明的核心素养要求，整合自己丰厚的文化艺术资源，形成具有中华文化精神的文化业态，构建具有中华文化自觉、深厚历史意识和全球视野的美育学科。

美育教育要充分利用区域和地方美育资源，积极开发具有地域特色的美育课程。在创新机制和模式的同时，更多地思考了这些模式里能包含什么样的精神。如广州美术学院南粤古驿道文化研究中心，重点挖掘粤港澳大湾区文化遗产游径和广东省历史文化游径沿线文化旅游资源，结合艺术教育，做好美育普及工作。充分利用广东省古驿道文化的再活化、再利用，充分挖掘当地的历史文化资源，展现南粤古文化之美，用文化滋养沿线的人。特别是“艺道游学·中国南粤古驿道少儿绘画大赛”，自 2017 年启动至今已经举办了四届，在广东 21 个地市累计吸引超十万儿童家庭参与，是岭南地区最具影响力的少儿艺术品牌赛事。大赛通过亲子共同参与游学南粤古驿道、艺术院校导师引导的方式，通过创新活动内容和形式，带动学生、家长、社会机构以及古驿道当地政府等参与，形成了新的赛事模式和教育模式。此项目从视觉、文化、建筑等多个层面深入挖掘古驿道的文化元素，把古驿道文化元素转化为日常用品，通过设计给古驿道带来新的生命，让古驿道成为大地博物馆。让孩子们亲身探索，发现古村落之美，体验古驿道文化。孩子们在欣赏风景、了解红色典故、品尝地方美食后进行写生创作，在古建筑的构造魅力中感受文化的魅力。秉持“更好玩、更有趣、更有价值”的理念，孩子们置身其中，用自身的画笔映衬着艺术场景的代入感，同时释放创作与创新能量。实现寓教于乐、寓教于游、寓教于道！通过发掘南粤古驿道上的文博资源，通过开展中华美育实践活动，更多美的元素以不同的方式进入学生的视野，激发了学生的想象力和创造力，也让学生更深地了解中华文化，实现了古驿道时代价值的转化。此外，该项目成功地在孩子们心中种下活化古驿道的种子，加深了孩子们对中华文化的敬畏之心、热爱之情。很多孩子与家长之间的和谐友爱关系也建立起来，并产生了一种人际关系的美感。孩子们以绘画的方式助力粤港湾大湾区文化遗产游径的打造，让南粤大地上独特的风情文化得到广泛的传承和传播。此项目通过行走在南粤古驿道上的艺术力量，持续推动了南粤古驿道历史文化创造性转化与创新性发展，展现岭南地域文化特色，促进县域经济发展，助推乡村振兴发展，打造特色美丽小镇。作为艺术院校，广州美术学院积极响应国家美育改革发展新要求，积极探索公共美育和少儿美术教育新模式，推进历史文化传承与少儿艺术教育的结合，历史文化资源挖掘与沿线文化旅游资源的开发，用美术与设计激活古村落，用游学激发世界遗产的再造，用文创改变小镇的经济模式，用历史文化吸引更多的青年回乡创业。

创新美育活动形式，推行艺术实践活动，促进学生整体素质的发展。将艺术课程融入实践，让学生在创造与体验中获得灵感。如学校定期举办中华经典诵读比赛，引导广大学生通过诵读中华优秀传统经典，深入领略中华民族的浩瀚典籍，接受优秀传统教育，树立文化自信和新时代社会主义核心价值观。邀请戏曲名家、礼仪专家和武术大师等作为学校的指导老师，定期到学校讲座，亲自传授戏曲和武术等艺术，积极开展形式多样的地方木雕、戏曲或地方剧进校园活动，结合实际开展地方剧种讲座或通识教育。结合地方生源多、占比较大的优势，利用青年人活跃、爱动手的特点，成立腰鼓队、醒狮队或锣鼓队，特聘专家进行指导，定期训练，经常性地参加大小活动、校际交流或比赛，让学生在老师的指导之下自我练习、自我感悟、自我创新，发掘自身的想象力和创造力，不断提高艺术涵养，创新美育活动形式。

高校应按照国家有关规定建设设施完备的美术室、书画实训室、手工实训室、音乐室、舞蹈室、钢琴室、戏曲室等艺术实训室，较好地满足艺术教育教学需要；规范学校艺术教育资料档案，并定期对消耗类型器材设备进行更新和补充，确保高使用率。以图书馆、信息中心等为主导组建数字化或媒体化网络校园，为师生提供最优质的多媒体资源和图书资料。重构高校美育的课程体系，必须面向全体学生，必须将普及和提高并重，通过课堂教学、第二课堂活动和校园文化建设等有效途径实施美育工作。

高校要建设完善的激励与奖励机制，以量化形式对表现突出的指导老师和学生给予奖励，激励师生积极参加各类艺术实践与竞赛活动，激发学生发挥艺术才能的热情，通过艺术教育一系列措施的有效落实，如将“第二课堂”与“第一课堂”有效衔接，以学生综合素质能力提升为重点，构建多部门和学生社团共同参与的第二课堂建设模式，让“第二课堂”成绩单制度落到实处，形成具有本校特色的“全人员、全方位、全过程”第二课堂体系，形成美育发展协同机制。

在挖掘中华美育资源方面，可以按照文化育人的基本要求，以“学校活动特色化、专业活动精品化、班级活动普及化”的原则，形成三层课程体系和校园文化体系。构筑“四元一体”的思想政治教育体系，把中华文化中的思想、人文、艺术、科技等四个维度的先进文化基因融入美育，把中华传统优秀文化、革命文化、社会主义先进文化与改革创新文化融入思想政治教育，围绕传统文化打“底气”、核心价值立“正气”、美育资源树“风气”的格局，点面结合，形成覆盖全校的课程育人体系，增强学生的文化认同和文化自信，推动学校美育改革发展。

2. 培育多样的校园文化，积极搭建多种美育平台

艺术育人，提升审美素养，不能局限于一门学科、几位艺术老师，更应该打破学科壁垒，集合不同学科、不同教师共同实施。学校应该通过整体规划丰富多彩的校园文化，通过精心培育校园文化，将艺术育人贯穿于学校教育的全过程。校园文化不仅反映学校的办学历史和风貌，而且折射出学校的精神理念。校园环境是实施美育的重要载体。学校通过布置文化宣传栏，学生摄影、手工作品、书法作品、绘画作品等展示区，彰显校园文化，创设优美的校园环境。也可以利用校内外主题艺术长廊、艺术作品展厅、民俗文化博物馆或展览馆等，让学生置身其中，随时随地接受美的熏陶与感染。通过环境育人，构建优美和谐的校园环境，是一种无声的美育。注重校园建筑物设计和建造的美育精神底蕴，营造自然、厚重、古朴的物质文化环境，为学生学习和生活提供良好场所。精心培育校园精神文化，让学生在日常的学习和生活中，接受校园艺术文化的熏陶，养成文明的行为习惯，规范自己的行为，形成正确的生活态度。

课外美育教育活动是学校美育教育的重要组成部分，学校要开展多形式的第

二课堂活动，为学生搭建欣赏美、表现美的平台。如让学生参加社区活动，参加暑期“三下乡”活动，通过“最美乡村行走”“最美乡村彩绘”等发挥高校艺术特长，激发学生对美化环境、美化乡村、美化社区及自我审美的追求。通过开展丰富多彩的课外美育教育活动，活跃校园文化氛围，提高学生的艺术素养，让收藏在馆里的文物、陈列在大地上的文化艺术遗产成为学习美育的丰厚资源。

广州美术学院这几年都安排新生到胡一川故居，现场进行入学第一课教育。1932 年，胡一川创作版画《到前线去》。这幅作品被誉为我国抗战美术代表作，在抗战胜利 50 周年时，中国邮政发行的抗战胜利 50 周年纪念邮票就用了这幅画。

在故居，同学们可以看到胡一川的日记。胡一川在 1937 年 1 月 23 日的日记中写道：“你应该勇敢地跑到时代的前头当旗手，而不应该只握住时代的尾巴。”在 1982 年 9 月 27 日的日记中胡一川写道：“在革命博物馆看到了《到前线去》作为三十年代的美术代表作，和《放下你的鞭子》《渔光曲》及聂耳的《义勇军进行曲》（田汉的歌词）摆在一起，感到自己在抗战时代作了一些贡献，心里得到很大安慰。”

通过参观故居，现场教学，延伸课堂以外的素材，让学生们充分感受到艺术大师的人格魅力，提升了思想境界，增强了热爱祖国的高尚情操、民族自尊心和自豪感，同时也感受到校园文化的传承与影响。这种现场教学把学校资源与社会资源有机结合起来，让延伸的课堂变得更丰富、精彩，激发了学生们学好专业的欲望和热情，将专业课与德育、美育结合，产生了良好的效果，从而达到提高学生整体素质、塑造完美人格的重任。

校园文化建设要以美育促成长，以美育强素质，积极搭建美育平台。这包括两个方面，一是充分利用线上教学资源，将艺术院校的美育资源在线上与其他高校共享；另一方面是充分利用学生社团活动，开展校园文化建设，开展形式多样的校园文化科技节和校园文化艺术节活动。通过活动，培养学生“自信、开放、创新”的意识，展示学生乐观积极、勇于拼搏、锐意进取的精神风貌，同时也为学生提供一个放松大脑、放飞心情的空间，为学生提供一个施展才华、张扬个性的舞台，让学生受到艺术教育和美的熏陶。这些活动既培养了学生的兴趣，陶冶了情操，又开阔了视野，锻炼了能力，培养了团队精神，增强了集体荣誉感，并营造了良好的学习氛围，同时也培养了学生自我参与、自我管理、自我完善、自我创新的综合能力。

3. 加强师资队伍建设，加大经费投入，提高教学水平

艺术教育的能力建设是高水平艺术发展的关键，而艺术教育的能力建设的关键是艺术教师的能力建设。艺术教师的能力建设是提升艺术教育质量的必然要求，也是艺术教师自我发展的需求。高校要加强美育教师队伍建设，培养德艺双馨的教师。强化艺术学科组建设，促进专业能力的提升。学校要定期组织艺术教师参加各类艺术大师培训班、参与艺术演出、到美术馆观看美术展览等，鼓励教师带团队参加各级各类的比赛和演出交流，为艺术教师提供更广阔的发展舞台。不断提升艺术教师的价值感、荣誉感和凝聚力，激发他们专业成长的内生力。同时，要按照相关艺术教育工作标准加强师资队伍建设，加强美育教师队伍建设，加强音乐、美术等艺术学科教师配备，通过转编、招聘等多种形式，着力解决艺术类教师结构性缺编、师资力量不足等问题。在一些项目方面给予一定的政策倾斜，支持老师走出去参加重大活动或项目；每年选派教师参加国内外合作项目，不断提升教师的专业能力。再者，重视兼职队伍的建设，打通校内校外融合的通道，使整体艺术水平得到保障和快速提升。引进艺术顾问团队，聘请知名的艺术家、社会文化艺术团体专业人士、民间艺人或工匠或社会上公认的艺术大师担任学校兼职专业教师，定期进行专业指导，为学校艺术教育的发展把脉问诊，引领高水平发展。规范兼职教师的聘任流程，不断将新知识、新理论、新技法融入艺术教学，为学生提供符合社会需求、产业需求的教学内容；教师要聚焦学生审美知识能力的培养，充分挖掘丰富的美育资源来引导学生。此外，学校要以育人质量培养改革为契机，加强实训条件建设，加强校外实习或实践教学基地建设，配齐配足教学设备设施。通过多种形式筹措资金，提高教学硬件设施，提高教学水平，保障艺术教育教学活动有计划、有步骤、有场地、有经费、有成效。

第二章　文化自信 智慧人生

第一节　中华文化

中华文化是中华民族繁衍发展的根与魂。中华文化延续五千年，至今从不断代。博大精深的中华文化，为中华民族克服困难、战胜敌人、延绵不断提供了强大精神支撑。

中国被称为四大文明古国之一，经千年颠沛而魂魄不散，历万种灾厄而总能重生，就是因为中华文化每每在紧要关头起作用。中华文化经由数百年、数千年积累而来，凝聚了不知道多少先贤学者的智慧，所以它不应当只作为一种谋生手段，而应该作为一种价值观传承下去，作为一种根延续下去。实际上，文化的价值从来不是文化本身，而是整个社会观、价值观的集中体现。在五千年的奋斗中发展起来的中华优秀传统文化，以及在党和人民伟大斗争中发展起来的革命文化和社会主义先进文化共同构成了中华文化。

中国可以成为一个经济大国，也可以成为一个科技强国，但最根本的是，中国是一个文化大国。对本民族文化的珍视是一个国家屹立千年的基石。

一、文化与自信

文化，是人们在日常生活中常常听到的一个词。我们在日常语言中经常使用文化概念。比如，填制的各种表格中有一个栏目叫“文化程度”；有个管理部门，叫“文化局”；在考古学上有“仰韶文化”“龙山文化”等；深入了解一些理论知识时，会遇到东方文化、西方文化、伊斯兰文化等概念；在日常打交道的时候，涉及对一个人的评价时，可以说“这个人很有文化”。但人们对文化的理解是千差万别的，有多少研究文化的人，就有多少关于文化的概念。什么是文化？对其性质的理解也存在很大的差别。

大概有三类关于文化的定义，第一种定义是把文化和人的活动成果相联系，即文化是人对自然的加工改造。一般来说，文化就是人所创造的活动成果。比方说，卡西尔认为，文化就是符号以及由符号活动所产生的各种仪式、规则、习俗等。英国著名的文化人类学家泰勒在《原始文化》一书当中，把文化定义为形成传统的习俗、礼仪、规范以及各种价值观念。从这个意义上讲，文化是和自然相对应的。凡是自然的事物，就是非文化的。自然在汉语里的含义，就是使自然之，自己使自己成为这个样子。而文化是非自然状态，这种非自然状态是通过人的活动产生的。比如森林是自然现象，但人工林就可以说是文化现象。因为人工林是经过人为的活动改变了的。所以在这个意义上讲，文化就是人的活动对自然的改造，文化就是人改造自然的成果。

文化的第二种定义是和文明相对应的，即文化是人类社会的进步状态。文化的概念是和农业的耕作相联系的，强调的是对自然的开发、开垦。而文明这个概念的拉丁文是 civilization，它的词根 civil，是“城市的、市民的”的含义。古罗马人认为，只有进入了城市状态，才是文明的，所以在这个意义上也可以把文明翻译成城市化。

文化的第三个定义强调物质活动成果和精神活动成果的对立，即文化特指精神文化。人所创造的物质成果被称为“物质文化”，人所创造的精神成果被称为“精神文化”。卡西尔说的符号、泰勒讲的价值观念，都是属于精神文化层面的文化。所以，广义的文化指的是人所创造的所有的成果，而狭义的文化就是指人所创造的精神成果。人所创造的精神成果集中地表现为符号、规范、观念等形态。

我们所要研究的文化，所依托的主要文化概念，就是狭义的文化，就是指精神文化活动。综上所述，文化的基本定义为：文化就是人所创造的物质成果和精神成果的总和。文化的进一步定义：文化是人类社会的进步状态，即文明。在这个意义上，文化和文明是同义语。我们目前使用的文化概念，在中文系统里来自《易经》中的“观乎人文以化成天下”。

文化作为一个特殊的现象，在某种意义上和人、社会、历史是同义语。它与这三个概念存在密切的关系。文化的实质应该说就是人的创造活动及其活动形式、活动成果。在《大美百科全书》中，“文化”被定义为人特有的生活方式。从这个意义上讲，文化和人是一个共生的概念。人是文化活动的主体，社会是人的存在形式。所以社会本身就是一种文化现象，历史是人的活动过程，从这个意义上讲，文化的产生、发展，也就是我们所说的历史。由这几个概念的关系可以看到，文化与人、社会、历史是密切相关的。所以，一般来说，文化具有以下几个方面的特点。

一是文化的创造性。文化作为一个社会现象，它的本质是一种创造。凡是被称为文化的事物，都是经过人的创造活动所产生的。我们使用的语言、文字，头脑里的各种观念，社会上的各种文学艺术，人类创造的各种生产产品，都是人对自然进行加工改造的结果，而不是纯粹的自然状态。所以，创造性是文化的本质特征。

二是文化的继承性。自然的事物是一个自然发生、发展、新陈代谢的过程，它虽然有积累，但是原则上不会带来历史的延续性。而文化不同，文化是继承的结果，是传播的结果。文化产生本身就是一种传播现象，一种文化一经产生，经过人的活动，可以在人与人之间进行交流，被其他人接受、模仿，这个过程就叫作传播。传播就是文化由个别现象逐渐发展成一种群体性现象或普遍现象。比方说某个人先发明了一种帽子、一种衣服，后来影响到其他人，接触的人多了就成为一种时尚，最后会成为一种甚至覆盖全社会的现象，也就形成了我们现在的服饰。这就是文化的传播现象。而这种传播不但有平面化的倾向（也就是说它在横向传播,在同一个时代的人际群体当中进行传播),它还要跨越历史进行纵向传播。所谓纵向传播，就是我们所说的文化的继承性。

三是文化的地域性。文化作为一种社会现象，要通过传播来扩大影响。在传播过程中会发生变化，每一个新的受众者会按照自己的特点，继续传播自己所掌握的文化知识。这样就会发生传播过程中的文化变异，这样就造成了处于不同地域、不同群体之间的文化差别，这种差别就形成了地域文化或民族文化。不同的国家、不同的民族、不同的地域，文化是有很大的区别的。

四是文化的价值性。文化就其实质来说，是一种价值。价值可以进行两个方面的理解，第一，价值是从功用角度讲的，文化是有功利作用的。也就是说，文化作为人活动的产品，能够作为满足人们物质和精神生活需要的对象，这就是文化的工具性。第二，文化的意义性。文化作为人创造的存在物，是人们精神思维思考的对象。那么任何文化都具有它自身可理解的意义。文化从意义上来说，它的价值性就远远高于工具性。因为，所有满足人们功利需要的产品，所有的工具价值都是相对的。随着满足需要的活动完成，它的功利价值也就结束了。所以，所有物质产品都具有可磨损性，但是文化的价值性在于文化的价值具有永不磨损性，因为文化是不断地传播和继承的。人们取得的各种文化成果，它不断地转变方式，对每一代人都可能产生作用。

文化主要有四个方面的功能：一是创造性功能，二是承传性功能，三是凝聚性功能，四是升华性功能。由于当代社会活动节奏的加快，社会活动方式的信息化、网络化，社会活动性质的风险化以及社会活动群体的依存化，当代文化也呈现出多元化特点，也存在文化霸权与文化自主的对立。我们要“从人的自觉到人类文化的自觉”，要坚守自己的文化自信。各美其美，自觉认同承扬本民族文化之美，并与时俱进；美人之美，借鉴它民族文化之美为我所用；美美与共，“己美”与“它美”的包容与创新。

文化为民族的根本和基石。党的十九大报告中指出：“文化是一个国家、一个民族的灵魂。文化兴国运兴，文化强民族强。没有高度的文化自信，没有文化的繁荣兴盛，就没有中华民族伟大复兴。”国家发展、民族振兴，不仅需要强大的经济力量，更需要强大的文化力量。文化是一个民族的精神和灵魂，是一个民族真正有力量的决定性因素，可以深刻影响一个国家发展的进程，改变一个民族的命运。中国的崛起与民族精神的传承都需要文化的自信与创新。

文化是民族的血脉，是人们的精神家园。

中国每经历一次灾难，反而会更加光辉强大，文化的力量至关重要。

几千年来，中国各地的方言、习惯与风俗，虽然还保持各自成文的惯例，甚之相隔数里便有言语完全不同的情形。但是，中国的文字和文化思想却完全一致，而且影响至亚洲的日本、韩国、越南等地。文化的统一是中华民族传承的根脉。中华文化是几千年来中国人的智慧、经验、心血结晶。

文化是现代社会竞争的软化剂，未来竞争的决胜法宝是文化自信。

文化自信是理想信念之根本。理想信念是人类精神生活的内在需求与精神能量，是世界观和政治信仰在奋斗目标上的具体体现，文化自信与理想信念内在一致，互为统一。只有将理想信念建立在中华优秀传统文化、革命文化及社会主义先进文化的基础上，才能彰显其旺盛不朽的生命力。文化自信是最基础、最广泛、最深厚的自信，有持久的力量。

没有理想信念就难以深沉而执着。文化可以兴邦，亦可立世，是一个民族生存和发展的重要力量。我们所说的“自信”的“文化”至少包括三个层面：中华优秀传统文化、革命文化、社会主义先进文化。自信来自实力，来自文化软实力。

好文要好化。教育改革要坚持文化自信。教育改革要对中华民族的文化价值观生命力有坚定的信念，要立足中国的传统和国情审视中国教育的现状和未来，还要有能力整合和包容外来的优秀文化。教育改革的文化自信同样建立在丰厚的文化积淀上，这种文化自信启发我们，在办世界上最大规模的教育体系时，必须有中国特色，同时吸收世界上先进的办学治学经验，遵循教育规律扎根中国大地办教育，传承中华优秀传统文化。

依靠文化自信，坚定理想信念。中华优秀传统文化是理想信念之源。中华优秀传统文化是中华民族五千年的智慧结晶，蕴涵丰富的思想资源和强大的精神力量。中华优秀传统文化是 14 亿中国人共同经历的非凡奋斗，共同创造的美好家园，共同培养的民族精神。贯穿其中的是我们必须坚守的理想信念。“富贵不能淫，贫贱不能移，威武不能屈”的浩然正气，“修身、齐家、治国、平天下”的价值追求，以及“人生自古谁无死？留取丹心照汗青”的民族气节，共同构筑了理想信念的基石。

只有依靠文化自信，才能坚定理想信念。中华优秀传统文化是中华民族的精神之根，是社会主义核心价值观的重要来源。高等学校的任务是坚持立德树人、以文化人，以建设社会主义精神文明为使命，培养能够担当民族复兴大任的时代新人。

中国共产党第十九届中央委员会第四次全体会议提出，坚持和完善繁荣发展社会主义先进文化制度，巩固全体人民团结奋斗的共同思想基础。社会主义先进文化集中表现在：继承性、科学性、人民性、开放性、时代性。党的十九届四中全会通过的《中共中央关于坚持和完善中国特色社会主义制度、推进国家治理体系和治理能力现代化若干重大问题的决定》提出：要坚持百花齐放、百家争鸣，坚持创造性转化、创新性发展，激发全民族文化创造活力，更好构筑中国精神、中国价值、中国力量。

二、中华文化之魂

中华文化之魂是什么？

中华文化之魂就是文化所产生的精神力量，构成了中华文化自信的基因和支撑。这种力量是一种百折不挠、吃苦耐劳、无私奉献、患难与共的精神。中华民族历经磨难、百折不挠，无论社会形态如何变迁，无论是身处低谷还是攀登高峰，始终都在坚韧不拔地前行，就是这种伟大奋斗精神、伟大团结精神让中华文明得以延续。这种精神让中华民族信念坚定，斗志昂扬，砥砺奋进，充满希望。

沧海横流，方显英雄本色。越是惊涛骇浪，中华民族就越能化危为机，淬炼出逢山开路、遇水架桥的创造活力；越是风雨如晦，中国人民就越能众志成城，体现壁立千仞、冲关夺隘的创新精神。这就是文化的力量，这就是文化之魂。

中华文化讲求术与道。儒家中庸，得之可成雅量；道家中气，得之可成气量；佛家中观，得之可成心量。“太刚则折，至察无徒”，过于刚直就会折断，极其明察就没有门徒。

中华文化讲究不谋全局者，不足以谋一域；不谋长远者，不足以谋一时。把具体的问题上升到原则上去思考，不要就现象论现象，不能只见树木不见森林。把当前问题放在过程中思考，想问题远一点，远见才有卓识。

中华传统文化讲究多谋善断。小胜靠力，中胜靠智，大胜靠得，全胜靠德，道乃德、智、力之和。

中华文化讲究战略与战术。多数人认为《孙子兵法》是一部打仗的战术之书，但也有人认为《孙子兵法》不是战法，而是不战之法；不是战胜之法，而是不战而胜之法；不是战而后胜之法，而是先胜而后战之法。

中华文化发展的特点是兼收并蓄、推陈出新，如印度的佛教逐渐演化成中国化佛教。中国历史的连续性，关键在于文化而不是政治。中国的以宗族制度为依托的宗教文化，其源头可以追溯到颛顼时代，此后历经尧、舜、禹一直到夏商周三代，构成一个连续的系列。虽有不同政治利益集团的相互抗争，但也有对共同文化感情和共同价值观念的认同，这种文化认同能够超越血缘、种族的分歧，对不同政治集团的现实利益进行有效调节，发挥整合功能。由于文化向心力大于政治上的离心力，中华民族方能虽平行而并进，虽多元而一体。

2017 年 1 月，中共中央办公厅、国务院办公厅印发了《关于实施中华优秀传统文化传承发展工程的意见》，就中华文化建设提出了指导性意见和具体实施规则，是我们今后一个时期文化建设的指导性文件。

三、文化审美境界

审美是美学的内容。美学作为有关审美感受力的理论，包括了直觉敏感性、知觉辨别力和感情敏感性三个层面。审美交融满足了直觉敏锐性、连通性和参与的感性体验。审美感知呈现为多感官综合的方式，不仅包括视觉，也包括听觉、触觉、嗅觉等综合体验。文化审美交融带来的是一种全新的审美模式，其审美体验直达现实本身和生命深处，成为一种生命体验。在文化审美情境中，人们所面对的对象不仅从二维图像过渡到三维空间，更从实体空间转向人与人的交流互动。只有在人与审美对象的对话中，人们才能真正进入生命整体和生态深处，才能获得丰富美感和精神愉悦。

文化审美境界是带有主观性的精神境界，是对于作品形式与内容的一种超越。它包含着生理的、心理的、视觉的、不可视而可感的层次，它和情感有些相似，但又不同，它无法构成一种实际意义的具体感觉，更多的是创作之后整体呈现出来的感觉。可以这么说，可感的创作情感通过可视的形式与审美境界才得以体现出来。在生活中，文化审美境界更多地反映出一个人精神、眼光和格局。

有一位青年向学识渊博、为人睿智的老师求教。

青年问："我发现我的心是空虚的，怎么办？"

老师说："一块破烂不堪的布，剪下其中的一小块，不也是完好无缺的么？"

青年问老师："我觉得我在这个世界上是多余的，没有人需要我？"

老师说："就像你所学的数学，无论怎样复杂的函数，都有适合的图形对应，你只是还没有找到那个图形而已。"

青年问老师："我想要很多钱，但是又不想付出，你能教我方法吗？"

老师说："可以，但你能找到一样东西，它无穷无尽，但又不占任何地方吗？"

青年问老师："我的心被忧愁和烦恼塞满了，怎么办？"

老师说："你随手画一条曲线，用放大镜放大了看，它的周围难道不是十分明朗开阔吗？"

青年问老师："老师，我很爱我的女朋友，她也有很多优点，但是总是有几个缺点让我非常讨厌，有什么方法让她改变？"

老师说："方法很简单，不过若让我教你，你需要先为我找一张只有正面没有反面的纸来。"

文化审美境界有时如禅宗的境界。第一层境界为"落叶满空山，何处寻行迹"。这是"寻"的境界，苦苦寻觅，不知道"禅"为何，即使就在身边，也无从下手。第二层境界为"空山无人，水流花开"。这是"空"的境界，似有所悟，初窥门路，能以平常心对待。第三层境界为"万古长空，一朝风月"。这是"合"的境界，顿悟永恒。正是“世界本无仙丹事，天地有道初心中”的意境。

文化审美境界是需要实践智慧与理论智慧交融的。

人们对必然规律认识的理性，为“理论智慧”。人们处理、认识不确定性的理性称为“实践智慧”。所以理论智慧可以用来处理确定性的事情和风险性事件，实践智慧用来处理不确定性事件。实践智慧依赖于理论智慧，并受道德约束，是个体的体验。对“势”的判断是实践智慧，管理实践本质上是一门“技艺”，是一种关于“偶然性”的艺术，而非理论。成功的人需要用这种技艺，具有对“势”的清晰判断，重视并尊重“常识”。能看懂地图是知识智慧，能根据地图找到目的地是“实践智慧”。道理明白，就如同看懂地图；能够做到，才是真正按照地图走到目的地。这就是理论与实践的差距。

杨绛说：“上苍不会让所有幸福集中到某个人身上，得到爱情未必拥有金钱；拥有金钱未必得到快乐；得到快乐未必拥有健康；拥有健康未必一切都会如愿以偿。”人生总有缺憾，我们要时刻保持知足常乐的心态，让一切快乐的享受都属于精神，把一切拥有的变为享受与感恩，这是精神对物质的胜利，这便是人生哲学。

智慧人生审美境界：静等花开。

1. 心若静，风奈何

心静了，才能听见自己的心声；心静了，才能照见万物的本性。只要用心就能拥有，懂得知足、懂得感恩，你就会感到幸福。心向美好，终将遇见美好。怀一颗柔软心，做一个深情人，与世间种种柔情温暖相迎。

水不洗水，尘不染尘。开水虽淡，淡也有淡的味道。人生亦是如此。我们有时无法选择，只能随遇而安，来什么品味什么。聚与散、幸福与悲哀、失望与希望，假如我们愿意品尝，样样都有滋味，样样都是生命中不可或缺的。

你对待世界的态度，往往就是世界对待你的态度。

人生不可能一尘不染，没有一点杂质，就像水至清则无鱼。人生有一点点甜，也有一点点苦，有一点点好，也有一点点坏，有一点点希望，也有一点点无奈，生活才会更生动、更美好、更韵味悠长。再好的人也不会十全十美，再美好的爱情也不可能纤尘不染，你若试着包容，就会发现这个世界并不像你以为的那样糟糕。

别让人生，输给了心情。心情不是人生的全部，却能左右人生，控制好心情，生活才会处处祥和。好的心态塑造好的心情，好的心情塑造最出色的你。

耐得住寂寞的人，肯定是有思想的人；能忍受孤独的人，肯定是有理想的人；

遇事能屈能伸的人，肯定是有胸怀的人；处世从容不迫的人，肯定是个淡定的人；经常微笑的人，肯定是个有智慧的人。

静静地过自己的生活，心若不动，风又奈何；你若不伤，岁月无恙。对过去要空观，过去已经过去，要把它看“空”；对未来要假观，未来还没来，有无限的可能，我们想要成就什么就成就什么。

空观和假观，都是自己的心态。对过去空观，是放下；对未来假观，是提起。不敢放下的，往往不是值得珍惜的；苦苦追逐的，往往不是生命需要的。人生的脚步常常走得太匆忙，所以我们要学会停下来笑看风云，坐下来静赏花开，沉下来平静如海，定下来静观自在。

《菜根谭》中有一副对联：宠辱不惊，闲看庭前花开花落；去留无意，漫随天外云卷云舒。

人要有淡定之力、超脱之心，方能具有人格魅力，也才能走向成功。

2. 格物人生

格物人生是明代的著名思想家、哲学家王阳明的人生智慧，可概括为“四句教”，即“无善无恶心之体，有善有恶意之动，知善知恶是良知，为善去恶是格物”。

王阳明在《传习录》中写道“欲修身，先养心”。“心狭为祸之根，心旷为福之门。”无私心就是道。志不立，天下无可成之事。养一身浩然正气，身外物不奢恋，克己才是真功夫。心是快乐的根。少一些心机，少一些痛苦。慎思之，笃行之。自省才能自明。人生大病，只是一字“傲”。知轻傲出，便是良知；除却轻傲，便是格物。

中国古代文化中讲“五穷”，即“智穷、学穷、文穷、命穷、交穷”。也就是说，你拥有的东西并不是你真正拥有的，你的根不正，拥有了也是“穷命”。

有些人表面风光无限，有些人从不张扬。看别人，看自己，都不能光看表象，而是要看后劲，看潜力，这样才是真正看到了人的本质。要得其神忘其形，抓住真正能量核心所在的地方，不要被物质、形态显现出来的假象迷惑。你可以通过努力去改变，依旧可以面朝大海，春暖花开。

你要内心自带光明。霍金说过：“如果你患有残疾，这也不是你的错，抱怨社会或指望他人的怜悯，毫无益处。”一个人要有积极的态度，要最大限度地利用现状。

人生只有一次，你有资格活成你想要的样子。害怕不成功而不敢做任何尝试，那你连失败都不配拥有。你要相信命运给你一个比别人低的起点，是希望你用一生去奋斗出一个精彩的人生故事。所有靠物质支撑的幸福感，都不能持久，都会随着物质的离去而离去，唯有心灵的宁静，身心的愉悦，才是幸福的真正源泉。

第二节　中华文化与美学

一、文艺之美

钱穆说："艺术人生是爱美的，科学人生是求知的，文学人生则是求真的。""文学人生之对象则为人类之自身。""凡作传世之文者，必先有可以传世之心。"

艺术美的构成是真、善、美，即艺术是真、善、美的和谐统一。通过艺术教育和艺术欣赏，即艺术美育，由真而能产生理智教育，由善而能产生行为教育，由美而能产生情感教育。真、善、美是相互作用的，在美育教育过程中，三者是不可分离的，作用或影响也是相互渗透的。

儒家在某种意义上是一种公私融合的哲学，将家国情怀融为一体。西方的哲学则将公共空间与私人空间分开，更多地强调个人的力量，这也是文化差异的体现。任何文化之美都是承前启后的，中华文化也不例外，所谓承前，就是继承中国传统文化意识、文化品位和文化约束，所谓启后，就是在此基础上有所发展。中华文化是活化在中国人情感生活中的，能融入生活并提炼出共同价值追求。

中国古代哲人对世界的认识与古希腊人有很大不同，中国古人关心万事万物产生发展的原因，但从不将人与自然对立起来，而古希腊哲人热衷于探讨万事万物的本源，并且将人与自然世界对立起来，因此反映在文学价值上，中国古代文学更强调生命价值，更希望通过个性价值来体现社会价值，更强调"和"。"和"的最高表现是通过人的自身修养而与万事万物保持和谐统一，在文艺创作与审美中，都是以"物我同一""天人合一"为最高价值追求，这种价值观念和审美精神追求中，充盈着灵动的生命精神。在文学审美中表现为"清""远""高""妙""空"。如唐诗，本以言情，情不能直达，寄于景物，情景交融，故有境界，似空而实，似疏而密。

宋词所表现的审美感觉为准确、敏锐、深切、细腻，同时在具体而抑扬变化的长短句子组合中蕴含了普遍的人生感受和文化性格。像李清照的《如梦令》写道："昨夜雨疏风骤，浓睡不消残酒。试问卷帘人，却道海棠依旧。知否，知否？应是绿肥红瘦。"词情中的表达更见一种"清与远、委婉从容"的况味，一种摇曳多姿的悲悯。

"词体之所以能发生，能成立，则因其恰能与自然之一种境界，人心之一种情感相应合而表达之。……以天象论，斜风细雨，淡月疏星，词境也；以地理论，幽壑清溪，平湖曲岸，词境也；以人心论，锐感灵思，深怀幽怨，词境也。"（缪钺《诗词散论》）。不同经历、不同气质、不同流派的词风格各异，共同呈现了宋词之美，或悲壮，或豪放，或婉约之风格。

文学中的悲剧和喜剧，作为审美范畴，不仅包含了戏剧所体现的悲剧和喜剧，同时还泛指社会生活尤其是艺术中能表现悲剧冲突和喜剧冲突，并产生"悲"或"喜"的强烈美感效应的审美对象。

（一）悲剧的审美本质

普希金说："高尚的喜剧往往是接近于悲剧的。"卓别林也说："我从伟大的人类悲剧出发，创造了自己的喜剧体系。"

悲剧给人以快感至少有三个方面的原因：审美的、心理的、精神的。鲁迅先生指出："悲剧将人生的有价值的东西毁灭给人看。"

悲剧作为一种审美对象，其价值的实现必然要遵循审美规律。悲剧中的不幸事件成为被关照的客体，就与它作为生活事件时有了完全不同的性质。这种不同性质突出表现在，人们对待悲剧的态度已不具有直接的功利考虑。悲剧的审美特点主要是：悲剧人物无论经历了怎样的艰难困苦，始终具有一种为真理和正义而战的精神，他们可以为了人类的幸福赴汤蹈火，他们的离去铸就了其人格力量的伟大和正义事业的永恒；他们的灵魂深处有坚定不移的意志和力量，任何外在的力量都动摇不了他们必胜的信心，任何东西都摧毁不了他们的勇气和信仰。悲剧正是引导人们更加清醒，更加追求自由与平等，悲剧由此充满了内在的乐观主义精神，这也是人们需要学习的，在任何困难的环境中，只要坚定信念就能战胜任何艰难险阻。

悲剧价值在其主观方面，主要表现是接受主体的情感反应由悲而喜。一般情况是，剧情越是跌宕起伏，人物命运越是不幸，故事情节越是悲壮，接受者所获得的审美愉悦也越强烈。

在心理体验上，崇高感和美感是不同的，美感是对象形式直接激起的一种愉快感；崇高感则“经历着一个瞬间的生命力的阻滞，而立刻继之以生命力，因而更加强烈地喷射”。所以，崇高感是由痛感转化成的快感。悲剧人物的命运在接受者心理上造成一种“生命力的阻滞”状态，而矛盾的冲突、背景任务的毁灭则使受阻的生命力“更加强烈地喷射”，于是就获得一种宣泄的愉快。

（二）喜剧的审美本质

一是丑可以引人发笑，给人以滑稽感，这是许多文学艺术形式所追求的重要效果之一。幽默小品、相声等丑的、怪的、不协调的人和事，只要不给他人造成某种危害或威胁，都能引人发笑，使人感到轻松愉快，这时“丑”不必“转化为美”也有审美价值。二是丑作为美的衬托、对照，可以使美更加绚丽动人。这种美丑对比表现在不同人物的对比上，如孙悟空与猪八戒。这是丑怪现象可以使人宣泄心中被压抑的愤懑之情。丑怪为欣赏者提供了笑，也就提供了对自己的否定。总之，喜剧价值的审美本质就是对象自身的不协调，是主体感到一种期待突然消失，从而爆发出大笑。

喜剧通过机智、幽默、讽刺、滑稽和荒诞的手法，通过美与丑的对比，展现人物性格中的缺陷或矛盾。这些幽默的形象使人深思，使人在产生快感的同时，体悟到语言的魅力、生活的艺术，这种带着微笑的讽刺有时是人们需要的，因为生活不易，有时通过俏皮、夸张、诙谐的言语自嘲，可达到轻松快活的目的。

总之，任何个人或事物，只有不用现实的功利眼光去看待，它身上固有的特性才会自然表现出来，人们才能认识其本质之美。

二、生活之美

生活美学就是关于衣、食、住、行等生活的点点滴滴，是艺术生活的一种呈现，一种美丽人生的呈现。生活美学是生命的一种修饰方式，是灵魂自我解放的一种喜悦，它可以让我们超越现实、超越功利、超越自我，去追求和接近“诗意”的境界。

（一）品茶之美

品茶为中国人的一种生活方式。单单是茶叶，并不能成为生活美学。一碗好茶，离不开好的茶叶，离不开好的水，离不开好的茶人，因为没有好的茶人，也就泡不出好的茶来。好茶还离不开好的器皿和好的环境，离不开好的同道人。茶文化，在中国南北不同色，南方人的小温茶到北方完全走不通，南方茶浓郁回甘的风味，在北方亦很少，这是因为北方干燥寒冷的气候不利于香气的散发，而人必须随时补充大量的水，因此，北方人要用大碗喝有香味的茶，南方以功夫茶见多，杯子小而精。

品茶，能获得尘埃落定、浮华褪尽的宁静。茶，越喝越清醒，思路越开阔，交流越深入。喜欢喝茶的人，就像有涓涓泉水的青山，充满生命力和灵气。中国人自古雍容大度，只要是客人，都“请上坐，泡好一壶茶”，以礼相待。品茶之美能品出生活的味道与人生的味道。

宋代文化在品茶方面对当下最大的启发在于“载道于器”，“道”是精神，“器”为器物，宋代的器物体现着完整的美学体系；而在当下，“道”与“器”常常呈现分离的状态，人们只知道无休止地追求器物层面的精致，如茶具的精致，却忽略了“道”的缺失。

我们可以以文字或绘画描述心目中的一件美好事物，创作的作品或粗放、或精致、或禅意、或世俗，各成一趣。

苏轼官场失意，被贬到海南时写道“夜来穿暖知轻重”，表达当时的心情与境况，简单但意境很美。

生活美学可以很简单，也可以很高深。

实际上，唐朝已经有琴、棋、书、画，且这些技艺或艺术是当时文人日常生活的一部分，是当时知识分子个体价值追求的最高境界，也就是要达到一种道德完善、自由自觉、禅悦脱俗、和而不同的理想境界。

（二）音乐之美

音乐之美在于“和”。

和是音乐的最高价值原则，中国古代“和”是诗乐的最高价值。荀子说：“且乐也者，和之不可变者也；礼也者，理之不可易者也。”又说：“故乐者，天下之大齐也，中和之纪也，人情之所必不免也。”音乐之和使人心人情和，有人心人情之和，可以达到社会和谐、人与自然和谐之境。

音乐之美，是一种精神的情感之美。在音乐中，可以感受到大自然的魅力，感受到自身生命的灵魂之美。音乐就像一个最懂我们的知己，把一切我们想要表达的情感完全表达出来，它空灵却有着深刻的内涵，能够触摸到我们内心最真实的感应器、内心最浮沉的美，能够触及内心最刻骨铭心的记忆，能够让我们把美好的生活记录下来，是人与自然和谐统一的呈现。

音乐的美，就是一种惊喜与感动。一首经典的老歌就是一份回忆与惊喜。一首歌就是一个年代，一首歌就是一个故事，一首歌就是一段难忘的岁月。岁月在变，但经典的音乐会永远留在人们的心中，是人们心灵的寄托，是精神的自由，因此音乐的最高审美价值在于心灵自由。

我们用一首一首的歌，累积出自己生命的痕迹。当我们回想某一段时光，也许早已不记得发生在哪一年，但却总记着在那段时光里自己最爱听的歌，那些歌渐渐成为我们生命中的一道道色彩，这些色彩进而构成了我们的人生。总有这样的音乐，可以遇见最美的自己、最美的岁月、最美的人。

一首歌，可以让我们回忆美好的童年、青年岁月和那年那月的花开时光，有时也是回忆过去的自己。听带有这样回忆的歌，只是希望我们在与过去说再见的时候，能够少点遗憾，少一点惆怅，能够对曾经的那个自己说：过去很美，现在很好，未来我要更棒！

（三）舞蹈之美

舞蹈表演技术是一种由心理带动的活动。舞蹈动作来自内心的想象，是内心意象的积累，然后转换到肢体。这种意象是舞蹈表演技术的内在支柱。它不仅是一种传达和再现，也是一种创造性的艺术活动。我们常说的“二度创造”，就是表演技术的一种活动。

舞蹈有想象、情感、韵律、舞形四大元素，各元素之间为递进关系，又不可完全拆分。当进行到“舞蹈的舞形”阶段时，可以将这四大元素融为一体。在表演中，四大元素要相互穿插、交融进行，实现单一元素完整性、多种元素综合性的整合。

如舞形，以肢体动态本体来传达思想内涵，是舞蹈艺术最基本的特性之一。舞蹈以人体的肢体为工具，通过各种动作姿态和造型形象，反映表演者对事物及人物的认识与理解，以动态本体来塑造鲜活的舞蹈形象。

舞形配合想象、情感、韵律所创造的条件，结合肢体的控制等相关能力，用人体形态的变换并借助构成舞蹈剧目的外部手段，从而达到舞蹈作品的表达目的。

目前进行舞蹈教育的舞种有中国古典舞、中国民族民间舞、芭蕾舞、现当代舞、国际标准舞。没有纳入舞蹈教育的舞种有流行舞、广场舞及其他舞种。

（四）书画之美

中国的书画同源。因为书法与绘画都是在充分发挥毛笔、宣纸和墨的特殊功能，形成相近的艺术风格。这些工具材料，本身就具有其他绘画工具所不能比拟的特殊表现效果。我们不能说写在宣纸上的字都是书法；也不能说画在宣纸上的都是中国画。书画同源更多的讲求中国书法的艺术境界、艺术情趣、表现技法、欣赏要求等，尤其是水墨写意画，更能充分发挥“笔、墨”的艺术性能和情趣。书法和绘画，都十分讲求笔墨，讲究线条的艺术性和生命力，以表达作者的意图和情操，书法可以说是一种线条艺术。中国绘画，也主要以线条作为造型手段，通过线表现最简单、最精炼的意境。中国书法中最早的汉字也是象形文字，主要由图形构成，因此，文字的书写与绘画有同源，只是后来中国绘画更强调以“写”代“描”，充分发挥线的笔力和节奏。书法中有绘画的韵味，绘画中有书法的技法。书法家和画家都在努力追求笔墨所形成的线条的艺术性和生命力。正如张彦远在《历代名画记》中提出的“夫象物必在于形似，形似须全其骨气，骨气形似，皆本于立意而归乎用笔。故工画者多善书”。

书法平面效果美的标准：

（1）线条。视觉效果呈现，而不仅仅是作为方法或手段。粗细轻重、枯湿浓淡，锐钝转折，各种不同形态的线条构成“线条世界之美”。线条所展示的“时间”给人以音乐的旋律与节奏，这也体现了书法在静中展示的动感之美。

（2）造型。每个汉字由不同的造型规律和文化传承方式组合而成。每个汉字都有篆、隶、楷、行、草五体书的结字写法，书法中的汉字力求多变、神秘莫测并有规律。汉字结构的“空间”展示的建筑感，扩展了空间的想象力。

（3）质感。书法的点、线、面构成一种有丰富视觉、感觉、触觉成分的艺术效果。笔墨均匀、笔迹错落有致，有一种机理触摸感，由此带来风格迥异。质感也反映了书写者对经典法帖在一定程度上的精神体察、感悟和吸收，以及把汉字作为书写的视觉艺术形式所展示的审美倾向。

（4）比例。关注对称，强调对比、反差和层次感，强调秩序感、均衡，点线面的交融、空白的映照、墨线的走势、天头地脚的切割等，都遵循了艺术审美中的最佳比例。

（5）色彩。书法称为“黑白艺术”。黑白相间，和纸、签、印、裱等元素相配合。无色而具画图之灿烂，无声而有音乐之和谐。

（五）建筑之美

中国的古建筑是中国传统文化的技道合一、阴阳合一理念的呈现。古代工匠手艺高超，把中国传统哲学通过建筑表达出来。空间是人心，亦如同一个完整的生命，总是在不经意间泛出万种风情。空间是意识，每一个角度、每个细节都有隐含的逻辑顺序。空间是灵魂，当每一个设计和施工环节都怀着真诚之心时，建筑这个空间就被赋予了灵动的生命和真挚的情感！中国人在建筑上讲求大格局与含蓄之美，门楣要高，屋宇要广，庭院要深。建筑既有大格局，也有含蓄之美，展示了中国人的大气与含蓄之美。

西方的古建筑立足于形式，但经由空间的感动力，跨越纯美的界线，进入感情的领域。建筑特别是教堂讲求空间要大，多数是圆顶，强化了空间力量。同时在建筑上进行雕刻与绘画，把建筑变成一个个故事，把建筑引进绘画的意境中。

西方的建筑都是垂直的，越往上越有飞起来的感觉，给人以神秘难以猜测的感觉；中国的建筑很少强调垂直线，基本上最美的一定是水平线，比如屋顶的水平线。因此，人的身体也稳稳地踏在地平线上，所以东方文化呈现出稳重、稳定的特点。

现代建筑也常常是城市一定历史阶段的缩影，是城市的名片和标志，更是城市重大事件记忆的载体。建筑的风格和品位体现了一座城市的特性、素质、追求和发展，是一座城市地域性、文化性和时代性的整体呈现。好的建筑记录着时代，是城市的记忆，是文化精神的传承，是凝固的音乐，是刻在石头上的诗。一个个优秀建筑作品是历史的坐标，展示着过去与未来的对话，它特有的场所感给人以生命力和心灵的震撼，并带来美的享受与思考。

现代设计是现代建筑的延展。现代设计更多的是关注社会环境、人居环境、人们生活的需要，以及人们对时尚潮流趋势的认知，对空间和色彩心理学的认识掌握，对装置元素的再提炼。现代设计艺术更多地在激发人们的创造力与想象力，设计空间更多的是承载着特定人物在这样一种空间所产生的感受，不同的人从作品中获取不同的感受和信息，更多地考虑人的生活情趣以及对作品所产生的共鸣。设计以“艺术化”的形态呈现，使艺术更能为人所用，而不仅仅是一种观赏的意义。设计艺术更多的是直接影响或引领人们生活方式，展示多元美学体验空间。空间的视觉美并不完全取决于设计的精细与精美，从色彩纹理到光影效果的创作技艺都极为精湛；也不仅仅在材料、颜色或造型，更在于其所倡导的某种生活方式与生活态度的精神追求。设计成为创造人的精神磁场、升华人的情绪力量。让人文、艺术与场所自然地交相融合，将人们代入建筑，将建筑与自然完美融合，用艺术点亮空间，创造空间艺术新体验。

三、修养之美

所谓修养，就是一个社会里的人基本遵循的道德规范。

修养，就是一种约束与习惯。只要肯学，只要懂得约束自己，只要心里还有别人，只要心中还有善念。话语有德，这种德源于内心想要帮助他人摆脱困境、希望他人越来越好的善意。不嫉妒他人，少算计别人。勿以善小而不为，不因细节而忽略。得体的举止，得体的话语，豁达的胸襟，优雅的气质，正直的品行，都是个人修养的体现。

庄子曰：“故强哭者，虽悲不哀；强怒者，虽严不威；强亲者，虽笑不和。”真情实感要发自肺腑。

失德者失天下！古语有训，“小胜在智，大成靠德”。

《荀子·大略》云：“仁义礼善之于人也，辟之若货财粟米之于家也。”仁义礼信对于人就像钱财粮食对于家庭一样重要。一个人最大的财富，就是个人的修养，任何事物都无法取代，最贵不过修养。

人的修养就好比存在银行里的财富，只要不断地往里存，你就会拥有越多。中国文化喜欢透过现象看本质，不要以为你挣了很多钱，就高兴了，如果修养不够的话，你享受不起或会给你带来灾难。

有这样一个故事：

美国第一任总统华盛顿去世不久，美国政府决定为他画一幅画像。于是，美国政府找到了美国著名画家斯特亚特，把为华盛顿画像的任务交给了他。

斯特亚特经过七个月的认真描绘，终于在他为华盛顿画的许多画像中，挑选出一幅自认为最好的，作为华盛顿画像的最终作品。这幅华盛顿像是在一块大画布上画好了华盛顿的头部，却没有画衣服，只在领子上涂了一点颜色。

斯特亚特的这幅画像，成了美国公开展示的华盛顿像，在当时广泛流行。至今，美国的邮票上依然采用他画的华盛顿像。

然而，也有人对此画像不满意，问他：“斯特亚特先生，您为什么没有把华盛顿先生的衣服画全？”斯特亚特微笑着回答：“衣服并不能代表人的价值。也就是说，人的价值并不在衣服上，而是在精神、品德、奉献和心灵上。”

一个人的人品、修养，多半要通过琐碎的细节展现，如华盛顿画像更多的是通过脸部的描述来展示。好人品、好修养是一个人的护身符，不仅惠人，更能利己。修养的最高境界是善良。与人交往时，我们有怎样的修养，就决定了我们在别人心目中的形象，也决定了别人对待我们的方式。

莎士比亚说："一颗好心抵得过黄金。"一个人要做到善良并不难，难的是很多人不愿意做。

一个人假如没有了修养，所有东西都会受损。心中有事，装作若无其事，便是修养；心中有事，还能若无其事，便是格局；但凡有事，不往心里去，便是修为；但凡有事，坦然处之，淡然化之，便是最高境界。

《三国名臣序赞》中写道："形器不存，方寸海纳。"唐代李周瀚注："方寸之心，如海纳百川也，言其包含广也。"海纳百川，有容乃大。豁达大度、胸怀宽阔，是一个人重要的涵养。有涵养的人一定是心中有天地、腹中有诗书的人。

修养是通过一件件小事表现出来的。真正的内心贵族，应该像雕塑家一样雕琢自己。人真正的高贵，来自骨子里的教养，源于与他人建立的关系。

有一个"土豆的故事"：

1944年巴黎解放后，住在巴黎的毕加索凭借其不少的经典作品赢得了社会各界的高度赞誉。对此，毕加索得意洋洋，沉醉在铺天盖地的赞美中。有一天，毕加索带着几位学生来到巴黎郊区的一块土豆地里写生。在指导学生们作画的同时，毕加索也抽空画了一幅。

过了不久，一位年长者走了过来，站在毕加索的画前面，左看右看。毕加索见年长者竟然知道要从不同角度欣赏画作，很是高兴，就说："看来，您是个行家，很懂绘画艺术。""我压根不懂什么艺术，我只是想准确地计算出你毁坏了我多少土豆，好让你们按价赔偿！"年长者摇摇头，回应道。毕加索闻言先是一愣，很快就微笑着说："行。老人家，我就用这幅画赔偿您吧。"毕加索认为这个农夫应该会以此要挟，发一笔横财。要知道，当时毕加索的名气已经很大了，一幅画常常千金难求。年长者听了毕加索的话，马上摇了摇头，严肃地说："我要你这些看不懂的破纸做什么？这地里的土豆可以让我一家人不挨饿，你的画能吗？"这时，一位学生站了起来，"你知道他是谁吗？他可是伟大的艺术大师毕加索，刚获得法国勋章，还给戴高乐总统的画册画过封面呢！"年长者冷冷地回答："可是，这跟我有什么关系？就算是戴高乐总统毁坏了我的土豆，也同样应该照价赔偿。"毕加索闻言，心头一震，脸上微微发烫，连忙给年长者道歉，并答应照价赔偿。

这件事给了毕加索很大震撼，并对毕加索的一生产生了巨大的影响，以至于后来回忆起时，他说："不要自以为是地觉得所有人都会高看你的成就，在有些人眼中，你所谓的'天价作品'甚至不及几分地里的土豆。"

能客观地认识自己就是良好的修养。

作家路遥说："人生最大的遗憾，莫过于固执地坚持了不该坚持的事情。"不要过分信任自己的才干，应该保持谦虚清醒的头脑，知错就改，坦诚面对，这样才能赢得更多人的尊重。

人生就像坐地铁，开始总是带着满满的希望前行，每一站都有得失，但收获的总比失去的多。困难就像过隧道，开进去就不能调头，坚持下去，阳光就在前方。

有一个人问星云大师："从天到地有多高？"

星云大师回答："三尺高！"

"为什么这么低呢？我们人不都长得有五六尺高吗？"那人又问。

星云大师解答道："所以，你超过三尺高的人身，如果要在天地间立足，便要懂得低头。"

低头是修炼自己性情的过程，也是拓开心量的过程。你的心量要大，要能包容一切，也要有爱惜自己的精神。喜欢喝酒，喜欢熬夜，都是不知道爱惜自己的精神，不知道爱惜自己的身体。故"志在天下国家，则善虽少而大；苟在一身，虽多亦小。勿以己之长而盖人，勿以己之善而形人，勿以己之多能而困人"。不要用自己的长处去盖过别人。别人有不善的事情，自己决不可以用善来跟他做比较。

有时候你做事，感觉各方面条件都具备，自己也很努力，眼看就要成功了，最终却功亏一篑。相反，有时候感觉很多条件不成熟，但最终结果却很好。我们往往把这种无形的力量称为运气。其实就是一种修养，就是一种厚德。仅凭自己的努力，再加上自己良好的修养，人生与事业就会有很好的结果。

孔子说："见贤思齐焉，见不贤而内自省也。"这既是我们修身养性的座右铭，也是每个人为人处世的行为准则。

人最大的悲哀是看不清自己，太过于以自我为中心，过于执着，迷失于自我偏见。如果要求事事都随己愿，那么任何环境都不可能满足你，你会感觉生活得很累，觉得没有空闲的时间休息，要改变只有端正身心。

"三心圆发"。一是"要发耻心"。现代人最大的过失是不知道"耻"。二是"要发畏心”。畏惧什么？畏惧因果？对一切人、对一切物、对一切事至诚恭敬。三是“要发勇心”。勇于改过，“知勇则能振奋”。

心存善念，立身正直，永远是在给自己的未来存款。平时的良言善行，都会成为以后人生最宝贵的资产。

我们要记住：当你往上爬的时候，一定要保持梯子的整洁，否则下来时可能会滑倒。心存善念，人生太得意的时候，要戒掉骄矜之心；人生太失意的时候，也不要失去希望，进退有度，方可宠辱不惊。

人生的自在，是心无拘绊，身无藩篱。坦然是一种潇洒，一种淡然。人生如车，或长途，或短途；人生如戏，或喜，或悲。很多事，过去了，就注定成为故事；很多人，离开了，就注定成为故人。人生苦短，何必在乎太多。世间有许多美好的东西，这些美好的东西都值得我们拥有。

生意不是赚取利润，而是赚取人心。因此，《礼记·大学》中写道：“德者本也，财者末也。”如果一个人的财气上沾染着他人的怨恨，早晚有一天会引来祸端。如果一个人财上有“善”，则聚人气而胜财气，积和气而种福田。

良心，是一个人最高贵的选择。朱熹说：“善是传家宝，忍是积德门。”我们要守住自己的良心，与人为善，礼让三分。

每个生命都在修行，修行要眼中事少、嘴中话少、腹中食少。一个人的心量有多大，才能成就多大的事。万物都有灵，就看你的修养如何。放大自己的生命，让生命的光芒得到放溢。看别人不顺眼，是自己修养不够。人优雅的关键在于控制自己的情绪，修炼自己的气度。

当无法改变世界时，改变自己！改变自己是快乐的开始，改变他人是痛苦的源泉！作家冯骥才说：“我对人有三看：看大节，看长期，看关键时刻。凡是缺乏诚信之人一律避之。”

儒家常讲：“量力而行，相机而动。”能走多远，靠的不是双脚，是志向，鸿雁志在苍宇，燕雀心系檐下。能登多高，靠的不是身躯，是意志，强者越挫越勇，弱者逢败弥伤。能做什么，靠的不是双手，是智慧，勤劳砥砺品行，思想创造未来；能看多远，靠的不是双眼，是胸怀，你装得下世界，世界就会容下你。

透过批评的眼睛看，世界都是缺陷；透过傲慢的眼睛看，世界充满低贱愚痴之人；透过智慧的眼睛看，你会发现原来每个人都值得尊重和学习。

项梁的故事就告诉了我们骄兵必败的道理。

项梁的军队，在反秦的义军中是最强大的。项梁因此被推举为义军统帅。在东阿，项梁一举击败了秦国大将章邯，随后驻扎在定陶。当时，天下大雨，连续十几天不能进军。项梁认为接连打了几次胜仗，秦将章邯早被吓破了胆，不必担心他的反攻了，可以趁机让全军休息几天，便驻军不动。接下来的几天，他自己只顾在营中饮酒作乐，众将士也放纵无度，全军上下都沉迷在欢娱之中，毫无戒备。而他军中的谋士宋义有些担忧。他向项梁进言："将军，如果我们在打了胜仗以后，如此散漫，就会导致士兵松懈，士气大减。倘若敌军突然袭击，我们必定失败。现在，我们的士兵已有些松懈，而秦兵却在不断增加。在下真为将军忧虑啊！"项梁听了，笑笑说："你真是个胆小鬼。那章邯有什么可怕的，他根本打不过我们，他不敢再来了。"宋义还想劝说，但项梁已经听不进去了，还生气地说："你别再啰嗦了！"宋义无奈地摇摇头，退下了。后来，他借口到齐国调兵，离开了项梁。项梁依然吃喝玩乐，不练兵也不列阵，军心涣散。此时，章邯早派人摸清了楚军情况。一天晚上，他带军队冒雨袭击楚营。当时楚军将士正在酣睡，突然遭到袭击，顿时乱作一团，无力抵抗。结果楚军大败，死伤无数。项梁也丢了性命。"自矜者不长"。项梁因为自大、自傲，最终付出了生命的代价。

四、家风之美

俗语说："国有国法，家有家规。"家风、家训、家规是古代以家庭为范围的道德教育形式，也是中华文化传承的一种方式。家风之美对个人的修养、齐家都发挥了重要作用。同时，"美的环境"对受众的感染，是一种潜移默化的过程，它体现为通过"视觉"被沁润而实现。眼睛看到的对象，都应尽可能营造出一种美的"环境"，让受众身临其中，实现"感染"。家中长辈的衣着仪表、言谈举止，家居的空间与摆设等，凡是人的视觉能感知的环境与对象，都为"美"预设了一个氛围的营造，在渐进中提升"视觉审美"，达到情操提升。

感知行为的实现有两种方式：一种是由感官接受信号之后，借助"知觉"，与大脑中的"知识经验"相结合，形成一种判断，这就是我们通常说的"认识"。它常常被表述为由感觉到知觉再到认知的心理过程。另一种则由感觉直接链接大脑中的"感觉经验"，形成一种意识，我们称之为"觉知"。这种感知全过程依赖"感觉"，排除了"知觉"的参与，也远离了知识与概念。家风、家训、家规就是通过这两种感知行为，在潜移默化中实现美育教育与人格教育。

（一）家风、家训、家规中的行为美

蔡元培曾在《中国人的修养》里写道：“家庭者，人生最初之学校也。一生之品性，所谓百变不离其宗者，大抵胚胎于家庭中。”好的家风，很重要，更得益于传承，如果将好的人品修养、生活习惯传承给子孙后代，会对后代产生深远的影响。

“家风家训”是治家教子的重要载体，是中华民族传统文化的传承。家风正则民风淳。家风体现了一个家庭的价值观。家风不是诉诸文字的具体训导，而是一种文化，是在实际生活中形成并传承的一种风尚。家训家规是有形的规范，家风则是无形的传统，在实际生活中，家风的形成、传衍有赖于家训家规的传承发扬。古人说：“正身直行，众邪自息。”行得正，方能走得端；坐得直，方可腰不弯。家风的传承正是这样。

一门好的家风，胜过万千学校；一门好的家风，是一个家庭最宝贵的财富。

家风，就是家庭的信仰。

宋代诗人陆游写下26条家训传给后人，告诫后人，一辈子不做官也不要紧。自己耕种，衣食无忧，不要为了生存去做坏事。

宋庆龄说过：“给钱不算父母亲，给德才是真关心。”陈毅写诗云：“汝是无产者，勤俭是吾宗。”勤俭，是陈毅留给儿女的美德，留给儿女的家风。

“心正而后身修，身修而后家齐，家齐而后治国，治国而后平天下。”修身、齐家、治国、平天下是儒家学说的精髓，也是中国极为推崇的传统道德理想。无论时代发生多大变化，我们都要注重家庭建设，注重家风建设，切实做到自身正、自身净、自身硬。

北宋贤相寇准，自幼丧父，其母靠织布度日，将他抚养、教育成人。他当宰相后，过生日时，宴请群僚。正当此时，家中老仆刘妈把寇母临终前所画一幅《寒窗课子图》交给寇准，他展开一看，上有诗曰：“孤灯课读苦含辛，望尔修身为万民。勤俭家风慈母训，他年富贵莫忘贫。”寇准读罢，泪如泉涌，立即撤去寿宴，辞掉寿礼。寇准后来成为一代贤相，传承了母亲的勤俭家风。

（二）家风、家训、家规中的心灵美

“家风”一词较早见于魏晋南北朝，唐代以后大量使用。“家风”的作用是“化导”，即教育引导。古人多以清白形容家风，并把家风教育作为人生的初始教育。古代家风的主要内容是强调尊重祖先、孝敬父母、和睦乡邻、和谐家庭、勤勉读

书、崇尚廉洁，重视修身、齐家、治国、平天下。

家风、家规、家训不仅有规范作用，更对人们的言行举止有很好的指导作用，是中华文化美德中的重要内容。如中国人吃饭时，家人一同用餐，家中长辈一定要坐正中间，夫妻一般挨着坐，其他人依次而坐。受宠的小孩可坐长辈旁边，但不可高于长辈。全家人在一起吃饭时，长辈不动筷，晚辈不能动。吃饭时，不要发出声音，要闭上嘴巴细细咀嚼。筷子不能立在饭中。不能用筷子敲锅碗。吃饭的时候，双手都要在饭桌上，手要扶着碗，不可一只手耷拉在桌下。饭桌上的位置不能随意换。负责帮客人添饭时，切记不能说“还要饭吗？”吃饭时不能咬筷子。吃菜不能满盘子乱挑，只能夹眼前的。去别人家做客，主人动筷子客人才能动。倒茶不能倒满。壶嘴不能对着人。这些礼仪都反映了中华民族的道德规范。好的家规，在无形之中影响孩子。

好的家规，是一个家族兴旺发达的根本，能教育出一代代出色的子女。好的家规，更是文化的传承，影响当代，更深深影响着子孙后代。

仁义礼智信、孝悌忠信礼义廉耻等都是中华文化的精髓，也是中华民族生生不息的主要支撑。家训中融入这些思想，对家族繁荣有重要意义。如福建永定苏氏家训“和善心正，语言必谨，举动必端，处事必公，为官必廉，事君必忠，费用必俭，睦人必善，乡里必和”。还有桐城张氏家训强调“一言一动，常思有益于人，惟恐有损于人”。明代袁了凡撰写的家训《了凡四训》，包括“立命之学”“改过之法”“积善之方”“谦德之效”四篇，以自己的亲身经历，告诫子孙要行善积德，勇于改过。“放人之行善，利人者公，公则为真；利己者私，私则为假。”孔子说：“君子喻于义，小人喻于利。”利与义摆在面前，坚守什么，放弃什么，是考验人性和良心的一道题，无论交友治家，还是安国定邦，成大事者都是舍利取义、义薄云天的。

要想子女过上好日子，父母自己一定要以身作则。自己不努力，就轮到自己的孩子加倍努力；自己不成长，自己的孩子同样难以成长，爱学习的父母必定有个爱学习的孩子。一个家庭的人生态度和精神风貌，会在潜移默化中代代相传。曾国藩曾说“于孝悌两字上尽一分便是一分学，尽十分便是十分学”。父母都希望自己的孩子孝顺，但前提是自己首先要孝敬父母，这是家风必然。

晚清名臣曾国藩的家训为：“家俭则兴，人勤则健；能勤能俭，永不贫贱。”节俭家庭兴旺，勤快身体强健；既勤劳又节俭，人生永远不会贫贱。曾国藩家族两百年来“长盛不衰，代有人才”，其240个子孙中，无一败家子，靠的就是其独创的家教与家风。俗话说“成由勤俭败由奢”，曾国藩治家，秉持的就是“勤俭”二字，他要求家人不许坐轿，不许唤人取水倒茶。在日常生活中他常常以身作则，率先垂范，不计较个人的得失荣辱，并能在家国大义面前保持清醒的头脑，保证了家族的良好发展。

清代才子纪晓岚家对子女有“四戒”“四宜”的要求。“四戒”是：一戒晚起，二戒懒惰，三戒奢华，四戒骄傲。“四宜”是：一宜勤读，二宜敬师，三宜爱众，四宜慎食。告诉了后人什么该做，什么不该做。这是勤俭之教、诗书之教。忠厚继世长，诗书传家风。

（三）家风、家训、家规中的仪式美

中国的家风、家训和家规很多时候是通过某种仪式体现出来的，通过在逢年过节时举行一定的仪式展示出来，这样就有了一种礼仪之美。过去结婚是没有结婚证书的，有的只是一个地方的规矩所展示出来的仪式感，这种仪式感渗透着中华文化的血脉，有老祖宗留下的很多规矩。这些规矩规范着人们在不同场合的行为，有时以一种神秘的方式延续下来，让人感到震撼。当然，更多的家规仪式是告诫后人要尊敬长辈、敬仰祖宗，要知道自己是从哪里来的，维护家的团结和谐，毕竟家和万事兴，和谐是家规对内的主基调。我国春节在过去是有很多仪式的，这些既是文化的展示，也是每个家庭和谐共生的要求。

如清明节的仪式。“清明时节雨纷纷，路上行人欲断魂。”清明节是一年一度的重要节日，因为这一天关系到缅怀、思念、祭奠，所有的亲情都涌上心头。这一天也是感恩的一天，感恩前辈的养育之恩，感谢祖先繁衍家族的功绩。家家户户要敬祖宗，敬先人，敬逝去的父母。认识了清明，就懂得了人生！你是人子（女），你是人父（母），你是人夫（妻），在漫长的成长道路上，父母付出了多少心血，倾注了多少爱。世上最大的恩情，莫过于父母的养育之恩，值得我们去珍爱。我们来到这世间，安身立命，拥有自己的角色，承担相应的责任。清明，是人生死仪式感的呈现，是昨天、今天、明天的连接。

清明祭祖，彰显的是一种血脉的传承和责任，是一份乡愁。这份乡愁是一首歌，是升华文化凝聚力的一种力量。清明将乡愁升华为对一个民族精神的追寻，从而唤醒我们要用切实行动去感恩与报恩。清明是责任，是感恩，是哀思，是心静，是思接千载、神游万仞，是传承，是教育。清明，更是一种精神传承。

礼仪文明作为中国传统文化的一个重要组成部分，对中国社会历史发展有了广泛深远的影响，其内容十分丰富，特别是节日里的仪式感，更是有深层的含义。只要是中国人，不管在何地，每每想起，都会受益无穷。

无论走到哪里，都应能让人感受到你来自礼仪之邦，特别是出国旅游的中国人，更应该把这些礼仪带到全世界。有“礼”走遍天下。彬彬有礼，方能魅力四射。

生活需要仪式感，仪式感就是展示一个地方的特色或一个人的气质，这种礼仪之美并不仅仅用眼来感知，而是在内心和外表留下的印迹，深沉而安静。所有礼仪之美不是训练出来的，而是一种阅历的凝聚；淡然不是伪装出来的，而是一段人生的沉淀。从某种意义上来说，人永远都不会老，老去的只是容颜，时间会让一颗有气质的灵魂，变得越来越动人。

一个人可以假装一切，却无法假装幸福。简朴的生活、高贵的灵魂是人生最高境界。

家庭生活之美。衣之美、食之美、住之美、行之美。美其实跟一个人完成美的方式有关。当你看见“美”，与之相关的还有场景、所穿衣物、言谈举止等。现代生活中，人们越来越讲求生活的艺术或装饰之美，家里的摆设要有美感，一幅油画的装饰，人们的衣服设计更是体现了人们追求美的不懈努力，饮食之美无处不体现在人们的每时每刻的生活中。现在，讲求生活品质的人越来越多，这是一种仪式美，是把美融入到生活的方方面面，同时也是一种修养。

第三节　智慧人生美学

一、智慧人生之美

2019 年美国最佳短片《邻居的窗》只有 20 分钟，故事的情节很简单，一对中年夫妻有三个孩子，生活的压力让他们失去了生活的激情，为了三个孩子的吃喝拉撒，特别是晚上喂奶，每天都在吵架中度过。在吃饭的时候看到自家窗外另一栋楼的窗户里有一对年轻的夫妻，很是羡慕别人的生活。直到有一天妻子看到这对年轻夫妻中男的盖着白布被拉走了，女的在楼下大哭，中年女主人下楼一问才知道，这个年轻的男人得重病去世了。这对年轻的夫妇其实每天都在自家窗户里看他们的生活，非常羡慕他们有三个可爱的孩子，非常羡慕他们天天都能在一起吵架。电影最终告诉人们：你的幸福常常在别人眼里，每个人总是羡慕别人的幸福。你仰望别人的时候，别人也在仰望你。与其仰望，不如珍惜当下，珍惜彼此。我们唯有感恩生活的赐予，感谢人生的丰足，芬芳的花朵才能常开不败。

以清静心看世界，用喜欢心过生活。用清静心看世界，红尘的喧嚣就无法打扰你；用喜欢的心过生活，生活中的不如意就影响不了你的心情。

有一个故事：做根宁静的车轴。

学生问：我的生活是不同际遇的周而复始，坏事降临了，好事发生了；然后坏事又降临了，好事再发生。这使得我的心情起伏不定。它们就像一个不停转动的车轮，循环碾压我的生命。如何才能摆脱它们，保持安稳的情绪呢？

老师答：不用摆脱，也摆脱不掉。你可以往里走，回归到宁静的内心。那样，不论周围发生什么情况，都能保持安稳的情绪。

学生问：如何回归到宁静的内心呢？

老师答：这好办，只要把自己放在车轮中间的位置上就行。

这时，正好有一辆马车驶过，老师朝着车轮的一个部位一指：这是一根处在车轮内心的车轴，尽管车轮在路上飞转不已，车轴却始终不动。

人生往往是怕什么来什么。当你看淡成败得失、恩怨情仇时，反倒顺风顺水、遇难成祥。人生最宝贵的，就是一颗平常心，身居繁华之所，心静如水，不为世间五色所惑，百味所迷。一切因缘而起，因念而生。当过于渴求于某事某物时，就会患得患失，烦恼也接踵而至；若心无挂碍，看淡一切，就会无所畏惧。

好事与坏事，只在一念之间。我们要勇于去探索、去感受、去享受生活的滋味。

以出世的心态做人，以入世的心态做事；以入世的态度去耕耘，以出世的态度去收获，这就是智慧人生的最高境界。人只要活着，总会遇到各种各样的难题，但是，即使面对同样的问题，也可以有两种截然不同的态度：一是深陷烦恼的泥潭之中，以致烦恼变成怪兽，纠缠不休；二是轻松面对，继续迈入下一个台阶。

人生是美丽的，然而艰难也莫过于人生。一路走来，有谁的人生一帆风顺？生活经过高高低低、起起伏伏的磨砺，才算是人生真正的常态。所以，时光匆匆，人这一辈子谁都不容易，且行且珍惜。得意时切记不要忘形，失意时决不颓废。保持生命的韧性，吃够命运中的苦，才知生命中的甜。

时间的渡口，我们皆是过客。真正的智慧，可以穿越时空，历久弥新。

在人的一生中，总有很多愿望不能实现，许多梦想难以成真。人生就像一杯白开水，有人喝之甘醇无比，有人喝之淡而无味。其实，水的味道倒不一定重要，重要的是你以什么样的心境去体验它。所谓幸福与痛苦，不过是芸芸众生对生活的一种态度；悲观者即使生活在幸福中，感受到的也只有痛苦；乐观者即使身陷困境，也能体验到生活的快乐。

面对实实在在的生活，无论你拥有的是悲伤还是快乐，懂得欣赏、感恩并珍惜，你就是一个快乐的人、幸福的人。在生活中，我们行善不求回报，才是真的善良。人生的境界应该是，大道至简，林下相逢只谈因果，山中作伴莫负烟霞。

一个只能走坦途的人，人生的路一定不会走得很远；只有在风雨面前勇敢地迎难而上，并义无反顾、无所畏惧的人，才能把一路上最美的风景看尽，才能造就坚忍的品格。

诸葛亮的《诫子书》中写道："夫君子之行，静以修身，俭以养德；非淡泊无以明志，非宁静无以致远。夫学须静也，才须学也；非学无以广才，非志无以成学。淫慢则不能励精，险躁则不能治性。年与时驰，意与日去，遂成枯落，多不接世。悲守穷庐，将复何及！"

作家王蒙说："内心安详，从不荒凉。"安详方能静观，静观方能判断，看清方能行动。有条有理，不慌不乱，如烹小鲜。遇事多想自己的缺点，多想旁人的好处，要多几个"世界"，多有几分兴趣。

《菜根谭》中有三句话：风过疏竹，风过而竹不留声；雁渡寒潭，雁去而潭不留影。故君子事来而心始现，事去而心随空。竹影扫阶尘不动，月穿谭底水无痕。水流任急境常静，花落虽频意自闲。春有百花秋有月，夏有凉风冬有雪。若无闲事挂心头，便是人间好时节。

《淮南子》中说："是故欲刚者，必以柔守之；欲强者，必以弱保之。"积于柔则刚，积于弱则强，观其所积，以知祸福之乡。人生祸福是辩证的，人生美学的辩证法也如此。

二、读书人生之美

读书给你带来三样东西：情怀、胸怀和气质。

什么是情怀？对世界的美好和丑恶的理解能力，能够欣赏美好的东西且可以包容一些不符合自己价值观的东西。

什么是胸怀？海纳百川，包容自己看得惯与看不惯的，理解千奇百怪的世界，并且在这多变的社会与人性中，寻找生活的美好，寻找自己的美好。

什么是气质？一个人的气质是一个人看过的书、走过的路、结交过的人的综合体现。你与什么人相处久了，你就会变成什么样的人。气质是由内散发的一种美。一个男人的气质源于经历的各种风雨，以及不轻言放弃，还有其背后隐藏的各种故事。女人的气质则从她的一抬手、一投足、一句话、一个微笑中体现。即使你什么都不想干，也要保持读书的习惯，把情怀修炼出来，把胸怀修炼出来，把气质修炼出来。

阅读的目的是开启心智，解决困惑，享受生命的美好。通过阅读，学会善思明辨，懂得阅读是为了让自己活得更明白。读书就是要懂得享受这美好一刻，而不是指望另外一天、另外一个时刻。生命在阅读中高贵与优雅！

明代一位史学家自述读书之乐："怒而读之，悦然；忧而读之，欣然；躁而读之，悠然。"南宋一位藏书家说："饿了，读书等于吃肉；冷了，读书等于披裘；寂寞了，书就是朋友；忧郁了，书就是音乐。"

读书的时候，天高地阔心地宽；读书的时候，感到一种沉甸甸的充实；读书的时候，就像打开了一扇思想之门。读书可以匡正灵魂，可以丰富自身，可以体味人生的境界，可以读出可贵的良知。

读书不能改变人生的起点，但可以改变人生的终点。

齐白石年轻的时候家境贫寒，无钱读书，便学习做木匠。有一天他跟师傅走到一户人家，发现这户人家有一套三卷本的《芥子园画谱》，便借来学习揣摩和临摹，后来成了著名的画家。

普京从学校毕业后的第一份工作也是做木匠，但是他却在工作之余刻苦读书，从而不断成长，最终成为俄罗斯总统。

现代社会发展变化快，知识更新快，社会进步快，知识的"保质期"越来越短，思想的"折旧率"越来越快，能力的"迭代率"越来越高。人的一生只充一次电的时代已经过去，只有成为一块高效的蓄电池，不断充电，才能持续释放能量。我们要做"知识海绵"，吸收身边的一切知识。

金庸共写作小说 15 部，81 岁时还到剑桥大学去读书。他说："我姓查，笔名金庸，我要自己把握住这个'查'字，多用功读书，化去这个'庸'字。"

莎士比亚说："书籍是全世界的营养品。生活里没有书籍，就好像生活没有阳光；智慧里没有书籍，就好像鸟儿没有翅膀。"

有人说：“一个人精神的发展史就是他的阅读史。”美国学者爱默生把读书当作“精神魔术”，他说：“它进入心里的过程是人生，从里面出来的却是真理；进去的时候是片段的动作，出来的却是不朽的思想；进去的是琐事，出来的却是诗歌。”

英国诗人柯勒律治将读者分为四类：第一类读者好比计时的沙漏，读书像把沙注进去又漏出来，到头来一点痕迹也没留下；第二类读者好像海绵，什么都吸收，挤一挤，流出来的东西原封不动，甚至还脏了些；第三类读者像滤豆浆的布袋，豆浆都流走了，留下来的只有豆渣；第四类读者像是宝石矿床里的苦工，把矿渣甩在一旁，只要纯净的宝石。

大到国家，小到个人，没有哪一个不是“终身学习者”。作为国家，要向发达的国家学习经验；作为个人，更要终身学习。那些比你优秀、比你聪明的人，也许比你还努力学习。

诗人歌德说：“大自然是最伟大的一部书。”要想成为一个优秀人才、一个艺术家，除了读书外，最主要的实践。实践也是一种阅读方式，阅读社会这本书，阅读自然这本书。

现代画家吴冠中，每年至少要花 6 个月在外写生，到大自然中去捕捉创作灵感。他走遍了中国的山山水水，经常到穷乡僻壤里去写生，每天黎明即起，摸黑回来，背着笨重的画具、雨具，爬数十里山。吴冠中后来成为一位艺术巨匠，在 20 世纪后半叶中国绘画艺术的现代化转型中发挥了积极作用。

钱穆是我国著名的历史学家，他将读书和做人紧密联系在一起，言简意赅地说出了书籍对于人生的重要意义。他说，在书中可碰到很多人，这些人的人生境界高、情味深，好做你的榜样。我们都是普通人，但在书中遇见的人可不同，他们是由千百万人中选出，又经得起长时间的考验，像孔子，作为儒家始祖，是现代人无法超越的。

读书的人，站得更高，看得更远，有着更宽广的视野、更大的格局。读书的最终目的，绝不仅仅是混一张文凭、找一份好工作，而是让一个人保持学习的习惯，将知识变成成长动力和养分的能力。

第三章 守住初心 梦想人生

第一节 守住初心

一、什么是初心

“初心”一词最早见于白居易的《画弥勒上生帧记》中，“所以表不忘初心，而必果本愿也。”“不忘初心，方得始终”这句话本是禅语，出自对《华严经》部分经文的解读，原文为“三世一切诸如来，靡不护念初发心。”“如菩萨初心，不与后心俱。”而解读后，道理更通俗易懂，从而迅速流传开来。这里的“初心”可以理解为最初的梦想和方向。初心就是动机、希望和理想，是内生动力和行动的出发点。

中央电视台《朗读者》栏目中有一期主题是“初心”，节目有这样一段诠释：

初心可能是一份远大的志向，世界能不能变得更好，我要去试试。初心也许是一个简单的愿望，靠知识改变命运，靠本事赢得荣誉。

每个人都有自己独属的初心，而拥有初心的人，用生命赴使命才是真正强大到无可撼动的人。

做任何事本身就是一个不断试错的过程，既然是试错，就不必纠结具体做什么事情，因为这是毫无意义的，只要没有忘记当初自己的理想和目的，有时换条路或者换个做法尝试一下也未尝不可。做大事绝不是一件简单的事情，它是一条不归路，一旦踏上，就很难回头。而初心，是一个人坚持下去的动力。坚持初心是获得动力的好方法。每个人的初心汇聚成强大而持续的推动力，同时带来强烈的感染力，并一直为初心拼尽全力，这个国家的初心就会实现。

对于个人来说，选择做一项事业是对初心深信与坚持。如果半途而废，那初心永远只是梦想。

老子在《道德经》中写道“万物之始，大道至简，衍化至繁”。大的道理往往是极其简单的。至简并非贫乏，而是繁华过后的觉醒，是去繁就简的境界。太过繁杂会使人迷失，道理往往像车轱辘，永远是齿连齿、轴连轴，思来想去又回到原点，这就是初心。真理就像是车轱辘的中心，只有中心才是根本，没有了中心，之后的一切均不成立。

西汉刘向在《战国策》中写道："归真返璞，则终身不辱也。"

人本性是纯朴和纯真的。但随着年龄的增长，欲念不断萌生，迷失了原有的天性。要使心性和生命返到纯朴纯真的状态。所谓"不忘初心，方得始终"便是如此，初心丢了，我们会越来越迷茫，导致失去的越来越多，最终一无所获。

有这样一个人，他出身书香门第，自幼被封为神童。然而，他的科考之路，却一路坎坷：22 岁，第一次会试，没有通过；25 岁，第二次会试，没有通过。要知道，此人的父亲就是状元出身，连续两次未通过会试，让他成了全乡的笑话。然而，他却不以为意："你们以不登第为耻，我以不登第却为之懊恼为耻。"28 岁时，他第三次参加会试，因考试出色，举南宫第二人，赐二甲进士第七人，观政工部。此后，他的人生一路开挂。他修勤政、平盗贼、创心学，活成了一道千古传奇。

这个人，就是王阳明。而他最大的武器，就是自己的"心"。王阳明一生曾遭遇无数坎坷，但每一次他都能谨守初心。他写过一首诗：

人人自有定盘针，万化根源总在心。
却笑从前颠倒见，枝枝叶叶外头寻。

王阳明的《传习录》中提到："天地虽大，只要心存良知，心怀善念，哪怕只是凡夫俗子，也有可能成为圣贤。"也就是说，作为人，"德"是初心的核心点，"德"是为人处世的根本。有德无才难成事，有才无德办坏事。子曰："德不孤，必有邻。"老子也说："地势坤，君子以厚德载物。"

《伊洛渊源录》是朱熹编撰的一部理学名著，主要记载周敦颐、程颢、程颐及其门人弟子的言行。书中有程颢的一则故事：程颢少年时活泼好动，对打猎最是上瘾，后来开始读书，性格、气质为之一变，自以为不会再有出门打猎的冲动了。老师周敦颐对此颇不以为然，对程颢说："不要说得那么容易，你这份心只是潜隐未发罢了，不知道哪天就会故态复萌。"许多年后，程颢在一次暮归途中看见行猎的场面，心中忽然蠢蠢欲动，很想跟过去一试身手，这才晓得周敦颐的那番话果然没有说错。

从这则故事中我们知道了“见猎心喜”这个成语。在吴与弼的时代，程颢早已家喻户晓，这个成语也变得有深意了：圣贤也是和我们一样的人，也有七情六欲，也有一些不容易克服的缺点，但人家勤于学习，不断锻炼自身的修养，不也从凡夫俗子蜕变为圣贤了吗？这就好比每一只毛虫都有蜕变为蝴蝶的潜质，就看它能否耐得住寂寞的修行。

吴与弼于是有了让自己脱胎换骨的打算，科举不考了，社交活动也不参加了，躲进小楼只在四书五经和诸儒语录里度日。他认识到自己的性格偏于刚忿，便很有针对性地加以打磨，连续两年都没有下过小楼。这样一种精神修炼，形成了宋儒的“变化气质”。

理学背景里的“变化气质”，其含义比今天所谓的陶冶性情更深一层。程颢说：“仁者以天地万物为一体”，如果读书人体会不到其中深意，那就无法达到“仁”的境界，所以必须破除小我之私，与天地万物合而为一，这个过程就叫作“变化气质”。

“变化气质”的初级阶段与陶冶情操无异，急性子需要收敛，慢性子需要有进取，爱迁怒的人要多一些反躬自问，爱自怨自艾的人要多一些勇往直前。吴与弼就这样足不出户地改变着自己的气质，倘若不是父亲命令他还乡成婚，不下楼的日子不知道还会延续多久。

一个人若总是患得患失，便无法获得片刻安宁；一个人若总是向外寻找，便永远看不到自己的本心。如果你改变不了世界，不妨改变你的内心。

一个人要想做成什么事，如果仅从主观上认为只是做这件事，那也会使人生变得非常片面狭窄。遵从内心而不是遵从主观，内心最原始的那份执着才是最重要的，而不是仅仅从主观上希望我要做什么。

《菜根谭》中有云：“岁月本长，而忙者自促；天地本宽，而鄙者自隘；风花雪月本闲，而扰攘者自冗。”世间诱惑很多，外人评价很杂，能够不为所动，谨守初心的人，才是真正内心强大的人。守心，是我们追寻幸福的一把金钥匙。

天欲祸人，必先以微福骄之，要看他承受；天欲福人，必先以微祸儆之，要看他会不会自救。苏东坡说：“天下有大勇者，卒然临之而不惊，无故加之而不怒。”拥有“初心”的人身上总会充满自信和豁达，即使遭遇困难，也会信念坚定，不会心烦意乱，不知所措，更不会在顺境的时候得意忘形，而是居安思危，勇往直前。

初心不同，成就的事业与人生就不同。

中国共产党的初心是什么？

党的十九大的主题是，不忘初心，牢记使命，高举中国特色社会主义伟大旗帜，决胜全面建成小康社会，夺取新时代中国特色社会主义伟大胜利，为实现中华民族伟大复兴的中国梦不懈奋斗。中国共产党是中国工人阶级、中国人民和中华民族的先锋队，共产党人的初心体现了全心全意为人民服务的根本宗旨。不忘初心，就是不能忘本，不能忘了初衷。初心是理想，使命是担当。中国共产党的初心和使命，就是为中国人民谋幸福，为中华民族谋复兴。

以红军长征为例，这是挑战人类生存极限的奇迹。中央红军长驱 25000 里，纵横 11 个省，翻越过 1000 座大山，渡过 24 条江河。在 370 多天的征途中，只休整了 44 天，平均每天要行走 75 里路。长征队伍中不断有人倒下，但又不断有人补充进来。就像滚滚的钢铁洪流，冲破一切艰难险阻。红军长征是一部既悲壮又瑰丽的英雄史诗，不仅感动中国而且震撼世界。这就是中国共产党人的初心。

我们走进井冈山、走进苏区、走进延安等革命根据地，就会深切感受到，“理想信念是中国共产党人的政治灵魂，也是中国共产党人的初心与担当。”共产党人的初心就是：为中国人民谋幸福，为中华民族谋复兴。这表现在，主义坚定是灵魂，服务人民是本质，对党忠诚是品格，艰苦奋斗是本色，求真务实是方法，清正廉洁是保障，开拓创新是气质。

埃德加·斯诺在《红星照耀中国》中译本序言中提到：中国共产党人不能被任何强敌和困难所征服的原因，就在于他们所具有的“那种精神，那种力量，那种欲望，那种热情”是“人类历史本身的丰富而灿烂的精华”。

美国军人直到今天一说起中国军人，都会充满敬畏和好奇，因为他们知道，70 年前那场抗美援朝战争，中国人民志愿军一大批师团级将领都经历过长征，很多的战士也经历过我们党的教育，所以得出一个结论：长征锻造出中国最强悍的一代军人！长征精神也让敌人闻风丧胆。

再来看一组数据。长征出发的时候，红军一方面军 86000 人，最后到达终点延安不到 7000 人；红四方面军出发时有 10 万大军，最后到达终点也不到 3 万人。红军军团长一级的平均年龄为 25 岁，一线作战的师团级干部平均为 20 岁，14 岁到 18 岁的红军小战士占 60%，都是一群年轻人，一群为了梦想的年轻人，心中肩负着光荣和使命，为了初心义无反顾，为了革命事业奋不顾身，他们铸就的长征精神是我们永远要发扬光大的。

中国共产党为什么能在那样艰难困苦的环境中创造奇迹呢？这就是精神的力量，理想信念的力量，把国家和民族的前途放在了首位。正是这种崇高的理想信念支撑着中国共产党人跨越了种种艰难险阻。中国革命的胜利是理想信念的胜利。坚定的政治信仰和百折不挠的革命意志，是战胜一切艰难险阻，实现中华民族伟大复兴的力量源泉。

崇高的理想和坚定的信念，是中国共产党在革命斗争时期能够突破重重险阻，在建设时期能够克服种种困难，在出现波折时能够自我革命，在新时代能够不断进行创新，从而不断从胜利走向胜利，创造一个又一个奇迹的根本动力，并成为激励我们继续前行的一种强大的精神动力。千百年来，中华民族历经苦难，勇于抗争，从来没有任何一次苦难能够打垮我们，反而更坚定了我们的意志与勇气，这是中国人的信仰，也是中国的民族精神。

英雄并非生而勇敢，而是选择勇敢。他们并非无所不能，而是竭尽所能。因为他们都有一个为国家为民族奋斗的初心与理想。在国家民族需要的时候挺身而出，不畏艰险，不怕牺牲，用奉献与责任诠释家国担当。很多英雄人物用行动再次证明，只要有坚定的理想信念、不懈的奋斗精神、脚踏实地的工作态度，就能把每件平凡的事做好。一切平凡的人都可以获得不平凡的人生，一切平凡的工作都可以创造不平凡的成就。

人总是需要一点精神的，一个国家和民族更是这样。没有个人精神的有力支撑，就没有全民族精神力量的充分发挥，一个国家、一个民族就不可能屹立于世界民族之林。我们现在不仅要在物质上丰富起来，也要在精神上强大起来，要用长征精神来排除千难万险，不断奋斗。

科学家袁隆平曾寄语年轻人："每个年轻人都该有自己的理想，现在有一个不好的倾向，是向钱看。钱是要有的，但君子爱财取之有道，你不能为了钱去努力奋斗，而要为实现你的理想去奋斗。你真正有了成绩，有了贡献，会有回报的。"

今日之中国，社会安定，人民富足。作为一个个体，我们要始终记得自己的初心。为了始终追求的那份信念、那份理想和目标而努力。每个平凡的梦想都值得喝彩！初心就是坚守不变的理想，初心就是坚守不变的情怀，初心就是坚守不变的激情，初心就是当祖国需要时奉献自我。每个人通过努力，在平凡的工作岗位上，都可以创造属于自己的不平凡。

青春由磨砺而出彩，人生因奋斗而升华。2020年初，面对突如其来的新冠肺炎疫情，全国各族青年积极响应党的号召，踊跃投身疫情防控，不畏艰险、冲锋在前、真情奉献，展现了当代中国青年的担当。在这次抗击疫情的斗争中，以“90后”为代表的青年一代挺身而出，充分展现了新时代中国青年的精神风貌。在4万多名驰援湖北的医护人员中，就有1万多名是“90后”，其中相当一部分还是“95后”甚至“00后”。他们与在一线奋战的广大疫情防控人员一道，不畏艰险、冲锋在前，彰显了青春的蓬勃力量，是新时代最可爱的人。

青年一代有理想、有本领、有担当，国家就有前途，民族就有希望。年轻人要努力在为人民服务中茁壮成长，在艰苦奋斗中砥砺意志品质，在实践中增长本领，在不同的岗位上拼搏奋战，不惧风雨、勇挑重担。只有坚持理想信念、练就过硬本领、勇于创新创造、矢志艰苦奋斗、锤炼高尚品格，才能在弘扬和践行社会主义核心价值上勇立新功。

中国女排教练郎平说：“只要穿上带有‘中国’的球衣，就是代表祖国出征。每一次比赛，我们的目标都是升国旗、奏国歌！”

面对未知的世界和领域，年轻人也许有困惑和迷茫，但只要心中有理想，有目标，不为物所惑，一心一意奔向一个目标，带着强烈的求知欲，带着心中的梦想，都将会有无限的可能。有梦想，生命自会流光溢彩。

天行健，君子以自强不息；地势坤，君子以厚德载物。世上有一种英雄，即使遇到挫折，仍然能保持初心、无畏前行。

生命是有保质期的，人生在不同的阶段该做不同的事，每个阶段都不容错过。想做的事尽早去做。人生太短，需要我们好好珍惜，好好努力。

长期以来，各所大学都在不断地对人才培养进行改革与探索，但是，不管如何进行改革，教育应该真正以学生为中心。从学生的实际需求出发，对学生的当下与未来负责。应该从学生深层次的心灵需求中，找到其对生命的敬畏、对生命意义的尊重和对生命自由的哲学思考。我们应该让精神充盈人生，人生即关系，关系即是“我与你”，也就是说，把学生视为伙伴，站在学生的角度来思考问题。大学的“初心”就是立德树人，培养对社会有用的人才。

没有什么事不可原谅，没有什么人会永驻身旁，也许现在的你很累，未来的路还很长，请勿忘初心。不管你对别人做了什么，那个真正所有收获的人，并不是别人，而是你自己；同理，当你给予他人，当你为别人付出时，真正获利的也不是别人，而是你自己。你给别人的，其实是给自己。

起点可以相同，但是选择了不同的拐点，终点就会大大不同。人生没有圆满，是宽容的心弥补了那些缺憾；生活总有磕绊，是宽容的心温暖了岁月的心寒。守住初心，把心静下来。

《国语》中提到：“唯厚德者能受多福，无福而服者众，必自伤也。”厚德者才能行天下，我们只有以宽广的胸怀去包容和理解他人，才能赢得别人的尊重和敬仰。

孟子说：“必有事焉而勿正，心勿忘，勿助长也。”人生有起有落，有得有失，有行有止，心思有正有邪，不要矫枉过正，要顺其自然本性，听从内心的召唤。

美国认知心理学家唐纳德·诺曼说：“我们眼前的任何事实，都不如我们对它所持的态度那样重要，因为态度会决定我们的成功或失败。当一个人坚持做自己，把自己想要做的事情做到极致时，整个世界都会为他而改变。”

要坚信：心若向阳，春暖花开。

守住初心，是追寻幸福的一把金钥匙！爱我所爱，行我所行，听从内心，无问西东。

作家贾平凹做客《朗读者》栏目，主持人董卿问道：“听说您大学时期就开始创作，投稿经常被退，被退回的手稿有两大箱子，退稿信还经常被同学贴在您的床边，这样是否会对您造成刺激？”贾平凹说：“那叫激励！我的初心就是要写出自己满意的作品。我现在对自己的写作还不满意，所以一直寄希望于下一部作品。只有这样，人才可以说，我这一生不枉此行。”

二、起航人生

认识你自己，是走好人生的第一步。你的素质，才是你最好的资源。

一个人的素质就是自己的名片，所有的道德、品行、能力经过时间的验证，都会刻在别人的心里，而他人是尊重你、喜爱你还是对你敬而远之，实际上都是看你这张名片。青春是用来奋斗的！生命就是这样，敢于选择第一步才能进入第二步，如果你不迈出第一步，你的第二步怎么能看见呢？你的第三步怎么进入呢？只要肯迈出第一步，只要是你自己的选择，生命就无后悔。生命真正的后悔来自你从来不选择，或者不主动选择。你的每次选择，一定是你生命中激情的召唤。

鲁迅说：“我以为别人尊重我，是因为我很优秀，后来才明白，别人尊重我，是因为别人很优秀。”原来优秀的人对谁都会尊重。尊重领导是一种天职，尊重同事是一种本分，尊重下属是一种美德，尊重客户是一种常识，尊重对手是一种大度，尊重强者是一种欣赏，尊重弱者是一种慈善，尊重师长是一种伦常，尊重家人是一种幸福，尊重同学是一种缘分。

静水才能映月，真空才可现花。岁月可以偷走我们的年华，却不能带走我们的本心。

2018 年 1 月 5 日，屠呦呦放弃参选 2017 年中国科学院院士，记者问她："你在世界医学方面作出了如此大的贡献，为什么还不愿参选 2017 年的科学院院士？你可知道，假如竞选成功后，你的生活与工作条件将有很大的改观！"屠呦呦说："理想至上，我不可能将有限的精力放在所谓的竞选上。几十年来，如何研究出功效最好的药来保障人民的身体健康是我的最高理想。如果没有这一点，我也许为了捞取一定的功名，绞尽脑汁地做一些无关紧要的事情，根本不可能一步一步走到今天。理想的追求，要远比任何物质的享受和虚妄的名誉更具生命的特质。一个人要坚守初心，学会取舍，切实明白自己在做什么，才不会停下奋斗的脚步，这样的生活才会有滋有味，这样的生活才会风淡云轻。"

有这样一个小故事《上路》：

和尚要云游参学。师傅问："什么时候动身？""下个星期。路途远，我托人打了几双草鞋，取货后就动身。"

师父沉吟一会儿，说："不如这样，我来请信众捐赠。"

师父不知道告诉了多少人，当天竟有好几十名信众送来草鞋，堆满了禅房的一角。隔天一早，又有人带来一把伞要送给和尚。

和尚问："你为何要送伞？""你的师父说你要远行，路上恐遇大雨，问我能不能送你把伞。"但这天不止一人来送伞，到了晚上，禅房里堆了近 50 把伞。

晚课过后，师父步入和尚的禅房说："草鞋和伞够了吗？""够了够了！"和尚指着堆在房间里小山似的鞋和伞，"太多了，我不可能全部带着。""这怎么行呢？"师父说，"天有不测风云，谁能料到你会走多少路，淋多少雨？万一草鞋走破了，伞丢了怎么办？"师父又说："你一定还会遇到不少溪流，明天我请信众捐舟，你也带着吧。"

和尚这下明白了师父的用心，他跪下来说："弟子现在就出发，什么也不带！"

你简单，这个世界就简单。

生活简单才能生活幸福。人要知足常乐，人生苦短，人生路上要想带的东西很多，欲望也无穷尽，但只要我们带着初心前行，明白财富地位都是附加的，那么生活就会幸福，人生才不会忘记本源。

三、心的期待，新的起点

每个大学生都寄托着一个普通家庭的梦想。所有的家长都希望自己的孩子在大学好好努力，即使不是“学霸”，至少给自己未来一个希望。大学生们某个非常细微的想法，可能影响自己甚至家庭的梦想。不踏踏实实做好功课，荒废了学业，苦果只能自己尝。

现代社会有些年轻人很浮躁，头脑中唯一的想法是“成功”，内心里仅存的感触是“焦虑”。新的起点并没有心的期待。白天没心思上课，晚上没耐心放下手机，半夜还在玩手机。不愿意到学校食堂去吃饭，总是叫外卖，外卖超时一分钟，就忍受不了了；叫滴滴打车，司机超过一分钟就拿起电话猛催。不愿意让时间在自己身上沉淀下来，不愿意静下来读书，遇事沉不住气。

作家杨绛说：“你迷茫的原因在于读书太少而想得太多。”

每个人都会迷茫，大学是最容易迷茫的阶段，因为大学是你第一次独自认识这个世界。不要因为迷茫而苦恼，读书少了迷茫自然多了，如果把精力放在读书上，放在努力创造不一样的自己上，你的生命意义会不一样。每个人都有自己的优势或特长，你的苦恼也许是还没有看到自身的优势，不要盲目地崇拜任何人，评价人要客观，客观地看待周围的一切。做任何事情都要有最坏的打算，你要告诉自己接受最坏的打算，我必须接受而不是冒险去探个究竟，同时，有些不能改变的事情你要学会放弃，后悔也没有用，自己还年轻，还有机会，不要整天去想已经发生而不能改变的事情，这样只会让自己不愉快。因此，迷茫时要放弃一些不能改变的事情，努力争取可以改变的未来。

美国作家安德鲁·德尔班科在《大学：过去，现在与未来》中总结了三点，首先，大学学历“成为进入熟练劳工市场的最低资格证明”，对个人的经济竞争能力有所助益，长远而言，对一个国家的经济实力也有帮助；其次，维持一个运转良好的民主制度，需要“明辨是非的公民”，能够区分“煽动言论和负责任的政治观点”；最后，大学应提供一种能够阻挡功利主义的价值观，在大学里没有教条的位置，只有对事实本身的争论，教人学会享受生活，“平息欲望”。

大学，不是培养对偶像的崇拜和对成功及金钱的渴望。大学，是德、智、体、美、劳全面发展的训练场，是一个锻炼人心智的地方，大学校园生活不要被世俗社会所污染，不要只想着赚钱而不想上课，不要在迷茫中度过。人生没有彩排，每一天都是现场直播，不要在迷茫中迷失了自己。大学为你提供了一个丰富的发展平台，你在学习专业知识的同时，也会收获成熟与睿智。然而，面对与高中完全不同的生活环境、教学模式和学习方式。大一怎么样过，基本上决定了你的大学四年怎么样，为此，你要从以下几个方面学习。

（一）把握好“五个度”

高中阶段的生活是教室、食堂、宿舍三点一线，每天都在题海中奋斗，日子过得忙碌且充实。大学没有了升学的压力，如何学习？首先要处理好“五个度”。

1. 高度：正确的目标

不管你在中学多么优秀，上了大学，要认清自己，从零开始。让过去归零，沉淀自己，结合大学专业的要求，结合自己的特点、兴趣，根据自己的实际情况制定长期目标和近期目标，也就是我们说的大学生职业生涯规划。千万不要以为大学时间很长，可以慢慢来。当清晨在床上与困意斗争时，一定要记得晨光熹微时已有少年勤读书的身影。当你早晨还沉浸在梦乡时，一些勤奋的人已经在校园一角开始读书了。一个人进入大学只有认真读书，才不会后悔。

2. 厚度：扎实的知识

大学是学习知识的场所，大学学习要注重扩大知识面，加强知识应用性的学习，要厚基础、宽口径。运气不可能持续一辈子，能持续一辈子的只有个人的能力。要想获得能力，就要在大学四年里努力学习，并将扎实的知识转化为能力。

3. 力度：独特的见解

人无我有，人有我优，人优我特，人特我独。学习是需要思考的。人生中最重要的不是考试成绩，而是如何去思考你所学的知识，人要懂得享受认真钻研带来的快乐。人之才，成于专而毁于杂。人贵有恒，一辈子专注做好一件事，就有机会获得成功。所以，人只有像钉子一样，把全部的力量都集中在尖上，专心致志，才能实现美好的理想。

4. 强度：坚定的韧性

做事要持之以恒，有毅力，认准的事情一定不要中途放弃。人生最重要的是用何种态度对待学习，如果你坚持不懈，成功一定是一件水到渠成的事情。态度决定一切。

5. 宽度：广泛学习，广泛交往

在学好专业的同时，广泛涉猎相关学科知识。同样人际关系的和谐是一个人成才的重要条件。要注意多交朋友，主动求助，使自己尽快融入新的群体，适应新的生活。没有人天生就会交际，勇敢争取交流的机会，什么时候都不晚。我们一定要潜心锻造人格，与人多说有情怀和有境界的话，了解人情世故，方能笑傲风雨。

（二）做好“五个学会”

要达到“五个度”，需要做好“五个学会”。

1. 学会听课

大学老师强调的是学科的系统理论，因此，要真正听懂课，课前要仔细阅读教材，对老师的教学内容有基本的了解，通过上网阅读参考资料并与同学交流讨论，深化对教学内容的理解。

有些同学说，这个老师课讲得不好，所以我不想听。课讲得不好不能成为不听课的理由，你总会从老师的课堂上受到启发。还有的同学说，所学内容根本没有用，所以我不听。大学的课程是有体系的，每门课都是整个专业课程体系中不可或缺的。同时，如果你在大学里能不带情绪地学好任何课程，走上职场后就能胜任任何岗位。

2. 学会做笔记

一是课堂笔记；二是阅读笔记，包括读书、读报、看网络文章等。也许有人认为现在不用做笔记，要想读一本书，寻找书上的重点，上网找内容概要就可以。这是受现代的“快餐文化”影响的结果。网上是基本内容，你要想有收获，就要自己思考，就要做读书笔记。同时，上课做笔记，也是训练你的思维能力与思考节奏。大学是手把手训练思维的最后机会，上课时一定要跟随老师的思路，把老师讲课的思路用笔记的方式记录下来，构建这门课的逻辑。

巴菲特每天阅读，从而构建出他的投资知识系统；斯蒂芬·金每天写 1000 字，一年 365 天都不停歇，他称这种习惯为“一种创造性的睡眠”；运动员埃鲁德·基普乔格每次训练后都会做笔记，以记录自己可改进的地方。

3. 学会探究

大学的学习是一种自主学习，要学会不断积累，用认真的态度做些研究。天道酬勤，业道酬精。要多听一些专家、学者的讲座，以拓宽视野，培养创新思维。

多做一些自己喜欢的研究或创意，不要人云亦云。一个人如果只习惯于用别人的标准来衡量自己，那么最大的可能不是成就自己，而是失去自我，失去更多真正适合自己的机会。

4. 学会利用图书馆

图书馆是大学最有魅力的地方，它除了藏书丰富外，还可以提供丰富的电子图书资源。大学生的自学模式决定了学生不仅要消化课堂上学习的内容，而且要阅读大量的相关资料和参考文献，而这些都需要在图书馆里进行。

5. 学会管理时间

一个成功的人一定是会管理时间的。因此，大学生一定要学会科学地管理时间，既要参加一定的活动或社团，又要把更多的精力用于学习，要珍惜时光，潜心读书。为了节省时间，你可以找一个离学校较近的地方兼职，通过社会实践锻炼你的能力。当然，这份工作是能学到东西的。

很多人以为自己一年内能做很多事，但如果坚持十年，完全可以改变一切。

李大钊说："凡事都要脚踏实地去做，不驰于空想，不骛于虚声，而惟以求真的态度做踏实的功夫。以此态度求学，则真理可明；以此态度做事，则功业可就。"

（三）学习"地图"理论

（1）地图的方向是明确的，就如同每个人必须定好方向。

（2）定位非常准，不会变，就如同人生定位要准确。

（3）地图上的铁路线、公路线很清晰，就如同每个人做事情思路一定要清晰。

（4）地图很小，但范围很广，就如同每个人要包容周围人的缺点。

（5）地图中大江大湖的水都向海里流，就如同要谦虚才能学到更多的东西。

（6）地图总是以一面示人，另外一面靠在墙上，就如同做人要展示真实的一面。

（四）提高综合能力

大学不仅培养学生的实际操作能力，更重要的是教会学生如何学习。作为一名大学生，专业学习是一部分，锻炼其他能力也很重要。作为大学生在学校一定要积极参加社会实践，在活动中锻炼实际的能力，全面提高个人素质，可以提高以下能力：社会交往的能力；组织能力；口头表达能力；文字表达能力；创新能力；分析问题和解决问题的能力。

一些大学生不喜欢现有的专业，这时可以尽自己最大的努力去了解、去熟悉、去适应，培养自己的专业兴趣。当然，学好本专业的同时，也可以修读双学位、辅修专业，或选修你感兴趣的课程。或者看看有什么特别喜欢的领域，多做一些尝试，看看有没有跨学科的机会。学校为了培养复合型人才，开设了双学位、辅修专业或与国外的院校合作开设了一些互认或实习的课程。拓宽专业学习，可以比别人多学知识、技能，为今后的就业或进一步学习打下基础。一个人的价值观和理想是不会改变的，但是兴趣会减少或增加。喜欢一件事情是可以慢慢培养的，不喜欢一件事情是不需要培养的，可以换个领域进行学习。现代社会的职业，需要的不仅仅是一个专业的知识，更多的是多学科的融合。

有这样一个小故事：

一位青年感觉很迷茫，于是向老师请教。

老师问青年："你觉得是一锭金子好，还是一摊烂泥好呢？"

青年立即答道："当然是金子啊！"

老师笑了笑，继续问："假如你是一颗种子呢？"

青年这才恍然大悟：这个世界上并没有绝对的好与坏，看事物的角度不同，答案自然就不同。

很多东西是束缚，是为了考验你的意志力，你应该克服它。我们应该向科学家霍金学习，他说："即使身处果壳之中，我仍然是无限宇宙之王。"

大学期间，更应保存志气和战斗力去做一些自己喜欢并且有挑战性的事情。大学期间最不该做的是整天在宿舍里看手机或玩游戏。大学的成功有千种，但是大学的迷失只有一种：在宿舍里沉沦！大学是珍贵的，上大学的主要任务是学习知识，知识都是有用的。所有的美好都从有用开始，而所有的更好都来源于无用。如果不想将来被淘汰，现在唯一能做的就是获取更多的能力。只要努力，将来的你一定会感激现在这么拼命的自己。

大学生是很多人羡慕的对象，不仅是因为其年轻，更是因为他们有一种积极生活的状态，有一种青春的力量，有美好的未来。对事物充满好奇，对人生满怀期待，知道路途艰辛却依旧一往无前，这就是年轻大学生的生命状态。愿你始终保持对生活的激情和对未来的希望，永远有一颗年轻的心。

总之，大学的两大任务是学会学习、学会做人。

读书改变命运，知识就是力量。读书未必一定在学校完成，但是，学校和高考是最基本、最公平和最有效率的。别以为读了一点书，有了点知识，有个文凭就了不起了，这只是开始，人生中需要学习的东西还有很多。在大学里，可以集中时间学习，可以与同学们相互切磋、相互提高，这种机会很难得。可以学会如何与人相处，这是走向社会的前提。因此，要沉下心来多读书，多修炼自己。

大学教育的目的不仅仅是学会知识，更主要的是学会一种思维方式，即在烦琐的生活中，时刻保持清醒的自我意识，不是“我”被杂乱、无意识的生活拖着走，而是生活由“我”掌控。要学会独立思考问题，学会选择，学会遵从内心的召唤，学会良好地与人相处。

你想成就什么，就每天在心里默念，然后每天向这方向走一点点。人在真心想做一件事情的时候，再大的困难也会想办法克服；不想做一件事情的时候，再小的阻碍也会成为却步的理由。更多的时候，努力不是为了博得虚名，而是为了心中的梦想，是一种信念、一份尊严、一个理想。做任何事情，难在坚持，也贵在坚持。坚持不是为了感动谁，也不是为了证明给谁看，而是真正明白了一路奔跑比原地踏步要好。人生最好的状态就是心有阳光，坦然面对，不羡慕谁，不讨好谁，默默努力，活成自己想要的模样，坚信希望就在前方。

一个人能走多远，要看他与谁同行；一个人有多优秀，要看他有谁指点；一个人有多成功，要看他与谁相伴。和不一样的人在一起，就会有不一样的人生。

人生就像登山，需要攀登的山很多，只有不畏艰险的人才能不断攀登，不断超越自己。人生的快乐就建立在不断追求与争取的过程中。

人生就像一个沙漏，拼命地贪取，一生的忙碌。人的一生只有三天：昨天、今天和明天，我们要总结昨天，把握今天，展望明天。我们要以宽广的心胸去迎接美好的明天，为自己的人生负起责任，活出全新的自己。不要以表象去决定一个人或一件事的本质，不要以所谓世俗的标准去衡量一个人和一件事，不要用现状或自己的标准去判断任何人或任何事的未来。

千万不要认为成功只有一个标准。大学要打造高贵的灵魂，要有良知，对社会与他人的良知。

四、学会学习，学会选择

（一）学会学习

古人云：“少小而学，及壮有为；壮年而学，及老不衰；老年而学，及死不朽。”学习自古就是一辈子的事。

很多有成就的人士并没有受过很多教育，但他们非常用功读书，用心学习。学校和知识带给我们不仅仅是专业技能，更有开阔的眼界、学习的方法和不断追求的精神。大学里通过苦读获得长进，通过深度学习提高各种能力。这些能力不但在读书时有帮助，在未来的职场里，也会获益无穷。

当前，中国劳动力市场职业发展形态已经呈现就业领域新、技术手段新、组织方式新、职业发展观念新等特点。大学生要将“立志”和“行动”结合起来，做好自我管理，用好时间管理。适应信息化、网络化学习的发展趋势，将网络教学的新手段和新工具与学生的终身学习理念结合起来。

我们看到一种现象：学习的场所，门口停的是奔驰、宝马、路虎、劳斯莱斯等等；而在网吧、游戏厅、麻将馆门口，停的都是摩托车、电动车、自行车！这就是为什么富人越来越富，而穷人越来越穷！学习才有希望，不学就会跟不上，要想改变口袋，先要改变脑袋。

人生是个积累的过程，只有不断努力，才能改变人生的下一段旅程。下一段旅程不管是再深造还是就业创业，目前的积累都至关重要，任何事情都需要付出时间成本。上天不会掉下馅饼，你不比别人付出更多，就不可得到更多。

你想改变现在的状况，就要拼命读书。人要突破自己的逆境，就得拼命努力。大学这四年，会有很多迷茫，当看不到希望、想放弃的时候，告诉自己：坚持一下，再熬一年，再坚持一年，兴许生活便会有所不同。

名校毕业生找工作相对容易，或者获得的机会更多，最重要的原因是他们曾经付出得更多。明知锻炼对身体好，还是在床上不肯起来；明知道没有考好，看到别人努力自己却无动于衷，总觉得已经错过机会，只会失去更多机会。

事情往往如此，我们总以为现在学习已经很晚，因此放弃学习新的东西。殊不知，只要开始就永远不晚，机会永远存在。明年我们都会增加一岁，学习或不学习都会增加一岁，可有人有所收获，有人依然在原地踏步，差别在于你是否开始，只要开始学习永远不会晚。

美国哥伦比亚大学的亚格尔教授是研究“如何做选择”的专家。她的一项研究表明：可选项太多，会让许多人放弃选择。亚格尔教授从各种养老基金中，挑出 5 种推荐给企业员工，结果选择购买的人占到 72%；而当推荐的基金数超过 50 种时，购买比例下降到 61%。专家解释：随着选择项的增加，人们感到“选错”的风险也在增加，因而干脆“放弃选择”。事实上，只要选项超过 10 个，很多人就难以招架。

轻松快乐的生活并不是拥有的多，而是懂得如何去选择。选择生活上的必需品，选择健康的出行方式，选择精致的食材，交两三个简单温暖的朋友，在闲暇的时光里和他们坐在一起聊聊天，说说话。其实，少即是多。

读什么书，读多少书，决定了你的思想高度。南怀瑾说："读书是为明理，而非谋生"。苏轼说："书富如入海，百货皆有。人之精力，不能兼收尽取，但得其所欲求者尔。故愿学者每次作一意求之。"臧克家说："读书好似爬山，爬得越高，望得越远；读书好似耕耘，汗水流得多，收获更丰满。"

读书不能尽其多，不博览群书，则会无所适从或失之偏颇，广然后深，博然后专。"书中自有黄金屋，书中自有颜如玉。""读书破万卷，下笔如有神。""书到用时方恨少。"坚持读书可以体验我们未曾体验的人生，改变我们的敬畏之心。无知者无畏，越是无知的人越是无所畏惧。读书还可以让我们耐得住寂寞，一个人的时候不觉得孤单，一群人的时候不会丧失自我。知道自己之外有更大的世界，并因此更加热爱生活。

阅读一本好书，就如同在别人的世界里活一次。阅读虽然客观上不能让人生更长，却可以让人生变厚。通过阅读，你可以体验到很多不同的人生，而且大部分是你在现实生活中无法体验的。我们知道的东西再多，也有很多不知道的东西。我们以为拥有很多知识，跟我们的物质相比，仅是沧海一粟。

《吕氏春秋·孟夏纪》中说："善学者，假人之长以补其短。"大意是善于学习的人能够取别人的长处来弥补自己的不足。"尺之木必有节目，寸之玉必有瑕疵。"一尺长的树木一定会有结节，一寸长的玉一定会有小的瑕疵，只有不断读书能弥补不足。

（二）学会选择

面对新一轮产业变革、技术变革的双重影响，大学生要有前瞻性，在发展方向上下工夫，将"当前"与"未来"结合起来，学会选择、顺势而为，为自己确立最佳的职业奋斗目标和最佳的职业发展路径奠定坚实基础。

在信息爆炸的时代，职业类型多种多样，如何选择，如何成长，成为必须考虑的问题。生涯规划不仅包括规划，更强调"生涯理念"，不仅局限于某时某刻、某一阶段的抉择，也包括为实现生涯发展所采取的行动。

选择比努力更重要！人生是由一系列的选择构成的，所有的选择都必须放弃另外的一些东西。正确的选择使我们通向光明，错误的选择让我们走向陷阱。不同的选择最终将决定我们的生活环境与生活方式。

努力需要付出精力和体力，而选择需要智慧和眼光。选择不同，方式不同，费用不同，手段不同，结果也就不一样。

《朗读者》中有一段开场白："人这一生要面临多少次选择？小到今天我们吃点什么，大到在一些关键时刻的决策。有一年，法国的一家报社举办了一个有奖竞答，其中有一道题目是：如果卢浮宫着火了，你选择救哪一幅画？最终，获得金奖的答案是：我选择离门口最近的那一幅。所以说，选择是一种智慧，而我们的人生，也是一次又一次选择的结果。"人的一生充满了无数次选择，每一次选择都很重要，做明智的选择更加重要。

《大学》云："大学之道，在明明德，在亲民，在止于至善。""大学"是"人得一"之学，只有这个学问才是人世间最大的学问。

苹果公司的创始人史蒂夫·乔布斯说，他 17 岁时看到一句话：如果把每一天都当作生命的最后一天，总有一天你会如愿以偿。他每天早上对自己说："假如今天是生命的最后一天，我还会去做今天要做的事吗？"因此，他每天都非常努力工作。

我们要珍惜每一天，并做最重要的事情，让自己生命充实、丰盈。

中国的汉字很有意思，如"心""亡"为"忙"；而眼睛死了，看不到了就"亡"了，也就"盲"了。"贫"就是没有时间与空间的人。"智"为知道光明者。

选择中要注意"四定"：定向、定点、定位和定心。

（1）定向：确定自己的职业方向。

（2）定点：确定职业发展的地点。

（3）定位：确定自己在职业人群中的位置。

（4）定心：稳定自己的心态。

人的一生中会遇到很多选择，大学期间的课程学习的选择，毕业时找工作的选择，选择多了是一种痛苦，但是没有选择更是生命的平庸。因此，在大学期间努力培养更多的能力，未来才有更多的选择机会。

人生就是一连串的抉择，每个人的前途与命运，完全掌握在自己手中，只要努力，终会有成。就业也好，择业也罢，创业亦如此，不要活在别人的嘴里，不要活在别人的眼里，而要把命运掌握在自己手里。

当然，我们也不要把社会当作一元化，或者认为只有一种社会。世界上有这么多的人，也许你做的事情不受某一群人的认可，但是可能有另外一群人会认可。不管社会上价值观怎么样，不要让自己流入名利价值观的状态是最重要的。

（三）走出舒适圈

“信息茧房”是哈佛大学教授凯斯提出的一个著名概念：如果你只关注自己选择的领域，只关注某一种信息源，只关注自己愉悦的东西，久而久之，便会像蚕一样，将自己桎梏于自我编织的茧房之中，从而丧失全面看待事物的能力。

只选择自己熟悉的信息，而对陌生的领域视而不见，时间长了就会偏听偏信，进入片面的自我小领地。面对机会，我们总是害怕，我们害怕不熟悉的领地，害怕失败，害怕改变。因为害怕这些，我们失去的，恰恰是人生最宝贵的机会。人应勇敢走出舒适圈。

像种子一样，破土而出的时候，不会去想遇到的是风雨还是阳光，它只知道向上再向上，最终开花结果。

和有趣的灵魂相遇，邂逅真诚的故事，在路上过一段很精彩的人生，然后向着光明出发。

古语讲，知人者智，自知者明。人最难的是认识自己。唯有认识自己才能找到自己的位置，才能做出明智的选择，才能找准人生的方向。胜人者有力，自胜者强。那些能够战胜自己的人，才是真正的强者。生活是一本教科书，很多时候身边的环境并不如我们所愿，在困境中更需要学会欣赏自己、相信自己和鼓励自己。这样就会发现，生活原来如此美好，天空原来如此晴朗，需要改变的不是身边的环境，仅仅是自己的心态。

大学期间，生活、感情等存在很多不确定因素，未来也充满了各种可能。这个时候，必须学会选择，懂得放弃，给自己一个明确的定位，使自己稳定下来。人生没有捷径，所有风光的背后，都藏着看不见的付出和努力。作家杨绛说：“人要成长，必有原因，背后的努力与积累一定数倍于普通人。不同程度的放纵，必积下不同程度的顽劣；不同程度的锻炼，必取得不同程度的成绩。”

人生就像一只储蓄罐，你所付出的每一分努力，都会在未来的某一天，打包还给你。

清初史学家谈迁用一生的精力完成了《国榷》原稿。但很不幸的是，全部书稿被小偷偷走，他又用了四年多的时间重新编著了一部《国榷》，新版《国榷》共

104 卷，428 万字，比原作更加翔实和完善。谈迁说："吾手尚在！"只要有手在，一切可以重新开始。

只要努力，任何时候都不晚。

我们正处在砥砺奋进的新时代，生逢其时、重任在肩。每个人的人生目标和选择会有所差异，但以国家至上、以人民为先的情怀应是相同的。青年朝气蓬勃、充满活力、勇于创新，只有奋斗在时代的潮流中，奋斗在祖国最需要的地方，青春才能璀璨，我们才能超越小我、实现大我，在广阔天地里书写壮丽的人生篇章！

五、青春，绽放最真实的自己

年轻就是资本，有越来越多的机会可以尝试，有很多的挑战与挫折要面对。

成长路上，每个人都会有那么一刻，感觉自己停滞不前，不知如何是好。奋斗的过程中总会遭受很多冲击，但在经历了这些打击之后，我们的抗击打能力就会增强。"不会，但是我可以学。"生命的本质就是这样，在奋斗中锻炼自己的能力，在失败中学会解决问题，这就是我们的人生。在每一个应拼尽全力之处拼尽了全力，人生便可无憾。

年轻人，要经得起敷衍，忍得住欺骗。放弃未必是认输，与其华丽撞墙，不如优雅转身，给自己一个迂回的空间，学会思索，学会等待，学会调整。人生，有很多时候，需要的不仅仅是执着，更是回眸一笑的洒脱。

《吕氏春秋·季春纪》中写道："欲胜人者，必先自胜；欲论人者，必先自论；欲知人者，必先自知。"大意是：想要战胜别人，必定要先战胜自己；想要评论别人，必定要先正确评价自己；要想知道别人，必定要先知道自己。

《吕氏春秋·季冬纪》写道："石可破也，而不可夺坚；丹可磨也，而不可夺赤。"大意是：石头可以击碎，但不能改变它坚硬的性质；朱砂可以研成末，但不能改变它赤红的颜色。

我们总是说他人是自己的障碍，倒不如说，自己才是最大的障碍。每个人跟外部世界抗争，说到底，是跟自己抗争。身边总有你不喜欢的人，总有你厌弃的事，这些都是必然的，我们唯一要做的就是别太把自己当回事，去拥抱新的东西，去学习新的东西。

一个人的强大，就是能与不同的人和事相处，最终战胜懦弱卑怯的自己。生活不完美，并不代表它不美。所有坚持的力量都来自自身，不必太在意别人的一句话或一个短信，别人可能说过就忘了。那些压得心累的担子，大多是自己强加的，其实，永远无须太在意别人的看法。生活，就是磨砺你的勇气和忍耐力。不要认为你在学校做得好，在社会上也一定会做得好，尽管你在学校是最优秀的，但你依然有很多不会的东西。因此，你要做的就是无论遇到什么样的挑战，都不抱怨环境，不要把精力花在抱怨不尽如人意的地方，而要把精力花在你能够改进的地方。

作家席慕容说："我总觉得，生命本身应该有一种意义，我们绝不是白白来一场的。"有的时候，年轻与年龄无关。2020 年 11 月 6 日，在四川绵阳，75 岁的"学霸奶奶"李启君收到了汉语言文学专业专科毕业证书。18 岁那年，由于一场重病，李奶奶与高考失之交臂，人生过了一大半，70 岁的时候，一次偶然的机遇，让她下定决心，报名参加四川高等教育自学考试，经过几年的努力，自学了 12 门汉语言文学专业课程，并通过考试、论文和答辩。为了完成学业，她每天五点半起床便开始一天的学习。追梦的人，永远"年轻"。人生真正的意义，在于淡定从容地过这一生。"真正的从容不是随波逐流，不是逃避纷争，而是要不忘初心，坚持初心，平静地对待生活，活出真实的自己。"李奶奶初心不改，坚持学习，活出了真实的自己，不给人生留下任何遗憾。

我们要不断提醒自己：放下浮躁，静下心来学习；放下担忧，勇敢地走自己的路；放下贪婪，有失必有得；放下自卑，相信你自己；放下虚荣，别自以为是；放下容易被诱惑的眼睛，听从自己的内心；放下自私，学会感恩；放下懒惰，好好努力。

年轻时摔一跤是好事，人生该走的弯路，其实一米也少不了。生活不可能百般如意，正因有了彷徨和迷失，才会有奋力追寻的必要；正因有了遗漏和缺憾，才会有反思的机会。一帆风顺未必是好事，如果没有把握好方向，可能会加速偏离航线。学会与"不如意"共处，在共处中完善自我。

真正智者的信条是善用生命，充分地利用生命。欧阳修说："不修其身，虽君子而为小人；修其身，虽小人而为君子。"做任何事情，先修炼好自己，不要为物所累。享受生活带来的喜悦，享受生活带来的不幸，享受生活中的一切。

世界上有条艰难的路叫作追求梦想，有堵得很高很硬的墙叫现实，翻越那堵墙，叫作坚持；推倒那堵墙，叫作突破。战胜自己，才是命运的强者！只有自己先相信你自己，别人才会相信你。一个人有多自信就会有多成功。

中庸之强在于“忘我”。不受外界干扰的内心之强，其实就是中庸之强的一种内在心理素养。“忘我”是内心的坦荡，开阔、无私、无欲、无挂碍，凡事无怨、无悔、无咎、无忧。“忘我”，但不是“无我”，不是无知、无识、无判断，也不是没有独立的内心世界，更不是没有独立的人格及独立的操守。中庸之强在于：它有独立的“和而不流”的内心世界，有“中立而不倚”的人格操守，还有坚定不移而又明确的方向，内心空灵坚强，外在操守坚定，目标明确，临事分寸恰当。当然，强者对分寸感拿捏得也十分准确，既不偏刚，也不偏柔，对于恰到好处的准点，以及恰到好处的力点把握得十分到位。中庸之强在于无论在什么环境下都能坚持自己独立的人格操守，以及远大的理想。

学习的过程很难充满趣味又轻松愉快，轻松的学习过程一定是缓慢的，应该静下心来，在枯燥中寻找乐趣，最终坚定自己的志向，成就梦想。

人，要有一颗干净的心。无论相貌，无论着装，心地通透是最美的；不分贫富，不分高低，心的善良是最宝贵的。心灵干净，才能拥有纯粹的感情。只有内心真正地把他人放在心上，才能设身处地为他人着想，为人考虑得越多，也就越能获得纯粹的感情。

所以，我们要时刻感恩，感恩自己目前所拥有的一切。感恩是一种美好的品德，是一种不忘他人恩情萦绕心间的情感。感恩也是一种生活态度，感恩实际上是对他人的尊重。一个不懂感恩的人，严格来说，不能称作完整社会学意义上的人；一个不懂感恩的民族，也一定不会是一个伟大的民族。感谢父母，父母在，人生尚有来处；父母去，人生只剩归途。感谢自己，一个人的心，就是一个人的世界，感谢自己如此努力。感谢生命，珍惜生命、好好活着。不要让外物奴役了你的心灵，不要让金钱代替了亲情。感谢国家，给我们安宁与安全的环境。

常给心灵洗个澡，将沾染的灰尘洗掉。学会简单生活，简单是一种平凡，但不平庸。

海明威说：“优于别人，并不高贵，真正的高贵应该是优于过去的自己。”

一个人见一蝎子掉到水里，决心救它。谁知一碰，蝎子蜇了他的手指。这个人无惧，再次出手，又被蝎子狠狠蜇了一次。旁有一人说：“它老蜇人，何必救它？”这个人说：“蜇人是蝎子的天性，而善是我的天性，我岂能因为它的天性，而放弃了我的天性。”我们的错误在于，因为外界过多的要求而改变了自己。

有人问农夫："种了麦子吗？"

农夫："没，我担心天不下雨。"

那人又问："那你种棉花没？"

农夫："没，我担心虫子吃了棉花。"

那人再问："那你种了什么？"

农夫："什么也没种，我要确保安全。"

一个不愿付出、不愿冒险的人，就会一事无成。

一件事只要开始就有希望。

善良比智慧更重要。

宋代的寇准与王旦同朝为官，王旦为宰相，主管中书省，寇准为副相，主持枢密院。两人性格相左，一个柔和，一个刚直，所以常有摩擦。一日，中书省有文件送枢密院，不合诏书格式，寇准便把这件事报告给了宋真宗，使王旦受到了责备，中书省的官吏也受到了处分。没出一个月，枢密院有文件送到中书院，也不合诏书格式，中书院的官吏很高兴地呈送给王旦，认为报复的机会来了，王旦却叫人送还枢密院。王旦的这种与人为善态度，使寇准十分惭愧，他事后拜见王旦说："您真是有天大的度量啊！"

"与人为善"这一成语出自《孟子·公孙丑上》："取诸人以为善，是与人为善者也。故君子莫大乎与人为善。"这话的本意是，君子最高的德行就是汲取别人的优点，同别人一起行善。

老子说："罪莫大于可欲，祸莫大于不知足，咎莫大于欲得。故知足之足，常足。"他解释了贪欲的危害，告诉我们知足是安身立命之本。君子懂得大义，小人懂得利益。

《中庸》提到："道也者，不可须臾离也；可离，非道也。"自身之道、我们的初心，是一刻都不可忘记的，如果忘记了，就不是自身之道，就不是初心了。人永远都在经历各种喜怒哀乐，永远都会有各种问题需要解决，但我们要坚守自己的道，坚守自己的初心。要在坚守初心的同时，做个心胸宽广的人。

孔子强调有德之人懂德也讲求道义。判断人和事会优先考虑道义的标准和价值；而道德学问尚未达到"君子"境界的"小人"并非人格很坏，他更多地追求实际利益，判断人和事优先考虑的是利益。

"君子喻于义，小人喻于利。"我们需要建立一种前瞻性、战略性的思维：站得更高，想得更深，看得更远。有知识不等于有文化，有文化不等于有学问，学问须在行中悟。成功不过是努力的另一个名字。时间不会改变一切，能改变一切的人，只有你自己。

我们要在时光里积累深潜的力量，要培养自己的多种能力，以及应对复杂事物的心态。大学不仅仅是获取知识的地方，更是高尚品格与文化素养的培养之地，既要培养专业能力，又要塑造自己对国家的责任与担当精神。

为了实现梦想，我们要勇敢地跨出舒适区，不断地突破自己，不断地改变自己，不断地走出自我封闭的界限。从局限的空间中走出来，站在另一个高度，看到远方。只有常存忧患意识，不贪图安逸，个人和企业才能实现跨越式发展，国家和民族才能长治久安。

新时代青年要坚定理想信念，练就过硬本领，全面提升素质，投身强国伟业，始终保持艰苦奋斗的光荣传统，在实现中华民族伟大复兴中国梦的新征程上奋勇搏击。

为了梦想，拥抱变化，看见未来，改变自己！

第二节　梦想人生

只要坚持，梦想总是可以实现的！

因为梦想，执着前行。生活不一定是总是美好的，但有梦想，就会让你变得更有智慧。没有人是生而强大的，不要畏惧艰辛、坎坷，每一次前进的脚步都是坚持的象征，每一次前进的脚步都在靠近梦想。不为外物所役，不为虚名而累，梦想一定会实现。

在梦想的路上，就算所有人都否定你，自己也不可以否定自己。一个人，只有时刻以昂扬的状态奋力前进，时刻记着追求梦想的道路上充满否定，前方的路才会变得更开阔，也才能迎接更加灿烂的明天。人生，因梦想而伟大，因阅历而丰富，因智慧而精彩。

一、梦想

每个人都有梦想，方志敏在《可爱的中国》中写道：“不错，目前的中国，固然是江山破碎，国弊民穷，但谁能断言，中国没有一个光明的前途呢？……朋友，我相信，到那时，到处都是活跃的创造，到处都是日新月异的进步，欢歌将代替了悲叹，笑脸将代替了哭脸，富裕将代替了贫穷，康健将代替了疾苦，智慧将代替了愚昧，友爱将代替了仇杀，生之快乐将代替了死之悲哀，明媚的花园，将代替了凄凉的荒地……”

“这么光荣的一天，决不在遥远的将来，而在很近的将来，我们可以这样自信，朋友！”

他的梦想在 15 年后实现了，1949 年中华人民共和国成立。今天，我们的生活更加美好，方志敏所描写的梦想都一一实现了。

在春天来到的时候，回眸过去的岁月，有太多像方志敏这样的人无法分享这美好的春天了，然而，谁又能否认，生活中美妙的一切，都与他们密切相关，是他们用人类最朴素最伟大的爱，孕育了整个世界的春天。

基辛格在《论中国》中写道：“中国人总是被他们之中最勇敢的人保护得很好。”鲁迅先生也曾说：“我们从古以来，就有埋头苦干的人，有拼命硬干的人，有为民请命的人，有舍身求法的人。”

1950 年，他 26 岁，用不到三年的时间取得了美国名校博士学位，拿到博士学位的第九天，毅然回国。34 岁的一天，他回家对妻子说自己要去一个地方，28 年后回来时已经是直肠癌晚期。他是国家“两弹”和核试验的设计者，“两弹一星”元勋邓稼先，获得国家特别奖励。他说得最多的一句话是：“你们快去工作吧，别让那些国家把中国落得太远了。”一个伟大的科学家，“两弹一星”元勋邓稼先，隐姓埋名 28 年，带领团队研制出中国的“两弹”，这就是一个爱国者的梦想！

1955 年 9 月 17 日，他经历重重困难，从大洋彼岸坐船返回遥远的东方。他就是“两弹一星”元勋、中国航天事业的奠基人钱学森。他站在了国际科技前沿，也做了报效祖国最完美诠释。

为着国家的梦想义无反顾，这是勇敢者的梦想！

程开甲，中国科学院院士、物理学家、“两弹一星”功勋奖章获得者。当中华人民共和国成立时，31 岁的他在英国获得博士学位后毅然回到中国，并在条件艰苦的罗布泊工作 60 年。他建立了中国核爆炸理论，为中国的核武器研究作出了突出贡献。他曾说：“这辈子最大心愿就是国家强起来，国防强起来。”

满腔热血几十年，只为听一声报国之音！这就是人生的价值。

如果你觉得你活得舒服，那是因为有很多人在默默地为你付出；如果你觉得很安全，那是有很多人在为你承担风险。今日之中国，很多人在为中国梦努力，他们的职业很普通，但他们的付出不平凡。

灾难并不只能带来悲伤与苦涩，也能带来重塑与光明。纵观中华民族乃至整个人类的发展史，我们可以发现，社会的每次跃迁，文明的每次升华，往往都伴随着痛苦的裂变，伴随着各种形式的痛苦与灾难。

2020 年年初，新冠肺炎疫情暴发。在肆虐的病毒面前，我们看到的是 84 岁仍带队出征的钟南山院士，看到的是每天睡 3 个小时的李兰娟院士，看到的是身患绝症仍坚守一线的张定宇院长，看到的是武汉大学人民医院张旃的《与夫书》，看到的是剪掉自己一头长发的河北护士肖思孟，看到的是脸上被防护面罩勒出深深印痕的军人刘丽，看到的是一个又一个普通而平凡的中国人。其实，哪有什么生而英勇，只是他们选择了无畏与担当；哪有什么从天而降的英雄，有的只是挺身而出、披上战袍的平凡人。一个个坚守岗位的白衣天使，一队队临危受命的最美逆行者，为我们撑起了晴空万里。“苟利国家生死以，岂因祸福避趋之。”就是这些平凡的人，冒着生命危险去救助一个个素昧平生的人。他们以生命赴使命，他们以生命护生命；他们留在了春天，他们换来了春天。

不屈中国人，共筑中国梦。我们无法拒绝灾难的来临，但我们坚信，只要众志成城，共克时艰，终会战胜世事无常，实现我们的中国梦。

一个有梦想的民族，其精神内核就是不管路上有什么风雨，为了梦想一心向前！在世界百年未有之大变局和中华民族伟大复兴的战略全局交汇中，只要我们始终凝聚这种兴国之魂、强国之魂，就一定能续写新时代中国精神的新篇章，就一定能实现中国梦。

实现中国梦需要真正有能力、有担当、有胆魄、有境界的人才。面对疫情，面对大灾大难，我们要将“个人”和“社会”结合起来，树立正确的人生观、价值观、世界观和目标观，奋发有为。将“使命和远景”相结合，厚植爱国主义的家国情怀，树立远大人生目标，肩负起时代赋予的使命与责任，努力践行社会主义核心价值观，实现更高层次的人生追求。

问世间何为时代潮头，建伟业，筑梦想。梦想是伟大的，但梦想成真需要惊人的毅力、付出、自律和拼搏，需要我们不懈的努力。

每一个平凡的生活、每一个平凡的梦想都值得喝彩。每个人的梦想都是自己做自己喜欢的事，做自己想做的事。追求梦想的过程更有价值。坚持与热爱不一定能实现梦想，有时还需要机遇，机遇与努力都很重要。实现梦想前的迷茫到实现梦想后的焦虑，这个过程很痛苦，不要让梦想夹杂着太多功利心，要不忘初心才能实现梦想。

如果努力与梦想有交汇，那便是我们生命中的初心与家园。人与人之间是否拉开距离，往往在于是否有行动。机会从来只会特别眷顾那些奔跑着来迎接它的人。不行动，梦想就只是好高骛远；不执行，目标就只是海市蜃楼。只要有梦想，就要马上开始，别让梦想只是空谈。

其实，你所有的努力都不会白费，你所有的经历都不会虚度。真正的勇者，宁愿在 99 次的行动中总结失败的原因，也不要在 100 次的幻想中寻求成功。一些人很浮躁，既不想付出努力，又想过上理想中的生活，遇到困难就只会抱怨。梦想只会一直停留在想的阶段。

人生最大的悲剧，就是整天在脑子里想大事，现实中没有行动。

世界上唯一可以不劳而获的就是贫穷。有人说，灵魂和肉体，总有一个要在路上。人生只要有梦想，不需要想太多，干起来再说。

实现梦想的三步曲：第一，要有梦想；第二，要坚信梦想最终实现；第三，要把梦想转化成具体的行动。

追梦很难，每个人都有梦，都试图让梦想成真，要把梦想拆解成一步一步，不要把眼光放得太大，一次专注一步，一步一步来，最终总会实现；要接受好的和差的评价，无论骂还是夸，都要知道不是百分百客观的，这样才会成为一个更好的人。在梦想面前，每个人都有属于自己的一片天，只要再勇敢一点，再坚持一下，再坚强一些，其余的，不过是障碍。障碍在热血面前，只会被融化，只会变成动力。

追求你的梦想，这个梦想与个人身份和年龄没有关系。

一个老大爷叫王德顺，24 岁当话剧演员，44 岁开始学英语，49 岁创作了造型哑剧，后来到北京时没房没车，一切从头开始；50 岁，进了健身房，开始健身；57 岁，再次走上舞台，创造了世界唯一的艺术形式——活雕塑；70 岁，开始有意识地练腹肌；79 岁走上了 T 台。他今年 80 岁，还有梦，还在追求。

再草根的生命也能发出耀眼的光彩，再卑微的人生也有精彩的梦想。

心有多大，舞台就有多大。舞台在哪里呢？如果你把别人眼中不是机会的机会当成机会，那就是你的一个机会。得到后拼命去做，就会得到更大的机会，这样一步步就可以登上属于你的梦想舞台。

美国作家海蒂·拉玛说："思想伟大的人，会被思想最渺小的人打倒，即便如此你也要胸怀大志。精心多年建造的东西，可能会在一夜之间被摧毁，即便如此你也要建造。给这个世界最好的，你将会饱受打击，即便如此，给世界最好的。不要觉得自己很渺小，不要觉得自己很卑微，不要觉得自己很平凡。生得再平凡，也是限量版。只要有梦想，每一个梦想都是伟大的，要时刻记得，世界上只有唯一一个你！"

人首先要有不甘平庸的志气，才能不断扩大自己的眼界。

袁隆平在做客《面对面》栏目谈及梦想时说："我有两个梦。一个是'禾下乘凉梦'，我和大家一起在稻田里散步，在水稻下乘凉，真是太美了！现在，我们已经取得了超级稻大面积示范田平均亩产 1149.02 公斤的成绩，正在攻关更高的目标。第二个是杂交水稻覆盖全球梦。全世界 1.5 亿公顷水稻，目前杂交水稻所占比例还不足 15%，如果有一半稻田种上杂交水稻，按平均每公顷增产 2 吨来计算，就能多养活四五亿人口。这个梦想实现后，不仅能为世界粮食安全作出贡献，造福世界人民，还可以提高我们国家的国际地位和影响力，并带来可观的经济效益。"

袁隆平还是一位乡村教师的时候，已经具有颠覆世界权威的胆识与智慧；当他取得成就后，仍然专注于田间。他毕生的梦想就是让所有的人有饭吃，远离饥饿。这两个"梦"折射出袁隆平胸怀天下、忠于祖国、心系苍生的壮志豪情，以及践行"人类命运共同体"价值观的使命感和责任感。

美国有个研究机构收集了 500 个人的临终遗言。结果发现，人之将死，回忆一生时，往往最大的遗憾，不在于已完成之事做得如何，而在于未完成的事一直没有尝试。在临别之际，人们对于生命往往有相似的态度：做过了，无悔，没有做，才懊悔，特别是自己喜欢的事情没有机会做或没有勇气做，更后悔。

一个人最大的破产是绝望，最大的资产是希望。给自己一个梦想就是给自己一条新路，帮人实现梦想，其实也是真真切切地给自己一个期许。借助你的帮助走向光辉和实现梦想的人，永远感谢你！每个人所谓的成功都不一样，或名，或利，或其他。我们要感激给我们创造生命体验的人。这些生命体验让我们感受到生命的真实，感受到自由和喜悦，感受到爱在彼此之间真实地流动，让我们在每个当下都充满对生命无限的感激。

当你心里压抑时，就仰望着蓝天，抬头看看天空，它是那么大，慢慢放下你心中所有的不快和委屈。世间没有白走的路，记住，坚持努力，风雨过后定是彩虹。生命的意义在于努力地拼搏和进取，我们的成功往往来自多次失败，每一次跌倒后重新爬起，都将使我们的本领变得更加高强，信心更加充足。

有这样一段对话：

A：天空大吗？

B：大。

A：树叶大吗？

B：不大。

A：天空能挡住人的眼睛吗？

B：不能。

A：树叶能挡住人的眼睛吗？

B：能。

是什么在阻碍你的幸福之路？这个时代从不辜负人，它只是磨炼我们，磨炼每一个试图改变自身命运的平凡人，只要有梦想，每个人都可以尝试更多的可能。有困难，我们要做的就是接受它，征服它，绽放生命之光，光耀世人！让生命精彩的前提条件就是在一定范围内尽可能自律，不要做为难自己的事情。用心做事，充满激情地去努力。我们不要轻易去嘲笑正在为梦想努力的人，因为在你嘲笑的时候，他们已经迈出了尝试的第一步，虽然他们可能会失败，但是有了这难能可贵的一步，以后便有更多的成功机会。

曼德拉，前南非总统，一辈子的追求就是要消除种族隔阂，他为这个目标不断努力，在监狱待了 27 年，最后完成了南非民族独立革命。

你所有的经历都是对你生命最好的回报。有时，我们遇到大难，总觉得命运不公。其实，这是在考验你，困难只会让你的生命更加丰富与精彩。在生命中，那些让你过不去的东西，最终都会成为你生命中的精彩。

为什么那么多人希望登上珠穆朗玛峰？因为，山，就在那里，目标，就在那里。为什么有一些人明明知道梦想很难实现还要去奋斗？因为他们不愿自己的一生碌碌无为，他们愿意选择一条有梦想的路。

我们不要做这两种人，一是生命平庸，二是爱抱怨。我们要做个平凡的人，但不要做平庸的人，我们不抱怨命运的不公，生命是充满坎坷也充满阳光的，我们要做的是坚持自己的心性，不要过于关注周围人的眼光。人一生追求的不是长度和宽度，而是深度。

聆听他人的观点，然后拥有自己独立的判断。人一辈子会有做决策的时候，总有一些点子要踩对，要在关键点上踩对，一是婚姻要踩对，二是事业要踩对，三是交友要踩对。

人生中要走的路有很多：不能拒绝的是成长的路，不能迷失的是信念的路，不能停滞的是奋斗的路，不能忘记的是回家的路。只要信心满满地走好脚下的每条路，你生命中的每一天都会很精彩。

斯蒂芬·威廉·霍金，英国著名物理学家、宇宙学家，被誉为“继爱因斯坦之后世界上最著名的科学家和杰出的物理学家”。一个女记者问他：“病魔已将你永远固定在轮椅上，你不认为命运让你失去太多吗？”霍金用他还能活动的三根手指，艰难地敲击键盘后，显示屏上出现了四句文字：“我的手指还能活动；我的大脑还能思考；我有终身追求的理想；我有爱我和我爱的亲人和朋友。”在回答完那个记者的提问后，他艰难地打出了第五句话：“对了，我还有一颗感恩的心！”他对生命的热爱和对梦想的追求值得我们学习。

有热忱，才会顶尖。用心追逐，你的梦想便会插上翅膀。

无论你的专业是多么冷门，只要你有热忱，在拼实力的环节，社会更看本事。一个人凭什么对另一个非亲非故的人产生影响？因为认可他（她），无论是观点或作品，个性或才华。

人生需要承受，需要学会接受。生活中最好的样子是保持清醒，享受冷清，有滋有味。人最好的态度就是，不管吃再多苦，也要笑着活出人的模样。如果没有悲伤，“快乐”这个词将失去意义。蜜蜂因忙而受到夸奖，蚊子则被拍死。关键不在于你有多忙，而在于为什么而忙。

我们在日常工作和生活中，可以尝试在不同的气氛中做事。在做事的过程中训练内心，让心越来越清净，越来越有力量，越来越能开合自如，按照自己的愿望去做。倘若能够善调自信、驾驭内心，那么时时是好时，事事是好事。

心态平和永远最美！

俗话说“任劳容易任怨难。”身体上的苦容易撑过去，心灵上的苦难以跨越。真正主宰我们苦乐的是心。成功、出名不是我们唯一的追求，体验奋斗的过程才是丰富的人生。

先贤告诉我们，养生莫大于养心，懂得让自己顺心的人，身体健康。尽力做好自己能做的，你就是成功的、无悔的。《菜根谭》中有一段话："遇欺诈之人，以诚心感动之；遇暴戾之人，以和气熏蒸之；遇倾邪私曲之人，以名义气节激励之。天下无不入我陶冶中矣。"遇到狡诈、不诚实的人，用真诚的态度去感动他；遇到粗暴乖戾的人，用平和的态度去感染他；遇到行为不正、自私自利的人，用道义名节去激励他。那么天下就没有人不受我的感化了。

老子曰："知人者智，自知者明。胜人者有力，自胜者强。"别人无法给自己制造痛苦，痛苦的"加工厂"在自己心里，外在的境界经由我们的选择与接纳、看待外在环境的方式、内心的妄念、执着等加工组合，形成一个"自己认为是"的状态。

心安者自得。一件东西摆在自己眼前，可是自己在关注其他的事物，对此视而不见；专注于一件事时，其他的声音就成了背景。这就是说，一个境界，人去注意它，它就成为自己的境界；反而则容易忽视。内心把外界当作伤害，它就是最大的伤害；不放在心上，影响就微乎其微。

德国诗人歌德说过，人类最大的罪是不快活。最大的罪不是杀人、暴力与掠夺，而是不快活，因为一切罪的祸根都是不快活。

每个人都有烦恼，如果我们总是在想这个人有什么问题，那个人有什么毛病，整天忙着给别人贴标签，除了摄取一大堆心灵垃圾外，有什么意义呢？要向内看，看好自己的心。

以自己的心去衡量别人，人人都不达时宜；以自己的眼光看事，事事都不尽完美。每个人都有自己的观点，不必苛责；谁都有自己的性格，不必不满。人的成熟不是年龄，而是心态；心的成熟不是遇到的事情多，而是对待事情的态度。人活在群体中，看看别人的错，再想想自己的过；看看他人的非，再谅体他人的难。人心越淡，伤害就越少；心有多宽，快乐就有多少。

在人际关系上，有时候一句问候的话、一个微笑，都可以丰富别人的生命，温暖他人世界。

人生如棋，对手就是命运。人生如棋，它不用你去开局，因为已经摆好了。那里有希望，也会有失望。人生如棋，有时候一步错，满盘皆输，所以每走一步，请深思熟虑！人生如棋，重要的是棋品，重要的人是在棋局中的努力。

二、幸福

幸福是什么？

我国著名物理学家，“两弹一星”功勋奖章获得者程开甲院士在他百岁寿辰时说：“我这辈子最大的幸福，就是自己所做的一切，都和祖国紧紧地联系在一起。”每个人只有具备积极向上的工作和生活的态度，才能缔造出幸福的社会。

幸福是什么？

幸福是每个人对学习、工作、生活的理解与选择，是一种感觉，是一种收获，是一种习惯，是一种面对人生的态度。无论身处困境还是顺境，你认为你是幸福的，那你就一定是幸福的。幸福的奥秘就在于你的视角、你的理解、你的心态、你的选择。任何人在任何环境中都可以获得幸福。幸福不仅是快乐，有时也是面对困难、挫折的勇气。幸福其实很简单。一个人要想获得幸福，当然要有一定的物质基础，但还要拥有体验幸福感受的能力与素养，一个人可以在物质上不富足，但是在精神上很幸福。

曾孝濂被誉为“中国植物画第一人”，他和几百位植物学家，耗时 45 年，完成了全世界最大型、种类最丰富的《中国植物志》的编撰工作。

做客《朗读者》栏目时，主持人董卿问曾孝濂：“40 多年的坚守成就了浩瀚巨著，你不厌倦这种简单的生活方式吗？”曾孝濂说：“不，我感到特别幸福。老子说‘至虚极，守静笃，万物并作，吾以观其复’。即使处在热热闹闹的繁华中，内心也得不到片刻的安宁，因为我们都知道为了狭隘的虚荣做事情，是不会留下半点痕迹的。相反，攀登山峰的每一步虽然单调、枯燥和令人厌倦，但每一步都在慢慢地接近顶峰，每一步都浸润着成功的快乐。我虽然有很多事情没做好，但是，我做了一辈子，简简单单，我可以自豪地说我是最幸福的。”

作家刘墉说：“幸福是什么？每个人都有自己心中的定义。当有人扎到手，在流血，他会感谢没有扎到眼睛，这就是幸福。”

人生中最让你感到幸福的可能不是笔直的通天大道，而是弯弯曲曲却充满风景的小径。既然知道不是一条大路通罗马，那么改变不了的事情为什么要去纠结？选择每一个弯路，接受每一个弯路，把每一个转弯变成人生中的一道风景和值得珍藏的财富。

一句暖人的话语，一碗热水，一件新衣服，一个坚定的眼神等都可以给我们带来幸福。常有人说，我现在不幸福，等我结了婚或买了房就幸福了。事实是，幸福的人在哪里都幸福，不幸福的人在哪里都不幸福。所以要先培养自己的幸福力，不论发生什么，你都自在开心。这，才是真正强大的气场和自信。

美国耶鲁大学教授测试发现，一个人年薪在 3 万美元的时候想，年薪达到 5 万美元会让他们快乐。当年薪达到 10 万美元的时候，他们不仅没有感到双倍快乐，反而预测只有年入 25 万美元才能让他们快乐。人们对金钱的追求，似乎是永远没有止境的。

幸福取决于有意识的思维方式。幸福不是从天上掉下来的，而是自己内心感知到的。幸福，需要思考的高度，更需要人性的温度。幸福，一般是感觉，一般是知足。幸福是一种自我感知，只要你觉得自己是幸福的，你就是幸福的；反之，在别人看来你很风光，如果你自己感觉不到，也是不幸福的。

幸福就是一生平安；有人说，幸福是衣食无忧；也有人说，幸福是每一天都快乐。其实说来说去，幸福就是一种感觉，知足就是幸福。

幸福=当下快乐+未来快乐

幸福=正面情绪-负面情绪

幸福=自我快乐+他人快乐

幸福=更多期望-更少期望

幸福不在于你房子有多大，而在于房子里的笑声有多少。幸福不在于你存了多少钱，而在于天天身心自由，不停地干自己喜欢的事情。幸福不在于你当了多大的官，而在于无论走到哪里，人们都说你是个好人。幸福其实就是一种坚持，用一颗简单的心，不带太多期望上路，一路上不断去发现惊喜，不管到来的是好还是坏，都去接受和欣赏，并为之感激。不管你做得多么好，不管你做得多么到位，永远应该不断地归零，从头开始。向前走，要义无反顾，不要诚惶诚恐，把过去的一切抛在身后，只向着自己的目标前进。

也许我们生命中会有无法回避的痛苦与灾难，会有很多内在与外在的东西影响我们获取幸福，有时不是靠读一本书或听一段故事可以解决的。我们对幸福的追求往往在未来，而不看当下。我们总是把幸福看成一个遥远的终点而苦苦追寻，总觉得目前的生活没有那么幸福。其实，当下的我们应该是幸福的。

我们要努力地朝幸福奔跑。在奔跑的过程中会遇到很多不好的情形，如对人的失望、工作的不如意、婚姻的不美满等，总觉得自己是最倒霉的，别人都很幸福，其实，幸福的最大障碍是我们自己，当我们用自己的光去照亮世界、照亮他人时，幸福就来到了身边。在帮助他人的过程中可以获得更大的快乐与幸福。

如何获得幸福？有一个犹太人的神话故事：

每隔一段时间，当审判日来临时，每个人都会被请到一棵巨大的“悲伤树”下，将他一生所受的不公、灾难和痛苦、悲伤的事，写在白布条上，挂上树丫。

然后，每个人环绕“悲伤树”数圈，做个巡礼，看看别人挂在树上的各种伤心事。当天，神会特别恩典，在各种不幸和悲伤中，每个人都可以重新选择自己觉得比较能够忍受的几种。

结果，据说每个人最后所选择的还是自己有过的不幸和悲伤经历。因为大家发现，每个人都有各自的悲伤和痛苦，既然不可避免，那么自己经历过的悲伤与痛苦，总是比较容易忍受的。

每个人都有自己的痛苦与悲伤，正如尼采所说：“受苦的人，没有悲观的权利。”对于生命中的各种不幸与痛苦，我们需要的是努力改变。

人们生活的目的是获取幸福，为了幸福生活，要接纳我们自身的不足与环境的不完美。妨碍我们追求幸福的东西很多，但主要是我们自己。只有悦纳了自己，才能悦纳他人。

时间会告诉你一切真相。有些事情，要等到你清醒了，才明白它是个错误；有些东西，要等到你真正放下了，才知道它的沉重。

每个人都有自己的生活节奏，不焦虑、不攀比，你身边的人也许在很多方面比你强、比你快，不用嫉妒或嘲笑他们，他们都在自己的时区里，你也是！不管你现在多大年纪，生活都有无限可能；选择自己要过的生活，是最重要的事，不必渴求别人的理解和认同。从容生活才是幸福的根本。

如何获得幸福？

万通地产董事长冯仑说：“其实，我们的不幸福都在于我们对自己的欲望疏加管理，而欲望的生产成本又特别低。欲望膨胀得很快，但是现实中满足欲望的过程却很漫长，你就会不开心。一种追求幸福的方法是，想方设法去创造满足欲望的手段，去掠夺金钱、权利、财富，用这种手段追求幸福的人，通常反被追求的手段所奴役。”

简单的事情，想多了，就复杂了；复杂的事，看淡了，就简单了。有些事，笑笑就能过去，有些事，过一阵子就能让你笑笑。欲望多了，人就累了。把事情想复杂了，很难实现真正的幸福。心简单，看外在的事物也简单；想得多了，看外境也很复杂。我们总是去联想，还专门去想不好的东西，这样一直就处于负面的情绪中。我们要多赞美，这样心就一直在增长光明，就一直处于幸福中。

幸福是需要努力与等待的。在等待的日子里，刻苦读书，谦卑做人。一切都是最好的安排！无论遇到逆缘或顺境，只要你肯等一等，生活的美好，总在你不经意时，悄然到来，关键要有耐心。

别人拥有的，你不必羡慕，只要努力，你也会拥有。自己拥有的，你不必炫耀，因为别人也在奋斗，也会拥有。不说人短，不思人过，不念人恶，不扬人错。希求别人理解自己，那么也要学会理解别人。给所有的误解、伤害一些时间，所有的成见都是云烟。

有些事，无能为力，就顺其自然；有些人，不能强求，就义无反顾。没有阳光，学会享受风雨的清凉；没有鲜花，学会感受泥土的芬芳。想要的多了，是负担；奢望的少了，会满意。用微笑的眼睛，才能看见美丽的风景；有简单的心境，才能拥有快乐心情。一个人只有心灵在放松中才能享受到生活的满足与快乐。

要想获得快乐幸福，秘诀在于打开心门，放大心量，包容世间一切。将世间一切都视为调心的药方，而非毒药，唯有如此，我们才能实现自由与自在。

亚里士多德说："幸福是生命的意义和使命，是我们的最高目标和方向。"无论一个人是否有目标，生活中的每一个举动都是在通往幸福的，幸福不会遗漏每个人，迟早会找到你。

我们不要去追寻财富、名望和美貌，要反过来关注自己的成长对人际关系的贡献，以及对社会的贡献。卡耐基在《人性的弱点》一文中谈到，一个人的成功，15%靠能力，85%靠人际关系。

幸福是不会因为分享而减少的。多想想自己的错，就会慢慢忘记别人的过。淡泊岁月，从容人生。生活本来简单，只是人为地掺杂了许多不必要的东西。无论今天怎么用力，明天的落叶还是会飘下来。人生本无常，无常是人生的一种常态，要学着习惯适应。

没有人能陪你走一辈子，所以你要适应孤独；没有人会帮你一辈子，所以你要一直奋斗。世上有很多事是无法提前的，活在当下，正向提升。

辛苦才是人生，劳累才是工作，变通才是命运。忍耐才是历练，最好的智慧是修养，舍得才能得到，做好才能拥有。累与不累，取决于自己的心。心灵的房间，不打扫就会落满灰尘；扫地除尘，能够把黯然的心变得亮堂；把事情理清，才能告别烦乱；把一些无谓的痛苦扔掉，快乐就有了更多更大的空间。

没有一个冬天不可逾越，没有一个春天不会来临。

人的感受有时是不实在的，有如海市蜃楼，今天令你感到快乐的事情，过几天可能就厌恶了；反过来，有些事情会令你非常生气，其他人可能觉得无所谓，或过几天再看就无所谓。总之，这些千差万别的感受，都是人的一种习性，一种心理假象。我们平常都是在自己所想的基础上思考，并不是用智慧去观照，所以可能往错误的方向走，把自己束缚得越来越紧。

幸福这件事，你若自给自足，别人就会锦上添花；你若靠他人雪中送炭，别人往往冷眼旁观。这无关乎世界无情或有情的问题，而是关乎一个真相，那就是你更深层次的自我认知，世界只是围绕你的这一认知配合演出而已。

一个人活着快乐不快乐，幸福不幸福，关键在于每个人的心。心是一块田，种善因，故得善果；种恶因，故得恶果。而相由心生，笑容就是心灵的一面明镜，真实地映射内心所种的因。心是一块田，种什么，得什么！

如果你的心里种的是快乐的种子，那么长出来就一定是笑容；如果你的心里是痛苦的种子，那么长出来的一定是忧伤。不要抱怨你没有一个“好爸爸”，不要抱怨没有人赏识你，现实有太多的不如意，就算生活给你的是冰雪，你同样能登上世界之巅。你要发挥出最大的潜能，没有人会为你的未来买单，你要努力朝自己的目标前进，奔向光明的未来，这就是生活。

其实，生活在目前的中国本身就很幸福。

我们幸福是因为生活在这个时代，生活在这个国家，生活在这样和平的环境中。哪有什么岁月静好，只是有人为你负重前行。

三、努力与压力

（一）努力

2018 年，上海全盲考生王蕴高考取得 623 分，比上海最高分仅差 3 分，面对祝贺，他说：“人们认为这是结束，其实错了，这才刚刚开始。”

王蕴认为“盲”只是一个特点，而不是缺陷，勇敢挑战自己逆光翱翔的精神能让曾经悲观、消沉的人重获自信，这是梦想的动力。

你越努力，运气就会越好。

古罗马思想家奥古斯丁说：“我不祈求肩上的担子减轻，只祈求臂膀更加强壮。”生命，是一场心灵的举重，练习多了，能扛起的重量越大。

生活就是一场“蝴蝶效应”，你付出努力做的每件事，都改变着你的未来。今天设立一个目标，坚决完成它，明天设定一个目标并按时完成，慢慢地，时间会造就一个不一样的你。凡事总是找借口，计划总是完不成，那么，结果总会不尽如人意。不自律的人难成大事。对自己狠得下心，付出更多的努力，就可以梦想成真。这世界所有的成功之人，闻起来都是拼命努力的味道。

人生而不同。每个人都应该有一套自己的生活原则和智慧，不盲从，不偏激，不虚伪，不妄自菲薄，在尝试与探索中发现最适合自己的生活方式。对自己的内心真诚，才能找到走向幸福的途径。

不想如何增长光明，一味想着怎样搬空黑暗，是没有用的。如果你想要的生活需要付出持久的努力，那就要对自己说，坚持再坚持。偶尔可以允许自己放松，但永远要保持坚持到底的决心。

人生最幸福的是，累并快乐着。你现在不累，以后就会更累，你必须非常努力，才能看起来毫不费力。

一位年轻人打电话给老师抱怨道:“为什么我努力了还是得不到？命运却还未改变？”

老师说：“我给你寄500块钱来，好不好？”

年轻人说：“老师，您的钱我不敢要啊!”

老师说：“我是要你帮我办一件事。”

年轻人说：“老师，您说办什么事，我绝对帮您办好!”

老师说：“帮我买一辆汽车。”

年轻人说：“老师，500块怎么能买到汽车呢？”

老师说：“你也知道500块买不到汽车？”

努力不够，命运也很难改变！

你不够成功，是因为你还不够努力。勤奋与努力，永远是成功的不二法则！每一个成功者都是一位苦行僧，只有他们自己才知道，在通往成功的道路上，会有寂寞与不解，会有很多艰难与险阻。

你的努力有没有人看见？你应该有一种信念，那就是你做的事情不是白做的，世界上总有明眼人看得见你在努力。

除了生命本身，没有任何才能不需要后天的努力。

天才就是1%的灵感加上99%的汗水。所以，前路无法预料，不妨努力。

你的努力不会被辜负。千万不要放纵自己，给自己找借口。对自己狠一点，更努力一点，时间长了，自律成为一种习惯。自律常能使头脑清晰，你的生活目标也因此变得更加明确，从而实现人生更大的成功。当然，努力的过程是非常痛苦的，痛苦是生命中不可缺少的部分，生命因痛苦而更加精彩。

没有痛苦，人只能卑微地活着。真正的幸福是战胜了巨大的痛苦所产生的。痛苦磨炼了意志，焕发了生机，解放了心灵。感受到巨大的痛苦时，正视痛苦，接受痛苦，把痛苦作为增强生命力的一种动力。

对于痛苦最好的安慰方法是让他知道，他的痛苦无法安慰。因为人们总是喜欢不断地“折腾”自己，在与命运抗争的过程中感受生命的可贵和欢乐。冬天从你身边带走的，春天会还给你。你受的苦，总有一天会照亮你未来的路。成功需要厚积薄发，需要积累沉淀。

知识型视频脱口秀《罗辑思维》2012年年底开播，最开始每天早上六点半推送60秒的语音和文字。罗振宇要自己写内容，还要在60秒的时间里把故事讲完，时间要刚刚好，故事要有新意、能打动人。他先把文案写成稿子，反复打磨每一个细节、每一个文字，直到删减到320个字符，然后用无比精准的每分钟320个字的语速录完，每天都要练习十多次，最终他成功了。这个世界上最难的事情就是甘于吃苦，如果非要说还有什么更难，那就是十年磨一剑，你的刀需要多锋利，完全取决于你的努力程度，你的吃苦时间，你的汗水，你的心血。那些你羡慕的生活背后，都是你熬不过去的累与苦，与其羡慕，不如努力。

罗振宇说：“很多人以为，人生的选择，要么是眼前的苟且，要么是诗和远方，其实这个选择没那么重要。真正的选择是，要抽象还是要具体。如果选择眼前，那请问你要用多长时间达到眼前的目标呢？如果选择远方，去多远，怎么去？”

与众不同的背后，是无比寂寞的勤奋。

经过四年的锤炼，《罗辑思维》估值超过13亿元，用户高达860万人。2019年10月，《罗辑思维》以70亿元位列《2019胡润全球独角兽榜》第264位（数据来源于《百度百科》）。

1902年，27岁的诗人里尔克应聘去给62岁的画家、雕塑家罗丹当助理，年轻的诗人里尔克以为罗丹一定过着十分浪漫的生活。

谁知，他看到的罗丹是一个整天只知道埋头于画室的老人。里尔克问他："如何能够寻找一个要素，足以表达自己的一切？"罗丹沉默片刻，然后极其严肃地说："应当工作，只要努力工作，还要有耐心。"

每一件与众不同的艺术品，艺术家都付出了常人难以想象的努力与艰辛，都是汗水与心血的结晶。

有的时候，成功的法则看似简单，但简单并不代表容易。

（二）压力

播种的时候，将种子埋在土里后要重重地踩上一脚，因为土松了苗反而长不出来。破土之前遇到坚实的土壤，才能让苗更茁壮地成长。

人与事都需要一定的压力，压力是成长的助推器。培根说："人的价值是无限的，关键是你能挖掘多少。"我们经常羡慕本领大的人，其实他们的本领都是摔打出来的。你摔打一次就怕疼，人家摔打千万次，失败了无数次，才练就了这样的本领，本领强了价值也就大了。

人都是被逼出来的，时势造英雄，穷则思变，人只有压力才会有动力。

学会记录，学会检查。随身携带一本小册子，将要做的事记下。无须写得详细，能唤起自己记忆便可。这是一种热爱生活的方式。

培养"凡事只做一次"的决心，能迫使自己做事的时候更用心、更周全，因为知道自己只有一次机会，只有破釜沉舟才会成功。

我们的人生，总是处于某种世俗力量之下，总是把我们往通向物欲与权力的道路上赶。这时候，必须抬头看纯净的天空，低头找自己的心路，去过自己真正"值得过"的生活。

有些人贫困的不是生活，而是思想。他已经放弃了争取的权利、抗压的动力，已经丢失了竞争的勇气和自信。对于一个无抗压能力的人来说，他人给的任何建议都会被否定。

有些人一遇到压力就想躲避，就想躲藏到一个没有人的地方去，或到乡间、海边等人少的地方去。其实，一个人遇到任何压力，退到任何地方，都不如自己心灵宁静和安详。

四、成功与失败

"杂交水稻之父"袁隆平说："经常有人问我，成功的'秘诀'是什么。其实谈不上什么秘诀，我的体会是‘知识、汗水、灵感、机遇’这八个字。”

肯低头，就永远不会撞门；肯让步，就永远不会退步。求缺的人，才有满足感；珍福的人，才有幸福感。生活的滋味，酸甜苦辣；人生的色彩，赤橙黄绿青蓝紫。打垮自己的，不是别人，而是你自己。不要把一次失败看成人生的终点，世上没有一帆风顺的事，要具有坚强的毅力。逃是懦弱的，避是消极的，退就显得更加无能。成功的道路得靠自己闯，心在哪里，路就在哪里！你可能不知道极限在哪里，但会一直向着它跑去。

以坎坷来增长我们的智慧！“要想成功，你需要朋友；要想非常成功，你需要敌人。”

失败是不可避免的，失败同时也告诉我们，生活中有许多无法预料的岔道和无法料想的未来。我们要做的是把握未来，决不被失败摧毁。

最大的失败不是跌倒，而是从来不敢失败。

人生是没有捷径的，你今天偷的懒，注定会成为你明天的苦难。

有的人不想努力，幻想着一夜暴富，面对充满陷阱的诱惑完全无法抵抗。没有谁能靠着运气真正成功，运气只垂青那些努力的人。

有人问著名导演张艺谋成功的秘诀，他说：“我们从事的工作特性需要不断地补充给养、积累知识，必须有不断学习的精神、毅力和勤奋，否则便会走进死胡同，拍不出什么好影片。我就像橡皮筋一样，需要不断地拉，在这个过程中挑战自己的极限，不断扩展自己的能力。”

成功的秘诀是什么？读别人不读的，想别人不想的，做别人不做的。

人生路上有一个接一个的坑，我们多半不能顺利地跳过去，大多的时间会摔进去再自己爬起来。绝大多数，爬起来的时间会很长，开始自我否定。越是爬不起来，越是难过的时候，越要有一股韧劲，不断挣扎，勇往直前，奋力拼搏。

人生哪有什么绝境，即便在泥泞中行走，生活仍有希望。有些时候，生活的逻辑是你越不看重输赢，赢的概率反而越大。

作家刘墉说：“我们最强的对手，不一定是别人，而可能是我们自己！在超越别人之前，先得超越自己！”不要怕土地的坚硬，只要你有手，土地就是软的；不要怕路途遥远，只要你有腿，路途就是近的；不要怕高山耸峙，只要你有毅力，峰顶就在眼前；不要怕长夜漫漫，只要你能忍耐，善良、光明的人生大道就在眼前！

影响我们人生成功的两大劲敌，一是恐惧，二是自卑。恐惧束缚了我们的行动，自卑抑制了我们的才华。它们使我们失去生命的光彩，在自我否定的痛苦中走向平庸。

战胜恐惧，你将无所不能；超越自卑，你将快乐成功。一般人看见了才相信，而很多成功的人说，你相信它，才会看见它，因为相信会看见所以努力追求。

如果相信自己的未来是由别人控制的，你就会失去主动权；如果认为命运没有掌握在自己手中，你就不能够创造成功的人生；如果认为所有的门都是向你关闭的，那么这些门就真的会关闭。要向这些消极的信念提出挑战，争回自己的积极、自信。这一过程本身就预示着你成功的希望。

人的行为是受信念支配的。一个人总说“我不行”，他就真的不行；当一个人总说“我可以”，奇迹就会发生。

当我相信时，它就会发生！

成功是一种习惯。最终决定于你正确的思维方式、坚定的信念、自我认知的正能量以及良好的行为习惯。

成功的人似乎永远在成功，而失败的人似乎永远在失败，这是为什么呢？主要原因是习惯不同，一个人习惯懒惰，他怎么能成功呢？一个人习惯勤奋，他最终就会克服困难走向成功。

要想成功，就要做别人不可能做的事情，做别人想不到的事情，做别人不敢却想做的事情！在刚做这事的时候，必定有人会质疑你甚至嘲笑你，你应把这种质疑和嘲笑当作成长的养料，不理会别人的眼光和看法，走好自己的路。边走边忘，才能好好感受每一次成功带来的喜悦。

人生是一次长途旅行，它的美妙之处就是“未知”，你不知道未来会发生什么。当一扇门对你关上时，你千万不要把自己关在里面，不妨许下一个心愿，让一个希望在心中滋生。这个心愿就是一个幸福的方向，是一种希望。然后在这个希望的推动下，去敲开另外一扇门，走出去。

在每一件不幸的事情发生后，我们一定要从好的方面去考虑，这样才能在失败的时候不至于绝望，不至于放弃。我们才会在痛定思痛后，继续上路，坚持取得最后的胜利。

成功源于努力工作。未来是未知的，有时可能会令人失望，但未来是用你的双手构建的，请搭好自己人生的四个“架子”：

框架，人生的框架在哪里？书架，用什么去充实它？花架，用什么形式装扮它？衣架，我为谁服务？

英国皇家戏剧学院，是全球最好的艺术院校之一，在入学面试时，考官并不看重考生个人的表演能力，而更关注考生与他人的互动情况，因为考官认为“这样才能找出好苗子”。

这个时代，能呈现一个人的精神世界的维度越来越多，要想获得陌生人的认可，除了让自己变得优秀，已经别无他法。

优秀是有境界的，一家企业或一个人，只有胸怀广、格局高、境界远，才能获得更大的成功。

维特根斯坦是20世纪最具影响力的哲学家之一，被罗素称为“天才人物的最完美范例：富有激情、深刻、炽热并且有统治力”。

维特根斯坦曾师从罗素，并于1939年成为剑桥大学的哲学教授。1947年，坚信“哲学教授”是“一份荒唐工作”，他从剑桥大学辞职，开始专心思考、写作。

特立独行的维特根斯坦，虽出身豪门，却经历很多波折。他一生之中当过志愿兵、看门人、勤杂工、工程师、药剂师等，而从事这些工作，根本不是为了钱或者生计。作为当时全欧洲最富有的人之一，他散尽了自己名下的所有财产，变得一贫如洗，这个信仰真理的人，致力于与平庸、世俗的抗争。1951年4月29日去世，他逝世前的最后一句话是：“告诉他们，我已经有过非常精彩的人生。”

不同的人，有不同的人生境界。

人，必须懂得及时抽身，离开那看似最赚钱，却不再有进步的地方；人，必须鼓起勇气，不断地学习，去开创生命的另一个高峰。

境界不同，对成功的理解不同，事业的大小也就不同。

1922年11月，爱因斯坦得知评上1921年的诺贝尔物理学奖，他并不开心，因为评上的理由不是他的相对论，而是“发现光电效应定律”。爱因斯坦认为：“这是一个黑色幽默，因为你们对我最重要的工作视而不见，却对我很次要的成果大加褒奖。”因此，他谢绝出席颁奖礼。他那时正在日本做巡回演讲，当酒店的侍者把获奖电报送给他时，爱因斯坦身上没有带钱，付不出小费，就给这个侍者写了一段话：“平静谦卑的一生，比起追逐成功以及因此所伴随的持续不安，要带来更多的幸福。”

据说，写了这段话的纸片，后来在以色列拍卖出了130万美元，是爱因斯坦所获诺贝尔奖奖金的40多倍。

孔子有云:“君子喻于义,小人喻于利。”利与义面前,放弃什么,坚守什么,是考验人性和良心的一道题。

电影《英雄儿女》中的《英雄赞歌》被传唱了几十年,依然经久不衰。然而这首插曲是谁唱的呢?1964年的一天,空政歌舞团领导让张映哲为电影《英雄儿女》试唱插曲《英雄赞歌》。当时,试唱这首歌的有好几个人。张映哲录完这首歌后就出国访问演出了。不久,团里组织看《英雄儿女》,这时张映哲才知道录用了她唱的版本。因电影中没署演唱者的姓名,几十年来,人们听着歌却不知是谁唱的。20世纪90年代,《北京日报》刊登了一篇寻找这首歌原唱者的文章。这篇文章张映哲也看到了,但她不愿张扬,便没有向报社说明。就这样,直到张映哲去世,人们才发现。淡泊名利,谦逊低调。不为名,不为利,只为艺术和事业而奉献全部,体现了张映哲高尚境界。

人是差异化的个体,不同的人有不同的特长和能力,而社会价值的衡量标准,也不只是金钱。如老师,培养出优秀的学生就是成功的;医生,只要医治好病人就是好医生;科学家,只要有创新的成果就是成功的。

人各有不同,只要以自己的努力为社会作贡献就是成功的。钱可以是衡量人生成就的外在力量,但它不应该成为人生旅程的唯一归途。

金利来集团创办人、香港著名企业家曾宪梓说:“我始终有一个信念,就是终身报效祖国。”他一生向内地捐资超过1400项次,累计金额超过12亿元。他为了养家糊口,带着母亲与妻子到香港闯荡,靠一把剪刀、一台缝纫机,一点点做起。他不畏艰苦,成为著名的“领带大王”。

他说,无论是过去的我,还是今日的我,每天所睡的床和常人一样长、一样宽。这就说明一个道理,每个人生命是有限的,只有在有限的生命中,为祖国、为家乡、为他人多奉献一点,人生才会更有价值。

人生要面对四个天,今天、明天,阴天、晴天。不管什么天,趁年轻走自己想走的路,就算路不坦荡,没有理由不去闯,时间抓住了就是黄金,虚度了就是流水。在人生旅途中别渴望别人遮风挡雨,脚下的路只能靠自己走,别人再风光也别依靠,最强的靠山就是努力和独立,最好的贵人就是努力的自己。只要有足够的勇敢没有熬不过的艰难,只管前行总有太阳在等着。拼命的样子虽然有些难看,但是靠自己的样子真的很美。

我们跑不过别人，但一定要跑赢自己。不管你现在过着什么样的生活，都有无限可能；而坚持，是通往梦想的最好途径。

五、取与舍的方法

有的人凡事都想着不用努力就获取，有的人只在乎奉献，反而收获得更多。

（一）关于时间

珍惜时间就是珍惜生命。

金庸年轻的时候非常喜欢画画，专门到美术学院向专业老师学习，后来，他进入报社任编辑后，就再也没有画画，而是开始写武侠小说。有人问金庸："是不是觉得那时花的时间都浪费了？"金庸说："还真的没有浪费。学画画那段经历，对我影响很大，让我看什么都不只是看这个东西本身，而是看它和周边环境的关系。"其实很多时候看似在做无用功，都是在为成功做积累，做铺垫。

人生有三种境界：趋利、趋名、趋静。名、利是人生的两个阶段，这两个阶段对每个人都非常重要。这个名不是虚名，是你遵从内心的一种坚守。心小，所有的小事就大；心大，所有的大事都小。大事难事，看担当；逆境顺境，看胸襟；是喜是怒，看涵养；是舍是得，看智慧；是成是败，看坚持。

相信自己，越活越坚强，活着就该逢山开路，遇水架桥。生活给我压力，我还以奇迹。一个人的成败，与他面对困难时的心量有很大关系。心量大就会乐观向上，总想着为他人，一定会成功；心心念念只想到自己，就注定失败。眼光要往远处看，不要只看眼前。

夏虫不可语冰，井蛙不可语海。你拖延，你懒惰，以后要付出的就越多，以后要负担的就越多。所以，别说现在的生活并不是你想要的，这是你自找的。人生的很多不如意，并不是因为你运气不好，不是因为你没有机会，多是因为你不够努力。

你真正走进生活的时候就会发现，一切都在不断地变化，聪明的人善于把90%的痛苦转化为平淡，把10%的幸福转化为更幸福。事实上，学会辩证地看问题更重要。

看一面镜子的时候，我们看到的是自己，是自己看到的自己，而不是别人眼中的自己。我们要学会对着镜子看清自己。

（二）行动

人总是要先下水，才知道深浅；总是要先品尝，才知道苦甜。有多少重要的事，想着想着就算了？你得明白，要想得到，不能只是想到，更要做到。新的一天，行动起来吧！

很多人会制订读书、运动计划或减肥计划，总是想等到明天或环境、条件成熟时，或等到吃了这顿饭后再开始。达成目标的关键，其实是马上行动。一旦开始行动，你就会发现，阅读或运动会让你身心愉悦。只要开始了，就有收获。当然也要像吃薯片一样，要有自制力。阻碍你达成目标的，并不是环境或条件，而是不能付诸行动，没有自制力。

（三）取与舍

获取之前，先放手。这是生命的机制。

在向着某个目标前进之前，先要舍弃一些东西，这是摆脱淤塞人生，重获活跃的新陈代谢，迈向自在生活的第一步。

人生中，不知不觉间，我们成了只知道索取的人，一天到晚专注于索取，身上的负重越来越多，以致影响到呼吸与心理。若想恢复正常，首先必须舍弃。

取舍是人生的重要概念。

得到时，理应做好放手的心理准备。取舍决定了生活的质量、生活的品位。品位，即内在智慧，是引导身体和心灵走向舒适，并维持这种舒适的感应能力。有品位的人，生活得干净、纯真，懂得在生活中不要拥有太多的东西，够用就好，拥有的东西不在于多，而在于精。为此，生活本身也会越来越有趣，我们的格局也越来越大。

不重要的东西舍弃，都重要的东西平衡，更重要的东西努力去争取。

取舍不是心灵鸡汤，取舍是底层规律。取舍是一种选择能力，“我自己想要什么”是心智成长的过程。我们应该带着感谢与敬畏之心，感谢暂时的拥有。至此，我们就不会难以选择了。

凡事皆有代价，你羡慕人家超强的学习能力、成功的职业生涯，这是因为他在你追韩剧的时候手不释卷，在每天下班后的业余时间学习钻研。

在抵达目标之前，我们都要走一段蜿蜒漫长的路。走到半途是最困难的，因为已经付出了很多，却还没看到尽头。此时，只有沉住气，踏实走好当下的每一步，才不会迷失。掌声可能来得很晚，但只要不放弃，它就不会缺席！

先不要去管别人，高高兴兴地收拾自己的东西，不要的东西舍弃，要的东西留下，轻装上阵。取舍的过程也是让人生更舒适的技术过程，扔掉多余的信息，就能尽早从头昏脑胀中解脱出来，给自己的人生留更多的空间。人最终是从加法生活走向减法生活。

放下欲望，让生活做减法，才能拥有更广阔的空间。

有竞争才有发展，因为有了敌人的存在，因为有了不服输的决心，才会努力做好自己的事。有时候，敌人比朋友的力量更大，天下没有永远的敌人，却有永远的朋友，有些时候，敌人也可以变成朋友。

只有荒凉的沙漠，没有荒凉的人生！相信自己，朝着梦想大步迈进。不要惧怕麻烦、迷茫和困扰，勇敢地去碰撞、去挑战、去失败。

追梦需要激情和理想，圆梦需要奋斗和奉献。只要我们永葆初心，努力付出，努力工作，努力奉献，敢于担当，梦想就一定可以实现。让我们共同创造美好新时代！

第四章　优雅人生 美丽人生

要想嘴唇美丽，请多说赞美的话；

要想眼睛漂亮，请多看别人的优点；

要想拥有苗条的身材，请与他人分享食物；

要想拥有自信的态度，请学习从未学过的知识。

优雅是一种“放弃”，放弃抢眼的色彩，放弃夸张的造型，甚至放弃刻意的表达，让随意与优雅成为习惯。

优雅，是穿透岁月的美丽。做而行之就能出彩！优雅，不是外貌和财富，是内心的高贵，是剥离了外表之后的素养，是放在人群里也能一眼分辨出的气场，是灵魂的样子，给每个看似美好的躯壳，安放一个个更美好的灵魂。

优雅的女性具有倾倒一切的力量。女性的优雅是色彩、线条、气质之美，是诗意、画境、乐感之美，是经由岁月沉淀折射出来的灵魂之美。

良好的体态与仪态改变的不仅仅是一个人的容貌和气质，更营造了一种健康、积极的生活状态，发掘了人生的更多可能性。

当自律成为一种习惯、一种生活方式，自然也会成就一个完美的人格及自由的灵魂。保持觉知和轻盈，保持诗意和柔软，保持像春天抽出嫩叶的感觉，这就是一个人最好的状态。

第一节　形象与气质

一、女性的形象与气质

任何民族的女性都是伟大的，母亲的修养决定了一个家庭甚至是一个家族的兴衰。

现代女性要学会给予、学会理解、学会坚强、学会分辨、学会自重、学会珍惜、学会担当、学会成长、学会放下、学会宽容。

气质与内涵是女人一生的财富。优雅的女人像水，气质超凡脱俗的女人像风，漂亮的女人像花，智慧女人像茶。女人的内涵就是含蓄、深沉、温柔、善良。

女性应该有优美的体态、优雅的仪态、良好的心态、生命的状态。美人如诗，美人如画，美人如山，美人如水。

（一）什么是气质

当一位女性走过来的时候，也许她已经80多岁了，但我们也可以说她很有气质。

气质是什么呢？气质可以用四句话表达：根治于内心的修养；无须提醒的自觉；以约束为前提的自由；为别人着想的善良。

一个人的气质里，藏着她走过的路、读过的书和爱过的人。

气质不是写在脸上的，也不是藏在心里的，它是一种内心的无声流露，一举一动都彰显着一种风度、一种优雅、一种让人肃然起敬的品格。一位女性良好的气质，似春风带过的花香，似星空中的皎月，安静、自然、美丽，无声无息中芬芳世界，温暖内心，营造美好，给人智慧与力量。

气质就是一种气场。

现在是主要看“气质”的时代。

气质是什么？气质是指人的内在修养和外在个性化显现，主要是后天环境与学习形成的。女性的气质美在于自信大方、热情温柔、谦和坦诚，是一种道德感、理智感、美感的统一。

女人的气质是岁月的恩赐。时光流淌，气质不会因岁月而夺走。一个人散发出一种泰然、沉静的氛围时，有合适的眼神，坐在一旁，不打扰任何人。

气质就是一种优雅的人格魅力。腹中有诗气自华！若有诗书藏于心，岁月从不败美人；一身诗意千寻瀑，万古人间四月天。如有气质，她们的颜值不一定是最高的，但身上却有一种让人喜欢的魅力，这种魅力与岁月无关，与年龄无关，与漂亮无关，而且越到一定的年龄，越散发出迷人的味道，这就是一个人的气质。容貌或许天赐，但气质一定可以后天修炼得到。气质不是胭脂，不是金钱，却会使女人千变万化，使女人不败岁月。真正的涵养，是精神的富足与气质，气质是一个女人最好的生命化妆术。

美丽会被年龄限制吗？当然不会。不过这句话在很多人身上只是理想，在一些人身上则是现实。年龄会在同样的面孔中留下痕迹，但任何时段都应该让自己创造美丽。

女人要什么就自己去追求，你的感情路、你的事业路，都是靠那份骨气、那份尊严。女性要活得坦然，不要想着依靠任何人，做自己喜欢做的事，交自己喜欢交的朋友，有意识地舍弃一些东西，让自己的人生变得简单。人生有限，不能什么都想要，要把时间放在美好的事情上，保持本心不动，顺其自然，活在当下。

漂亮和美丽是两回事，一副不够精致的面容可以有可爱的神态，一副不完美的身躯可以有好看的仪态和举止，这都在于灵魂的丰富和坦荡。只有自己真正精彩了，才是真正的精彩和强大。没有不漂亮的女人，只有不自信、不努力的女人。

当你活成了一个自信的、自由的人，你也会吸引同类的人。因为有同等能量的人，能够相互识别、相互欣赏、相互结识、相互珍惜。

奥黛丽·赫本说："我当然不会试图摘月，我要月亮奔我而来。"

我们应该相信，我们每一寸肌肤、每一个细胞都散发着无限的生命力，都展示出生命最初的那份自然之美。我们事业上的每一次进步，思想上的每一次提高，心灵上的每一次感动，都会让自己更加气质如兰、从容高雅，给自己的外表增添无限神韵。

努力的女人最漂亮，自信的女性更优雅。

让时尚走进生活，发掘生命中的一切美好。光鲜亮丽固然美好，但这一切是需要踏踏实实地付出和努力的，闪耀光芒的背后总是艰辛的汗水和努力。

气质主要来自内心的丰盈。一切有形的东西都是暂时的，当失去一切的时候，还能潇洒地对所有东西放手，这本身就是一种气质。

如今是不断创新的时代。当担心自己老了时，你就真的老了；当担心自己变丑了的时候，你就真的变丑了。想要追赶潮流，是永远追不上的，所以要找属于自己的节奏，创造自己的潮流，或者不追赶潮流，听从内心的召唤，安静地按照自己的节奏生活。

请把生命浸染得丰富多彩！精致五官、细腻皮肤、良好身材、得体衣着，都能给予我们短暂的优雅外在；唯有气质，才能赋予我们永不失去的优雅。

一个人要成为有温度的人，善待自己，这样别人才能善待你。二十岁的脸是天生的，三十岁的脸是生活雕刻的，而五十岁的脸，就是灵魂的模样。与美为伍，你会发现，生命可以如春天的花儿一样灿烂，如秋天的湖水一样清澈透明，如诗一样直通心灵，如歌一样响彻天空。这一切都是因为你可以优雅地盛开。

（二）什么是优雅

古希腊柏拉图说："在个人身上，最美的境界就是心灵的优美与身体的优雅和谐一致，融成一个整体。"

优雅是一种韵致，是一件灵魂的外衣。优雅的种子在我们每个人的身上，在举手投足、一颦一笑间悄然绽放。它是心灵的雕窗，透出那一丝丝优雅的馨香；它是灵魂的花房里酿出的那一缕缕的绵长！它无关国色天香，也无关春绿秋黄，它是一份宁静的神韵，是一份飘逸的优雅。优雅和出身有关，和教养有关，和环境有关，但最重要的是要有一颗强大的内心，能够把一切压力转化成修炼自身的资本。

奥黛丽·赫本说："优雅是唯一永不褪色的美！"

优雅是女人最昂贵的品牌！

《诗大序》有云："雅者，正也。"

由此可以看出，在人类悠久的历史长河中，一开始就将"雅"视为最正统的美！

当我们说一位女士很优雅的时候，通常意味着她的言谈、举止、气质、行为、着装、品位及与人相处时的态度等，都是美好的。

这也是为什么很多人都对优雅的女人有一种本能的欣赏和尊敬。

优雅的女人永远不会老。对于女性来说，优雅是唯一可以超越容貌、超越身份、超越年龄的东西。

优雅是一种打不败的生命状态，是一份坚韧的精神。以身为美，唤醒内心的温柔；以态为美，点亮生命的光华；以女性智慧照亮别人，修得优雅。

一名让人一看就很优雅的女性，有独特的气质、强大的气场、优美的体态，同时敢于创造自我价值与自我实现。

提起优雅，人们首先想到的是芭蕾舞。芭蕾舞是17世纪从法国的宫廷流传出来的，目的是表现宫廷人的优雅礼仪。

芭蕾舞美在哪里？

我们欣赏芭蕾的时候，觉得舞者往上飞的时候非常美，有点像鸟的飞翔，所以，芭蕾舞《天鹅湖》很有名，里面基本的动作是在模仿鸟的飞翔。同时，穿起舞鞋以后，舞者的脚掌完全与地面垂直，与地板有接触的只是脚尖。所以，芭蕾舞的功力在脚力与腿力。常常在做提气，让气息往上走，然后整个身体往上拉。

这也是不同文化发展出的不同的身体美学，西方长达数百年追求宗教的信仰，都是往上走的；中国文化追求脚踏实地，往下沉，沉住气。

一个真正优雅的女性不仅仅有漂亮的脸蛋和匀称的身材，而是要让自己内心更加充实、自信，内心坚强，生活平静，追求纯真的生活。有自己的生活原则，在任何时候都不迷失自我。

优雅是一种生活方式与生活状态，把优雅雕刻在你挺直的背上！

优雅不同于华丽的奢侈品，优雅不是香车豪宅，优雅也不是生活富贵，优雅是一种生活方式、生活状态的体现，爱和包容会让你变得更加优雅。美丽的脸蛋和妖娆的身材最终会被岁月磨蚀，真正扛得住岁月打磨的也只有一颗青春之心。年轻美貌终将如一江春水东流去，而优雅的姿态却可以如美酒佳酿，越久越醇。优雅不在于外表有多美丽，服装有多昂贵，而是眼里和言语中时刻充满爱意，内心对美的坚持和一丝不苟。优雅知性是女性的终极魅力。

在这个世界上，没有哪个男人愿意为“美丽而无知”买单，只有美丽的智慧可以伴随一生。一个女人只有凭借自己的努力，才能换来应有的自尊和魅力。只有自己活得精彩才不会辜负大好时光。

优雅是一种韵致，是一种味道，是一种气场。锋芒毕露的人是不会具备高雅韵致的。

优雅是一种轻声慢语，一个人可以从音量上看出素质。声音是我们的交流工具，用得好，是我们的素质；用得不当，很容易给别人造成心理上的不适。人都非常爱惜自己一切，都希望给别人留下好印象。优雅的女性说话一定是轻声慢语，特别是在公共场合。如果在公共场合喧哗、刷存在感，会引来别人的反感。相反，一个人在公共场合音量恰如其分，为人处世善解人意，别人往往会产生如沐春风的感觉。为此，提高素质，作为女性应该为此努力。

美丽优雅的女性，从来不过度展示时尚，而拥有无限韧性，能坚持、懂生活。温柔，善良，优雅，灵动，绽放属于自己的精彩。

现代社会，生活过得越来越好，衣食住行都有了着落，衣不仅仅局限于保暖的基本功能，开始讲究时尚、品位、风格、好看；食不仅仅局限于吃饱吃好，很多女性不愿意多吃，怕长胖；住不仅仅局限于遮风避雨，开始讲究豪华装修；行不再是自行车、电动车，讲究的是豪车、品牌、款式。物质的追求永无止境，但精神富有的却不多，女性要远离精神贫瘠，要让自己的精神世界富有。

一个女人的优雅来自她的教养，来自得体谦和的处世方式，来自她的涵养和层次。

一个优雅的女性，要做好两件有价值的事情，一是自己好好地活着，二是帮助别人好好地活着。

姿态比脸蛋重要，优雅与年龄无关。

尊重他人，把经常说的“随便”改成“听你的”，把每一句“我不会”都改成“我可以学”，把“听明白了吗？”换成“我说明白了吗？”不要把负能量带给身边的人。最愤怒的时候，也要忍住不说最伤害对方的那句话。

无论做什么，记得为自己而做，那样就无可抱怨。

如果你是对的，没必要发脾气；如果你是错的，没资格发脾气。很多时候，不是你不好，只是你遇到的人不对。当你选择了一条路，其他路的风景便与你无关。

别和往事过不去，因为它已经过去；别和现实过不去，因为你还要过下去。岁月亏欠的，偏偏是那些记性好又念旧的人。人老了的两个标准是，抱怨和后悔越来越多，以及只把希望寄托在下一代。

世间所有的惊喜和好运，都是你积累的人品和善良。可以有一段糟糕的感情，但不要因此而放纵自己。

坚持自己热爱的事情，我们才能更慢地老去。

当你不再证明自己时，美就绽放了。

你想要证明什么？没有一棵树需要证明它是树。你眼中写满故事，脸上却不见风霜。也许你想证明你比别人聪明，或证明你比别人能干，其实不用证明别人都看在眼里了。当你嫉妒别人时，别人就显得越发美丽。

通过别人的评价来肯定自己是匮乏的！自己真正喜欢的东西，不用问别人好不好看。要懂得自己欣赏，对自己全然地接纳、珍惜、理解。

优雅是唯一的美丽，永不褪色！在众人瞩目的舞台上，你才知道自己有多渺小！唯有学习，不断成长，才能支撑起舞台上的那份泰然自若！不管青春与否，我们都可以优雅地生活，优雅地踏上旅程。

当你有一个好的姿态时，才会有更好的人来爱你，才会得到丰富精彩的人生。想要一个精彩的人生，首先要成为一个漂亮的女人，一个活得漂亮的女人。

美丽是女人的责任，优雅是女人的姿态，美是一种态度，不为取悦别人，只为回首间能愉悦自己。

生命中有太多的不幸，不仅仅是家破人亡、生离死别，还有丢弃了最初的梦想而茫然不自知，甚至始终都在找借口开脱。有些人之所以能成功，不是因为他们运气好，而是他们坚持了初心，这便是“不忘初心，方得始终”。而很多人让岁月带走缥缈的梦，留下实在的脂肪，变成了一个麻木的中年人。

我们终此一生，也不过是要摆脱他人的期待，找到真正的自己。

再烦，也别忘了微笑；再苦，也别忘了坚持；再累，也要爱自己！世界上最好的化妆品是发自内心的快乐。

心情不好时，轻轻对自己说，生活，就是这样，休息一下，明天会有阳光；心情愉悦时，偷偷告诉自己，人生，不能总是得意，生命中有风有雨，人生就是在曲曲折折的过程中。遇到挫折时，学会振作；高兴时，不要沉醉其中。生活就要在苦中想着幸福，在幸福中坦然。做人不一定要风风光光，但一定要堂堂正正；处世不一定要尽善尽美，但一定要问心无愧。以真诚的心，对待身边的每一个人；以感恩的心，感谢拥有的一切；以宽阔的心，包容对不起你的人。没有人能预知未来，生命是如此脆弱，所以要珍惜现在，珍惜身边每一个人，活在当下，过好每一天。

心是一块田，快乐的种子靠自己播种。百变于心。真正聪明的人，善于经营自己的心情。内心昏暗，世界无光。心情好了，身边的人与眼前的美景，一切都会美好，连吃饭、睡觉都会香甜。心情主宰着一个人的忧思，管控着一个人的幸福。

奥黛丽·赫本被认为是优雅的女性代表，不只是她的美貌，更是因为她为人低调友善，对待工作一丝不苟，对待他人友好和善，特别是对待贫困的儿童，更是倾尽全力帮助他们。她在晚年担任联合国儿童基金会慈善大使，多次深入非洲，不遗余力地为第三世界的妇女与儿童争取权益。她是优雅的化身，从优雅的淑女到艺术的巅峰，再到平凡的善良，赫本的人生就是一次优雅之旅。帮助别人不需要言语，她创造了一种经典的优雅。

女人有最美的四样东西：扬在脸上的自信；长在心底的善良；融进血液里的骨气；刻进生命里的坚强。

优雅的女性时刻在丰富自己、美化自己，让自己的生命不断绽放，没有虚度此生。

优雅女人有三气：

（1）骨气：按自己的意愿精力充沛地生活，并尽力让自己快乐。

（2）灵气：遇事不钻牛角尖，不死心眼儿，能够积极化解矛盾。

（3）大气：大方之气，也就是不琐碎、不唠叨，不斤斤计较，不犹豫。

对一个外表英俊（漂亮）的人，人们很容易误认为他（或她）的其他方面也很不错。初见看外表，这就是“美即好效应”。

一个漂亮的女性并不一定美丽，也不一定有魅力，漂亮、美丽与魅力三者是不能画等号的。美丽的脸蛋与优美的身姿更多的是与生俱来的，但魅力更多的是经过后天的修炼得来的。魅力是从女人身心深处自然而然流动、喷发、流露出来的一种气韵，是一种经后天的努力与修炼达成的美。魅力不仅不会随岁月的改变而消失，反而会在岁月的打磨中日臻醇香。

优雅的女性会在一生的修炼中成就自己、成就她人。每段人生，都是一场自我蜕变的历程。谁不想吃一餐就永不再吃，睡一觉就永不再睡，或者一天不吃就可以减肥，但那都是痴心妄想。要想健康美丽，必须吃好、睡好、呼吸好，稍有松懈，疾病缠身，稍有懈怠，美丽慢慢就离开自己。

恬淡的心境很重要。一个人能以恬淡的心境面对身边世界的时候，她会很放松，会感受到人活着不需要那么复杂，也不需要那么多欲望，从而以平静的心情来品味生活之美，从平凡的生活领略到快乐。人生际遇，或悲或喜，或聚或散，或贫或富，或升迁或贬降，但都能很好地控制自己情绪，对世俗的悲欢离合坦然处之，始终拥有一颗平常心，从容淡定地待人接物，那就是古典端正的气质呈现。

生命，淡然如花就是幸福。初见看外表，久处看心灵。一颗善良的心胜过千万张好看的脸。心慈则貌美，愿我们永远保持善良。

（三）优雅是最好的修养

优雅是一种修养，优雅与矜持不同。矜持的女性有时是不受欢迎的，因为矜持带有一份清高，一份孤芳自赏；而优雅则是对生活的一种态度，一种为了保持良好心情而做的个人修饰，一种映照真实自己的镜子。

优雅是一种对生活的信念与态度。愿我们优雅到老，眼睛里满是阳光，笑容里全是坦荡，内心里全是感激，日子里都是感恩。

感恩这一路上，终能遇见灵魂相近的人，那些伸手相扶的暖，那些擦肩而过的缘，无论是忧伤还是明媚，都被光阴赋予了欢喜的味道。

很多词是人们追求的目标，比如从容、平静、宽容、感恩等。若是不拿出很长的时间，去培养这些习惯，只是领悟它们的好，是远远到不了这样的境界。

人格、情怀、优雅，皆是人的“习惯”。当然，有的时候，装作有这些“习惯”的结果不过是把“装”变成了一个习惯。比如，如要想培养古典、清雅、端正的气质，可以尝试去学习古乐器或书法，学习时间长了就可以养成一种习惯，熏染出古典端庄的样子。

（四）形象的重要性

美的形象也是一种消除心与心之间的隔阂的有力武器。

如今，外在形象的打造对事业很有帮助。作为职业女性，既要果敢、灵敏、干练、大气，也要细腻、细致、无微不至。这是现代人最基本的礼仪与规则。

格力集团的董明珠说：“智能化时代不再是靠体力劳动来支撑的时代，男女之间已没有那么大的差异。”男性能做到的工作女性也能做。这就要求女性具有刚柔并济的本领。

你不必羡慕任何人，跟任何人比，最珍贵的是你自己。

在追求优雅气质的道路上一定要执着。执着，就是坚持自己的目标。花儿为谁开？也可以为自己开。花未全开，月未圆，是人间最好的境界。花一旦全开，马上就要凋谢了；月一旦全圆，马上就要缺损了，而未全开、未全圆，仍使心有所期待，有所憧憬。

一个人的气质，并不仅仅在外表，而是所有经历过的事在内心和外表留下的印迹，令人深沉而安静。所以，气质不仅仅是训练出来的，更多的是一种阅历的凝聚。淡然不是伪装出来的，而是一段人生的沉淀。从某种意义上来说，人永远不会老，老去的只是容颜，时间会让一颗有气质的灵魂，变得越来越动人。

如果心没有静到一定的程度，那么要想使一身之气能够涵养出淡然，是很难做到的。可见，心胸是不是宽广，会影响到自己的祥和之气。人身上的气质，是长久受心影响的。

每一个女人的心里都有一匹恶狼和一匹好狼，最后哪一匹狼会生存下来，完全取决于你自己的喂养，聪明的女人要喂养好心中那一匹好狼，让它在平常的日子里安静地待着，如果遇到大灾大难这一匹狼可以出来抵御。

三分天注定，七分靠打拼。作为女性，要做美的传播者，对生活，对事物，对这个世界上的事情，都要有自己独特的感受，而且这种感受里有着美学的光芒。

再忙也要花时间收拾自己，调整自己的生活节奏。学会享受生活，出门一定要把自己收拾整齐，将自己打扮成光鲜亮丽的家庭主妇。要让孩子们看到，自己的母亲周身散发着活力，没有因为各种压力而焦虑，有的只是尽情地绽放自己，发自内心喜欢自己。我们一生中唯一目标就是做自己，只有自己快乐了，才能将快乐传播给他人。女性要大胆地营造自己的心灵花园、梦中花园、幸福花园。

女性可以通过读书、欣赏艺术作品、创作艺术作品、演讲、朗诵、整理自己的房间、聆听优美的音乐、照顾花草或宠物、与自己的爱人或孩子一起亲近大自然、写日记、学习中国古代乐器或跳舞、健身、静坐冥想等提升气质。人生只涨不跌的投资是什么？就是提高自己创造幸福的能力。

如果你注定做不了一朵娇艳的玫瑰，那就努力成长为一棵大树。美貌不是人人都有的，但时尚的气质却可以努力去追求，只要用心、努力，任何人都可以提高自己的审美能力，把自己变成“时尚气质大咖”。

女性如何让自己变得自信，或者迈出自信的第一步？

首先要提高自己的辨识度，一种对身边事物美丑的辨识度。女性，不必羡慕别人眼中的“美丽”，不必按照世俗的标准来定位自己，美丽本来就是多样化的。要从繁华热闹的世事中，辨识属于自己风格的美。这个世界缺少的永远是“独特”和“与众不同”。

其次是突破自己。不断丰富自己，让自己有一定的沉淀和内涵，不卑不亢。成熟的重要标志，不是学会“表达”，而是学会“沉默”。人生如战场，每一次挑战都会给自己带来丰富的经验、足够的自信和战胜下一个困难的勇气。只有这样，你才能绕开别人泼过来的冷水，才能把别人的轻视变成自己的动力。人生的旅途中，总有那么一段时间，需要自己走，需要自己扛，不要感觉害怕，不要感觉孤单，这只不过是成长的必经之路而已。

再次是热爱自己的事业。成就一番伟业的唯一途径是热爱。热爱是最好的老师，因为热爱，就会钻研，就会突破，就会由不懂变成懂，再变成行家，自信心也来源于此。

一个人如果一辈子都在做自己不擅长的事情，时时刻刻都处在被鄙视的目光下，那是没有自信可言的。如果一个工作你干得很吃力，找不到自我价值，而且丝毫提不起兴趣，那就说明它可能不适合你，趁着年轻，可以换一个地方、一个工作，也换一种心情。人生有多种可能，但重要的是做自己擅长的事。跟随自己的内心，勇敢地向前冲，不要想那么多，不要计较那么多，坦然地接受一个又一个挑战。女性不是历史叙事的失语者，而是历史路上风景的创造者。很多时候，挑战并不意味着挫折，而是意味着机遇。拥抱挑战，收获成长和心境，让终身成长成为我们与世界互融互通的有效途径。

所谓幸运，都是拼命得来的。

二、男性的形象与气质

（一）男性的气质

什么是男性的气质？我们看一个人，木心，本名孔璞，一个世家公子，年轻时，进了三次监狱。三个手指都被打断了。尽管命运如此悲惨，他却每天夜里在白纸上画上黑色琴键，模拟弹奏交响乐。还在烟盒上写诗，他的内心始终充满对生活的热爱。

出狱那天，木心把自己收拾得干干净净，优雅极了。

木心一生都在流亡与动荡中度过。从绘画到艺术，从中国到国外，始终是那样儒雅，那样斯文。把自己收拾得清清爽爽。没有人能看出他身上的悲凉，而更多的是一种生命的成熟，一种淡定、一种优雅、一种超越世俗的气质。他的那颗心尽管非常敏感，但更多的是对生活苦难的嘲弄，对生活的执着与坚毅，以及对过往的包容与大度。

木心在《素履之往》写道："生命好在无意义，才容得下各自赋予的意义。假如生命是有意义的，这个意义却不合我的志趣，那才尴尬狼狈。"

木心承受了那么多苦难，可是，正是在这样的情况下，才可以看到他的胸怀与气质。

上苍总是给忍辱负重者以光明和力量，给苦难者以和平与勇气。

面对不幸，我们应该像木心那样，保持整洁的外表和不甘沉沦的精神，始终坦然地微笑，心静如水。只有这样，才能带来一个明媚而温馨的世界。

俄国作家契诃夫在《论有教养的人应具备的品质》中说："他们不摆架子，在外面和在家里一样，不向后辈炫耀。他们知道何时选择沉默，从不强迫别人信任自己。他们不会为了引发同情而贬低自己，不会沉溺于无用之事。他们有才华，也珍惜才华。为了施展才华，他们牺牲了舒适的生活、美女、美酒和虚荣。"

男性的气质在于对生活的从容、豁达、宽容与自信，在于智慧、勇气、仁爱、正义、节制。

东方男性最好的气质就是儒雅。

“谦谦君子，温润如玉”是传统的东方审美。“质胜文则野，文胜质则史。文质彬，然后君子。”胡适有着满腹的诗书，却不板滞，思想独立，他有着非同一般的品位和格调，在他的笔下，一笔一画，文质彬彬。胡适用思想、行动和笔墨诠释了一个高品质的中国男子。

人们总在问男性如何成功，好像他们不需要幸福；人们总在问女人如何幸福，好像女人不需要成功。其实，成功与幸福是相互蕴藏的，男性对生活的从容、谦和、宽恕、乐观和热忱，就是一种幸福。男性得有自己的主见，不必花太多时间关注他人，做回自己。

自己每天都幸福，连痛苦都可以是一种恩泽。

德国诗人歌德说：“我们爱女孩，是因为她已经是我们所希望的样子，爱男孩却是因为渴望他变成我们所希望的样子。”

女人是诗，男人是哲学。

弗洛伊德说：“世界上最大的区别存在于男人和女人之间，因为男人真实如岩石，明确如白日。而女人在一束明媚的光线之中走来，如幻如雾，缥缥缈缈，给人一种别样的滋味，你永远抓不住她。”

（二）男性的形象

男性着装要把握好三点一线，即衬衣领开口、皮带扣和裤子前开口外侧应该在一条线上。精神的发型，一双好鞋，胜过一套昂贵的西装。配正装一定不要穿白色的袜子。如果去某个场合拿不准穿什么衣服，那么隆重一点远比随便一点强。男性的胸怀最为重要。

中国有很多名人名言，这些经典名句可以指引男性好好修炼。如“知道者必不自矜，知义者必不好得，知德者必不沽名”。

人与人之间的相遇总会产生许多感慨，有时候你以为自己付出得多，其实自己才是受惠者。幸福总会来敲门，但前提是你先让幸福去别人家。

有些话要善于表达出来。这些话对于你来说永远是重要的、特别的，现在就说出来，不要等到来不及。

一个男人，要充分认识到财富的有限性。财富可以在风中飘落，唯有不老的心灵可以永远伴随我们。要做一个有情怀的人，多欣赏别人，多理解别人，多接纳别人。

梦不能做得太深，深了难以清醒；话不能讲得太满，满了难以圆通；调不能定得太高，高了难以和声；事不能做得太绝，绝了难以进退；利不能做得太重，重了难以明志；人不能做得太假，假了难以交心。

你不能容忍他人，就会给自己带来不幸。如果你希望一切都能变得更加美好，就从改变自己开始。很多时候，我们不是败在缺陷上，而是败在优势上。原谅他人，其实就是升华自己。

一件事情的发生，衡量不出一颗心的淡定，而一颗心的淡定，却能影响一件事的结果。一个人的淡定，可以衡量一颗心的从容，而一颗心的从容，能彰显一个人的深度。爱的时候，让她自由；不爱的时候，让爱自由。

用加法的方式去爱人，用减法的方式去怨恨，用乘法的方式去感恩。切断心中那根连线，我们要做的就是用直线的方式去爱人，去感知别人的感受。

好男人的基本标准：不一定要浪漫，但一定要负责任；不一定要挣大钱，但一定要养家；不一定要事事听从父母，但一定要有孝心。你可以不胸怀天下，但至少要有宽容之心，你可以不志在千里，但至少要有信念。

父母的生命如何在孩子的身上延续，一个男人起了很大的作用，孩子的相貌、知识、情操、信仰、性格等无不打上父亲的烙印。男人应该像天，男人应该像树，男人要自觉营造温馨的家庭环境。

三、女性的衣着与妆容

美是女性永恒的追求。

时尚是一种生活的智慧。

张爱玲曾精辟地总结道：“对于不会说话的人，衣服是一种言语，随身带着的一种袖珍戏剧。”的确，一个人的衣品很能反映其人品。穿着是个人的美感表现之一，穿着得体是一种教养。

衣裳常常显示人品。

女性的美是把自己收拾得整整齐齐，是出门前精心搭配的衣服，是朴素穿着中的那份优雅。国际著名影星索菲娅·罗兰谈到时装时说：“朴素才是优雅的真谛，这是一个女人就时装而能学到的最有价值的一课。”的确，追求华丽或富贵而不考虑自身的特点，效果总是不尽如人意，走向朴素、走向舒适、走向得体、走向自然已经成为人们穿着的一个趋势。朴素不是随便，而是一种简约的生活方式，是一种纯朴清新的气质。女人不应该是服装的奴隶，时尚总会过时，唯有个人品味能凸显时尚。

得体的着装很重要。当然，生活尽量朴实为好。不要一天到晚就想着买买买。在穿衣打扮的审美教育上，过去所受的教育是要朴实，不要追求外在，要看重内在美。但刻意忽略自己，不修边幅，不重形式，内容也会垮掉。其实，穿衣打扮也是衡量个人审美教育的标准。许多优秀的女性在各个方面展现出的智慧才能让人惊叹，她们的自我管理能力、学习力让人由衷佩服，在个人自我形象管理、情绪管理方面也非常擅长。

女性的自我意识唤醒的不是洪水猛兽，特别是当这股力量指向生命的成长时。美是有生命力的，它也唤醒生命力。

席勒在《审美教育书简》说，当包括服装在内的形式逐渐从外部向人接近的时候，“形式也终于开始占有了人本身，起初只是改变人的外表，最后也改变人的内心”。

穿漂亮的衣服、背昂贵的包包，首先是取悦自己。一个真正成功的女性不是拥有多少包包，拥有多少漂亮的衣服，而是适合自己的气质，符合自己消费水平，衣着得体，分场合。

真正的美丽应该是由内而外的。要想自己穿出品位，穿出个性，首先要好好学习时尚知识，提升审美能力，培养自己的美感。有美感的女性，总能从小店里买到适合自己品位的衣裳，穿出来让人觉得舒适。

优美的装束，不仅给别人美的享受，让人赏心悦目，还有重要的一点就是能增强你的自信，体现你的个性。不同的场合，服饰的要求也是不同的，职场上要求女性果断坚毅，因此，服装上以职业装为主，线条明快，色彩多数以黑、灰、白为主。去参加宴会，则以裙装显示你的魅力，在着装上，可以自由设计，穿出自己的个性。职业女性的装饰技巧关键在于注重职业、年龄、气质，以及时间、地点、场合的特殊性，注重服装的清洁感。

色彩可以很好地表达个性，在色彩方面，根据当时的环境与要求而定，工作时一般穿得朴素一些、经典一些。聚会时可以色彩亮丽一些。色彩要根据自己的肤色、年龄与气质来搭配，不同的颜色传达出来的品位也是不同的。不管怎样搭配，都要显示自然的生命活力。

自我风格是一个人对美的理解和对生活的看法，和自身的经历、审美和气质有关，但更表明了一个人的生活态度，所以无论生活有多艰难，只要你想，就总能穿出自己的时尚。

一件衣服自己穿着合适、漂亮就好，不必太在乎别人的评价。只要你时刻保持自信，时刻露出美丽的微笑，时刻发现生活中的美好，你就是美丽的。

她，60 岁退休，68 岁开始参加模特培训，70 岁登上国际舞台。她用实力诠释了东方女性的内敛从容、优雅古典，惊艳纽约时装周。她说："我站上 T 台就是要让世界看看当下中国老年人的风采。我会继续走下去，用我的经历告诉所有人，美是一种人生态度，不管你是 40 岁、50 岁，还是 70 岁，都正处在最好的黄金岁月。""70 岁的人生，一切都来得刚刚好。感恩岁月，美是一种人生态度。"

她就是中国旗袍奶奶——70 岁的韩彬言。

还有盛端玲，70 做模特装，80 岁穿泳装。年龄于她而言不过是一个数字，心态年轻才是最重要的。优雅时刻都写在她的脸上。

她们不惧岁月和风霜，用积极的人生态度和敢于突破的心，活出了自己的风采与优雅，更活出了年轻人都惭愧的样子。

你可以在任何年龄开始做自己想做的事，不要让年龄束缚了自己。每个人心中都有一片海，自己不扬帆，没人帮你起航，努力，就能遇见更好的自己！

对于很多优雅的女性来说，年龄只是一个数字，而不是某种限制。勇敢打破年龄的限制，就会看到更广阔的天地，活出灿烂的自己。你人生的时间表，自己说了算！不要把时间花在一厢情愿上，打扰了别人也浪费了自己的时间。

别人的生活无论多么光鲜亮丽，终不可成为自己的生活样板。我们可以学习，但是永远不能抄袭；我们可以借鉴，但是永远不能雷同。从自我出发，给自己的生活定位，与其在哀叹和顾影自怜中艳羡别人，不如从此刻起，确立自我的基本方式，从此告别过去，走上既定的方向。

让自我的灵魂永远处于学习的路上。从来没有白来的幸运，不过是你的努力积攒下的好运。每天都是余生中最年轻的一天，我们要好好把握。

如果你选择平庸，就不要埋怨生活平淡；如果你想去改变，就赶紧出发吧。

你没有摘到的，只是春天里的一朵花，整个春天还是你的。

女人一生如花

女人零岁是心花，待开放；
女人十岁是梨花，太洁白；
女人二十是桃花，真鲜艳；
女人三十是玫瑰，真迷人；
女人四十是牡丹，大气派；
女人五十是兰花，极优雅；
女人六十是茉莉，淡定清；
女人七十是棉花，暖人心。

穿出你的美：

（1）由浅入深，穿衣服有三层境界：第一层是和谐，第二层是美感，第三层是个性。

（2）适合自己的就是最好的，穿出自己的个性。

（3）多花些时间在搭配上，可以看出你的审美。

（4）一件品质精良的白衬衫是不可少的。

（5）黑色是永远的流行色。

（6）寻找适合自己肤色的色彩。

（7）重视配饰，会配饰才有品位，但除首饰外不要超过两个。

中国从汉代开始以白为美。汉语中有不少形容肌肤白皙的词语，如“冰肌玉骨”“肤如凝脂”等。到了今天，依旧认为“一白遮百丑”。

人有许多无法掌控的事情，但唯独容妆能够全权掌控。你可以决定眼线的长度，决定唇眉的颜色，决定锁骨边项链的材质，决定高跟鞋的高度。在每一个美妙十足的当下，应该细心打理自己，把自己装扮得漂漂亮亮。妆容没有一点瑕疵，舒展自信的仪态就是爱美的宣言。你的美会影响你的事业与家庭，让它越来越好。

俗话说“三分人才，七分妆饰。”化妆是女性的必修课。化的妆分为浓妆与淡妆两大类。浓妆主要用于舞台、晚会，在日常生活中以淡妆为主。淡妆，也要因人而异，要根据脸的轮廓，根据要去的场合而定，总的原则要少而精，要扬长避短。化淡妆的最佳效果是看不出有妆容，避免有加工的痕迹。

化妆的目的是突出优点，掩盖缺点，但也要根据自己的自身条件来，有的时候自身的缺点也可以放大成优点，如脸上有颗美人痣，也是亮丽的风景。化妆要能展示个性。第一，突出个性，简化其他。在妆容上呈现你的个性，以及与时俱进的时尚感，所以化妆效果一定要亮点清晰，简约时尚。重点是红唇，其他无关细节处一度轻柔描绘。第二，营造会发光的好肌肤。见家长、长辈时，轻描淡写，眉清目秀，更讨喜。拜见长辈时一定要装扮有度，要使妆容显得自然，注意光泽，尽量显示出本人的情调。

古人有言：“设色妙者无定法，合色妙者无定方，须悟得活用。”具体妆容要根据环境与自己心情设定。

什么事情、什么时间、什么地点、化什么妆，要有变化，当然，清新纯朴应该是本色。女性不要忘记保养，皮肤健康怎么看都赏心悦目，身姿挺拔怎么看都舒服，心情愉悦怎么看都美丽，所以要注意锻炼身体，学会赞赏别人，养成良好的作息习惯，健康快乐生活。

总之，女性要不做作，不刻意，不迎合，不伪饰，不自我为难，不自我禁锢，不自以为是，不自命清高，不自卑自弃。爱自己的一角天空，爱自己的一块净土，爱自己的一片水域，爱自己的一种本色。爱自己的浪漫与洒脱，爱自己的沉静与飘逸，爱自己的豁达与包容。

女人如花，花开花谢，永驻的不是容颜，而是内涵。花有百媚千红，女人有风情万种。女人如花，花开不一定倾城，但一定要美丽。

第二节　事业与家庭

一、女性的事业与家庭

（一）女性的事业与家庭

女性总是困惑于事业与家庭，觉得自己：好像什么都不缺，又好像什么都没有；好像什么都明白，又好像什么都不懂；好像什么都学会；又好像什么都不会；好像什么都想要，又好像什么都不要；好像什么都挺好，又好像什么都不好，总是对自己不满意，对自己拥有的不满意。

我国前国务院副总理吴仪说：“你一定要有自己的特长。不漂亮没有关系，只要你有气质；没有气质没有关系，只要你聪明；不聪明没有关系，只要你贤惠；

不贤惠没有关系，只要你勤快；不勤快没有关系，只要你有本事；没有本事，也没有关系，你只要安分守己……总之，在你面前有 10 口锅，你不能保证把每一口锅的水都烧开，但你至少要烧开一口锅。”

依据中国婚姻数据网的数据《2018 年中国婚姻状况、全国各省市份离婚排名、离婚因素及离婚案件分析》，中国离婚率最高的十个城市 ：

第十：哈尔滨（28%）

第九：杭州（29%）

第八：大连（31%）

第七：香港（33.8%）

第六：台北（34.8%）

第五：厦门（34.9%）

第四：广州（35%）

第三：深圳（36.25%）

第二：上海（38%）

第一：北京（39%）

北上广深作为一线城市，生活与工作节奏快，压力大，离婚率居前四位。

女性在家庭与婚姻中一定要独立，要有独立的人格。家庭婚姻有时就像我们的身体，即使百般“注意”、千般“呵护”、万般“保养”，也难免会出点问题，重要的不是不出问题或怕出问题，而是如何面对问题，出了问题一定是两个人的问题，所以家不是讲理的地方，是爱的地方，两个人没有对错与输赢，只有磨合与匹配参差共生。

夫妻俩要像一双筷子，一是要惺惺相惜，谁也离不开谁；二是能同甘共苦，酸甜苦辣都在一起尝，这样才能天长地久。

“甘瓜抱苦蒂，美枣生荆棘。”世界上没有十全十美的事物，也没有十全十美的婚姻，所以，我们对他人也不要苛刻，要求样样都好。

婚姻是什么？婚姻就是一个空杯子，眼缘不错，你往里放一滴水，我往里面放一滴水，放着放着它就满了。婚姻就如刺猬在天冷时彼此靠拢取暖，保持一定距离，不要太近以免互相刺伤。

距离产生美。所以要想和人保持亲密的关系，一定要有适当的距离。

时间太短，指间太宽，总有些事，在你推脱之后，就再也没有了做的机会；

总有些时光，你还来不及珍惜，它便将你推向了未来。

有些时候过多地想得到别人的认可、理解、助力和关怀，但却忽略了一件事情，所有的成长是在于自己内心世界的修炼，所有的呈现在于自己内心世界的平衡，所有的成长是对于未来的不似从前。更好的自己，活得更好，更好的自己，是内心更远的视野，是内心更优雅从容。

女性特质包括什么？包容、接纳、赞赏、感恩、喜悦。

什么是女性的健康？

精力充沛，能从容不迫地应付日常烦事；处事乐观，态度积极，敢于承担责任，善于休息，睡眠良好。应变能力强，能适应环境的各种变化。身体健康，身材均匀，身体协调，走路轻松有力。头脑反应敏锐，牙齿、指甲与发质等干净，皮肤富有弹性，看上去很健康。

美国作家马克•吐温说："保持身体的唯一办法，就是吃点你不想吃的，喝点你不想喝的，以及做点你不愿意做的事情。"

什么样的女人最美丽？

内外兼修的女人最美。特别是注重内在修炼的女人最美丽，拥有内心世界的女人最美丽。我们掌控不了外部世界，但可以控制自己的心态、能量与心情。一个令人欣赏的优雅气质的女人，从某种意义上说，她的内在一定蕴藏着她的自律、忍耐、坚持、克制以及非一般要求。

美丽能给人视觉上的享受，引起别人的好感，但是善良的内心和谦和的态度，更能让人如沐春风，感受到这个世界的美好。

热爱生活、优雅生活的女性，在生活中，既能充分展现女性的美，同时，又能在行为和思想上超越小女人的束缚。大气洒脱，格局高远，活出至真、至善、至美，活出自己的无愧与踏实。

格局小的女性虚荣、嫉妒、攀比。主要还是内心不够自信和强大，老想把别人比下去，其实也是一种自卑的心理，如果自己觉得一切都满意，就不会去比较，去嫉妒他人，因为没有什么比良好的修养、快乐的心情、满满的自信更有风度与魅力。

有的时候，一个人的心胸和格局不是天生的，是被痛苦和委屈撑大的，是生活的酸甜苦辣造就的。人生有很多时候，需要的不仅仅是执着与勇气，也需要回眸一笑的洒脱，因此女性要学会爱自己。

对于一个有修养的女性来说，锻炼自己的意志，坚守自己的人生理想，宠辱不惊，不以物喜，不以物悲。你拥有足够的自信，你自身的强大，你充实的内心，使你不惧风雨，找到自己安全的领地。

一个人可以发自己的光，但不要吹灭别人的灯，要懂得善待他人就是善待自己。有些事你想原谅就原谅，你不想原谅就不原谅，因为每个人都有心理底线。

作家亦舒在《无尽香槟》中提到："凡事，要记得初衷，不要老说我怎么会干上这一行，我为何会嫁给这个人……当初，你一定有个理想。曾经深爱过，以后心变，可是如果记得初衷，凡事必不会去得太尽。"

为了不失去自我，女人要有独立的人格，有自己喜欢做的事情。因为有些人可能会半路放手，不愿陪我们走到生命的尽头，孩子长大后也会挣脱我们的怀抱，去建造自己的世界。剩下的就是我们自己，没有一技之长，已经脱离社会很久，与社会无法对话，除了抱怨还是抱怨。这不是生活抛弃了你，而是自己抛弃了生活，失去了对抗命运的力量。自己不投资自己，自己的世界就越来越小了，眼界也越来越窄，只纠结于眼前的小事。

女人一定要自己宠爱自己，活在当下，活出自己的精彩，有钱自己赚，有钱自己花，有尊严地活着，时刻让自己美丽。幸福需要自己去努力、去建造、去拼搏。女人必须独立、必须坚强，爱得起，输得起，等得起，相信生活中的挑战无处不在，但制胜的法宝是自己。

记住：你的生命如花一样，上苍是让你根据生命特质和内在需要自主绽放的。一旦按照别人的要求决定自己的行为，你的每一次奋斗，无论取得多么辉煌的成就，都不是自己最好的样子。

如果一个女性把时间都用在了闲聊和发牢骚上，就根本不会有勇气和精力用行动去改变现实。无论你现在多难，都不能放弃对世界的热爱，走出去看看美丽的风景，一定会带给你预想不到的惊喜。你会遇见觉得相见恨晚的人，或者遇到一些珍惜的事，然后会发现，遇见你该遇见的，接受你所不能改变的。生活的迷人之处，不是如愿以偿，而是阴差阳错。这世间，所有的遇见、所有的经历，都是最好的安排。所有的美好，都是心底里不变的信念最真实的映射。

女性真正需要学习的是什么？不是要学习更多的技巧，而是要找到内在的力量，修出真正的承载力，让万事万物都能够在你这里得到滋养，都能够在你这片土地上，小草长出小草的样子，鲜花长出鲜花的样子，大树长成大树应有的样子，这才是真正的承载力。

爱笑的女人最美！爱笑的女人运气都不会太差。你这辈子最灿烂的笑容都给了手机屏幕吗？假期对你来说是充电器从来没有闲过吗？生命中，有风、有雨、有阳光；季节里，有冬、有夏、有春秋，相信自己是独一无二的。

生命其实就是这样，当你遇到挑战，重新站起来以后，才会理解它的意义。这就好像是一棵树，只有度过了严寒酷暑，才能够长得枝繁叶茂。生命中不仅有高潮，也会有低谷，这才是生活的本质，如果真是一帆风顺，从来都没有遭遇过挫折和失败，就会觉得索然无味。人只有经历过低谷期，才会有高峰期，这是生命的真正意义。

请做一个花心的女人，花时间在身材上，花心思在容貌上，花精力在灵魂上，这些都是别人无法拿走的东西。我们敌不过现实，至少能用自己的方式，让生活更可爱一些，更美一些。女性最好的防衰老神器是年轻的心态和优雅的气质。

当你自己觉得自己美丽时，就真的美丽了。

印度诗人泰戈尔说过，如果错过太阳时你流泪了，那么你也要错过群星了。生活中总会遇到不快与失意，如果不能轻松的释怀，不能轻松地按删除键，那么明媚的阳光就很难照进窗户里来。

我们需要打破那面魔镜，建立自己的美丽观，让自己的美丽自己说了算。

倘若你的爱情美满，仍要记住你是一个独立的灵魂，你灵魂的优秀会使这美满的爱情具备很高的品质。

庄子说："朴素而天下莫能与之争美。"

美是一种修行，美也是一种淡定，古人说："淡极始知花更艳，花到无艳始称绝。"美的极致是一种朴素之美，不追求奢华，不需要太多物质，只希望过简简单单的生活。平平淡淡才是真，简简单单才是福。回归朴素，修得一颗素心，才能坦然面对一切浮世纷扰，才能看见内心的丰盈，活出真实的滋味。

尘间有两苦，一是得不到之苦，二是钟情之苦。在你付诸努力的前提下，所有的、想得到的都当作一场赌。胜之坦然，败之淡然。世间最苦是钟情，一定要像打扫灰尘一样，把它从心里请出去。有时候我们没有或无法忘记过去，其实是怀念过去岁月中的自己。

你担心什么，什么就控制你。你期待什么，什么就会离你越远；你执着谁，就会被谁伤害得最深。相聚就是离别的序幕，而离别就是相遇的本初。学会放下，放下不切实际的期待，放下没有结果的执着。看淡、看开、看透一些，不牵挂、不计较；一切都会慢慢变好。过去的就让它过去，珍惜当下的快乐与幸福。

一个人只有在很想得到的时候，才会怕失去。这种患得患失的感觉，也许是人类许多的弱点之一。可悲的是，想得到的越急切，失去的可能就越大。

无论你遇见谁，他都是你生命中该出现的人，也一定会教会你一些什么。喜欢你的人，给了你温暖和勇气，不喜欢你的人，教会你宽容和释怀。

有些事情，你想记得的就会记得。有些事情，你想忘记就会忘记，如果忘记不了，那就不要忘记了，因为忘记是不需要努力的。

两个人的世界里，相互争吵和不理解的根源有时候就在于彼此总忙着去证明自己是对的，希望他人能够接受自己的观点，甚至渴望身边人按照自己的心意去生活。事实上，人们忙着说服他人，忙着驳斥他人，或许恰恰是不懂得包容与忍让。

其实，无论你还是我，每个人都相信爱情，就像每个小孩都曾经相信有圣诞老人一样，但是我们迟早会知道，曾经深信的圣诞老人，其实并非我们想象中的样子，就像曾经深信的爱情其实并不是真正的爱情一样。爱情并不是无根之水凭空而落，它需要一定的条件才能诞生，就像一朵花，需要阳光、空气和水，只有在天时、地利、人和的条件下才会盛开。

那些曾有过的美好，终究成了遥远的想念、回忆，只是一段段回不去的追忆，曾经的天真笑颜，随着岁月恬淡地走远。原来，再甜蜜的糖果也早已不是那年的味道，有微微的心疼，记忆没变，我们却变了，往事没忘，我们却忘了，心还疼着，我们却无所谓了。昨天的昨天，似云烟过眼，回过头才发现，我们都已不再是初时的模样。

用一颗深情的心，去对待命运赐予的无情，当世界给你冷眼时，你还之以灿烂的笑容；当上天给你黑夜时，你努力地去寻找光明。能摆渡自己去彼岸的，永远只有我们自己。

其实，是你的走不掉，不是你的抓不牢。

一个人的幸运是过去所有善意的积累，一个人的品质里藏着未来所有的运气，一个人的格局预设着未来所有的福报。

（二）家庭

女人在家庭中地位很重要。女人在婚姻家庭中有时会焦虑、不安、困惑、迷茫，总是没有安全感，经常会自责：“这都是我的错，我永远没有希望了，我总是很笨。”孩子在学习上一次考不好就焦虑，害怕孩子在未来竞争中失利，导致阶层滑落。觉得只有跟上社会潮流，甚至位居潮流的前端，大力投入教育，才能确保孩子不落伍，这样才能使焦虑的女性获得一些安慰。孩子是女人的原创作品，但不要去原创孩子的生活。我们总想让孩子超过自己，其实，在岁月的行进中，期望越大，失望也会越大。孩子不是父母的作品，让父母任意涂抹与塑造，也不是父母实现自我梦想的工具，孩子有自己的个体特性。我们唯一可以做的是走进孩子，接触童真，感受生活带来的欢乐，感受他们带给我们的感受和感动。

大部分女性都属于时间意义上的穷人和金钱意义上的一般人，她们陷入这样一个误区：通过拼命工作来获得更多的收入，以便让孩子有更好的教育机会，但收入增加的幅度总是低于市场中教育投资的增长幅度，于是陷入恶性循环。最终的结果是，父母既没有时间与孩子沟通，又缺乏引导或陪伴，因此总是用钱来弥补，如送孩子假期出国游学等。

研究显示，当人们一起完成一件事时好感度会提升。例如一起爬山，到达山顶的感觉很棒；一起做蛋糕，一起完成一道好吃的菜，享受同一个节奏带来的快感。所以，很多的孩子并不希望父母赚很多的钱，他们最大的希望是父母陪他们一起玩。父母花很多的钱把孩子交给辅导学校或培训机构，或让孩子参加夏令营到国外玩等等，都是希望用钱来弥补对孩子的责任。其实，孩子的期望很小，就只需要一起陪伴，哪怕一起慢跑，一起遛狗都是最快乐的。

你越时尚，你孩子越自信，因为折射出你在与时俱进。你越打扮精致优雅，你的孩子就越骄傲，也折射出你的自我高要求；你越有进取心，你的孩子越勤奋，因为榜样的力量无穷大。你越坚持做内外合一的自己，你的孩子越独立。我们的目标就是做好自己，只有首先让自己开心与快乐，才能将快乐传播给家人和孩子，我们对自己的快乐负责，我们的孩子也就会对自己的快乐负责了。

教育家苏霍姆林斯基曾说：“每一瞬间，你看到孩子，也就看到了自己。”你在做，孩子在看。我们对孩子所做的一切，都会开花结果，不仅影响他的一生，也会决定他的未来。每个孩子生下来都是一张白纸，父母就是在纸上作画的人，白纸变成什么样，关键在父母。

你的行为，就是勾勒孩子人生的画笔。父母不爱读书学习，孩子也不会好到哪里去。杨绛先生说：“读书不是为了拿文凭或者发财，而是成为一个有温度、懂得情趣、会思考的人。”

父母能给孩子们什么呢？最好的是价值观，自己对生命的尊重与享受。女性越努力越幸运，越努力越幸福，不断学习，辛勤工作，这是最好的家教。

母亲的优雅对下一代有着根部滋养的力量，因为身教大于言教！孩子的一言一行都是模仿父母得来的，孩子的良好习惯也是得益于父母的影响，正所谓“母亲不尊，子女难贵”。好女人是男人一生的福气，好母亲是家族世代的福报。做一个优雅上进的女人，你的全家甚至三代都受益。

生活中的不确定因素太多，我们的内心深处也可能或多或少隐藏着原生家庭带来的创伤，不可能做到面面俱到，时刻不出差错。坦然接受自己没做好的时刻，接受自己能力有限，对自己宽容一点，会更好地接纳孩子，不再有很强的控制欲，对孩子、家人也会减少一些过高的期望和要求。

我们都面临两种期盼：自己对自己和自己对别人。两种期盼都在影响我们的人格。当我们在他人的期盼下，扮演好自己所选择的角色时，他人的期盼就成为我们人格的一部分，我们也同样期盼他人在自己的希望中活成自己想要的样子。同样，我们对孩子、对丈夫的期许也是这样，我们是什么样的人，我们的期待也会是什么的，优雅的有修养的母亲，一定有一个率真知性的孩子，有一个大度涵养的丈夫。

一个家应该是什么样子？

作家杨绛在《我们仨》一书中写道：“我们这个家，很朴素；我们三个人，很单纯，我们与世无求，与人无争，只求相聚在一起，相守在一起。各自做力所能及的事，遇到困难，一同承担，困难就不复困难；不论什么苦涩艰辛的事，都能变得甜润，我们稍有一点快乐，也会变得非常快乐。”

一个家庭需要每个人的付出，才能幸福美满。但是有些女性，觉得自己为家庭付出太多，感到委屈，所以一开口就是抱怨或者指责，这样的话，夫妻关系会越来越僵，越来越没有话说。

接受自己的不完美，家庭才能趋向完美。

有些人总觉得全世界都欠他。为他做事是应该的，不做事倒成了过错。遇到这种人，你要明确地告诉他：“对你好是情分，对你不好是本分。千万别拿着情分当本分。”如果一个人连点感恩心都没有，那他就不配得到任何的情分。不管是感情还是友情，都只给懂得感恩的人。

高尔基说："婚姻是两个人精神的结合，目的就是要共同克服人世的一切艰难和困苦。"

中国古话讲："各自责，天清地宁；各相责，天翻地覆。"幸福还是痛苦，往往就在一念之间。我们要学会为婚姻"把脉"，这样家庭才会坚固和幸福。

人与人之间是有姻缘的，婚姻就是最好的姻缘。婚姻是最好的修行，而并非只有打坐和磕头才是修行。婚后，两个人从相互不适应到逐渐适应对方，这就是修行。女人在婚姻中只有通过修行才能让自己更幸福。每个人在这条道路上都是新手，如做饭一样，有的喜欢偏咸，有的喜欢偏淡，不要强调自己的意见，而是寻找各种方法，相互适应，修炼自己，完善自己。

我们总想改变别人，就是没有想过改变自己。罗丹说："有人问我为什么能把一块石头雕刻得栩栩如生，我告诉他们，其实美早已在生命里了，我只是把多余的部分敲掉。"

生命中最重要的是：真实地去生活，不要屈服于同龄人的压力，时间有限，不要囿于成见，不要让别人的观点掩没自己的初衷和梦想，要有自己走下去的勇气。81 岁的"学霸奶奶"薛敏修完成天津大学成人教育电子商务专业所有课程的学习并拿到毕业证书，最后一门计算机课程的考试她重考了六次。她学会了五门外语：中文、英语、法语、俄语、拉丁语。

女性幸福锦囊：一是永远不要停止学习；二是永远不要放弃美丽。持续学习的女性有安全感和危机感，会非常勇敢地面对未来的变化，面对可能出现的危机到来。永远不要以为智慧可以代替美丽，智慧只是美丽的延长线。当我们的灵魂被世俗社会磨蚀出更多更厚的茧时，更加需要有这种自查能力，这种历经了岁月的睿智和优雅。

幸福就是一双鞋，合不合适只有自己一个人知道。有人会太在意外界的声音，人家说好的，对自己就是好的，别人说不好的，那肯定就是不能要的。但到底是不是合适你，旁人又怎么知道呢？

杭州灵隐寺有一副对联：人生哪能多如意，万事只求半称心。这种"半称心"的生活就是知足常乐、随遇而安的心态。

作家塞林格在《麦田里的守望者》中写道："记住该记住的，忘记该忘记的。改变能改变的，接受不能改变的。"

二、爱的力量

爱是一种力量。

爱是一种艺术。

爱不仅仅是一种强烈的情感，它是一种决策，一种鉴赏力，是一种语言，一种温暖，一种幸福。爱是一种意志及生命相托的行为。爱是一种责任，你要付出爱，你就要负责。

爱是一种精神与另一种精神的紧密拥抱，是一个灵魂与另一个灵魂的彼此共生、相互归属。在爱中，世界就是你，我也是你，全然融为一体。这就是彻头彻尾的爱，不离不弃，至死不渝。

爱具有创造力。世界上所有的仇恨化解，不是通过报复，而是通过爱的方式。

美国作家杰克·伦敦说："没有一种爱会被忽略，只要你不计回报、坚定目标，就能看到光明。"

爱是平等的，女性只有通过克己和忠诚才能获得爱与尊重。

有些人总是抱怨道："我活得很不快乐，因为先生经常不在家。""我的孩子不听话，我很生气！""老板不理解我，我情绪低落。"等等。

这些人都把爱的愉快寄托在别人身上，让别人来控制自己的心情，自己的快乐取决于别人，而不是取决于自己的内心。我们在爱别人之前，要先爱自己。一个连自己都不爱的人怎么可能有能力去爱他人呢？

生命的美，在于心底的爱和善良！天有大美而不语，故能覆其阔；地有大美而不言，故能载其远。这就是天地大美！"你对别人的好，别人知道，自己不知道。你的富有，自己知道，别人不知道。"这就是人间之美。生命是一种缘。无论怎样的爱都应是一份美好礼物。刻在心底里的爱，因为无私无欲，因为淡泊宁静，因为关心与付出，才会真正永恒。

爱需要不断充实，不断变幻色彩，不断付出与给予，才不会枯萎绝望。有时候放不下，是因为太过于坚持一些不该坚持的东西。佛经上说："万事莫强求，刻意必遭苦。"所以有些事、有些人不必刻意靠近和疏离。一切随缘来去，则是最好。

每一位女性，要想成为天使，就要拥有无限的爱，拥有超出常人的胸怀和智慧。

爱情和雨水一样幸福。感受生命的丰盈，珍惜时光，时光亦待你温柔。最好的沟通，是用爱滋养对方，也滋养了自己。

如果将岁月的视线拉长，我们可以看到岁月中发生的一切都不足挂齿，只有生活着的过程才会让我们惊喜，才会在我们的记忆中变成永恒。

不要总是对过去发生的事耿耿于怀。当年，我们也许与家人吵得不可开交，发誓不再回到那个伤心的地方，与那个不开心的人在一起，但最后，可能最让你引以为豪的，是终于懂得了放低自己的姿态，回到家人身边，陪伴与经营家庭。因为，强势也罢，隔阂也罢，终将风轻云淡，唯有家与家人，才是爱的本源。

记恨别人，其实就是拿痛苦来折磨自己，因为不敢在明处复仇，所以就在暗地里攻击，不知不觉间，使自己的人格越来越扭曲，就变成了一个活生生的小人。所以不要轻易记恨别人，因为人生最大的美德是宽容。

恋爱婚姻中，两个人要过得幸福，就必须承担起相应的责任来。但是有些人总是淡化自己的责任，希望对方承担更多的义务，对对方提出更高的要求，这样就会造成矛盾。无论是恋爱还是婚姻，我们不要问对方能给我们什么，而应该问问，我们能为对方付出什么。任何事情没有绝对的对与错，就看你所站的角度是什么样的。当学会站在对方的立场上去看待一件事情时，才会发现与原来看到的不太一样。

人生路上，相亲相爱，没有必然，只有自然。不必说想，不必说念，只要心中有爱，自然就是幸福，自然就是心安。你爱上了谁，谁爱上了你，有无数种可能。林林总总的爱，随时都可能发生，又随时都可能改变。所以，对于爱情，我们强求不得，一切的一切，都是自然而然。

我们常常犯这样的错误，就是把自己拥有的看得太轻，把得不到的看得太重。要知道，万事来去总有因，万物得失常在缘。因此，学会随缘，珍惜当下所拥有的事物，享受此刻所拥有的生活，才是最好的活法。

人有大度便有快乐，人有修养便有气质，人有爱心便是善良，人若淡然便能从容。随意心情才能平静，勤奋人生才能辉煌，豁达生活才能幸福。人生，有多少计较，就有多少痛苦。有多少宽容，就有多少欢乐。痛苦与欢乐都是心灵的折射，像镜子里面有什么，决定于镜子面前的事物。

《道德经》中写道：“上善若水，水善利万物而不争。处众人之所恶，故几于道。”

水为至善至柔；水性绵绵密密，微则无声，巨则汹涌；与人无争却又容纳万物。人生之道，莫过于此。与人相处应该以宽为主，太过拘谨、太过苛刻都不为佳。

王尔德说：“珍爱自己，是一生浪漫的开始。”

仓央嘉措在情诗中这样描述爱：

最好的爱，使彼此成为更好的人。

相遇很美，离别也一样的美。

我送给你一串看不见的脚印，

你还给我两行摸不着的眼泪。

我也一样，忍住了看你，却忍不住想你！

想你比看你还要陶醉：哪来的暗香？

茫茫人海，相遇不易，

别去问，永远有多远，

只将，最真实的灵魂，

放在彼此心底最柔软的地方，

你在，我在，就是生命最美的时光，

你念，我亦念，就是世间最深情的陪伴。

我不是在最好的时光遇见了你，而是遇见了你，我才有了这段最好的时光。

女人应该记住：注重内心但不要忽略外表。做不了决定的时候，让时间帮你决定。如果还是无法决定，做了再说。宁愿犯错，不留遗憾。人生三千事，淡然一笑间。我们要成为自己的太阳，不需凭借谁的光。不要奢望着马上有一个人来爱你，马上有一个人来依靠，那些都是不可预知的等待，与其等待未知，不如尝试着努力爱自己。爱的过程中有时你会受伤，这不是爱的错，不要害怕去爱。

爱一个人最好的方式是接受他的一切。人都有两面性，人性有黑暗丑陋，也有光明美好，不要寄予过大的期望，也不必太在意，因为爱永远在人间。

我们既然爱一个人，不光要爱对方的优点，还要善于从对方的缺点中发现他独特的美。唯有如此，我们的爱才会越来越深，两个人才能天长地久。

不求深刻，只求简单。简单的事情重复做，你就是专家；重复的事情坚持做，你就是赢家！打电话的时候记得微笑，对方听得见。任何场合，保持应有的涵养。学会说谢谢、行、快了、对不起。做错了事情要懂得道歉和悔过。养成写日记的习惯，哪怕只言片语。

这个世界上除了事实判断，还有价值判断。我们评价一个事物，不光要看对不对，还要看好不好。我们讲话不光要符合事实，还要对得起良心。我们不仅要尊重事实，而且要敬畏道德。做错了就承认，有时没有做错，遇到不理解也不要在意，因为我们心中有爱。

看透了，假装没有看透。要读好书，陶冶情操，提高品位，不断学习，每一个不曾起舞的日子都是对生命的辜负。有人经常问：“你总在学习，通过学习，最后得到了什么？”我回答：“什么都没有得到。”再问：“那你还学习做什么呢？”我微笑，回答：“不过我可以告诉你，我失去了很多！”“失去了愤怒、纠结、狭隘、挑剔、指责、悲观。”“失去了肤浅、短视，失去了无知、无助。”

学习的真谛不是为了加法，而是减法，提升的目的不是为了得到，而是放下。女人可以老，但一定要优雅地老去。

古人云：“所谓美人者，以花为貌，以鸟为声，以月为神，以柳为态，以玉为骨，以冰雪为肤，以秋水为姿，以诗词为心，吾无间然矣。”现代女性的魅力，永远都少不了这三种特质：柔韧坚定的性格，有趣的灵魂，一颗不忘学习的心。这样的女人，走在人群即使不说话也自带光芒。

想办法努力赚钱，而不是如何省钱。愤怒的时候，数到 30 再说话。不要为了任何人放弃自己的梦想。一个人可以假装一切，却无法假装幸福。

简朴的生活、高贵的灵魂是人生的最高境界。忍能养福，慈能养心，喜能养颜，爱能养行，诚能移性，勤能生财，宽能聚气。

人这一生无非在做两件事：谋生，谋爱。没有钱，委屈肉身。没有爱，折磨灵魂。好好做事，营养肉身。好好做人，以人为善，丰满灵魂。欧文·戈夫曼在《日常生活中的自我呈现》中写道：“人生如戏，但你并非木偶，而是一个有独立人格的演员，你的每一个表演都是对人生剧本的重新创造。”

每个优秀的人都有一段默默无闻的时光，那段时光，是付出了很多辛苦与努力，有时看不到希望，更得不到结果的日子，我们把它叫作厚积。

成大事者必有大气，有大气者必有大忍。忍不是逃避，而是能量的一种积蓄，等到一定的时机选择爆发。聪明是一种天赋，而善良却是一种选择。善良是世界上最美好的品德。他或许不能让你得到所有你想要的，但却会让你内心安定。拥有快乐的心态是人长寿的秘诀。保持青春的最好方法就是常怀一颗可乐的心。微笑是一个人最美的铭牌！一个懂得宽容的人，心胸必定也是宽广的。

对于女性，要记住不管婚前还是婚后，每天都是新的开始，不要因此而疏忽提升自己。如何爱一个人而又不失去自己的独立性，是每一个女性都应该思考的问题。费尽心思讨好，却换来不需要；使劲对一个人好，却得到不重要。

被别人关注和讨论，是很厉害的。有时候你什么也没有做，就是遭人嫉妒，你不用在乎，即使99%的人都不理解你，也不妨碍你成为一个优秀的人。所以，当别人说你好的时候，你未必就很好，当别人说你不够优秀的时候，你未必就不够优秀，重要的是你自己对自己有正确的认知。我们的外表、身材、做事的风格不取决于别人，而是取决于自己。你要展示出自信的魅力，接受自己的优点和缺点。

不要总猜想自己在别人心中的分量，做最好的自己，就足够了。我们要学会爱自己。爱自己的人可以静心地与自己相处。一个人可以被自己的光辉充满，被自己的尊荣充满，被自己的优雅充满，因为你活着，因为你存在，因为你美丽，你就很快乐。一个人从爱自己开始，然后才会将爱扩散，将爱洒向人间。将你的爱分享给更多的人，将你的喜悦分享给更多的人，将你的美丽分享给更多的人。

在通往美丽的路上，女性首先要愉悦自己，而不是讨好别人，不要因为讨好别人而改变自己。

选择和一个人在一起，不仅仅意味着接受这个人的灵魂，渴望将自己的人生与对方融为一体，同时也要接受他的生活方式和生存环境。

在一起的那个人，一定是发自内心的能够活到一起、吃到一起、玩到一起的人，不需要取悦对方，只需要做好自己。爱不占有，也不被占有。

爱只是在爱当中得到满足。真正爱一个人：有一点快乐便要与他分享，有一点悲伤便要与他诉说，自己享受美食的同时惦记他是否吃饭，自己在欢愉的时候想着他是否寂寞。

俄国作家车尔尼雪夫斯基说：“爱一个人意味着什么呢？这意味着为她的幸福而高兴，为使她能更幸福而去做需要做的一切，并从中得到快乐。”

爱是需要付出的，不以占有为目的的爱情才是真正的爱情。爱情是两情相悦，不是一厢情愿，你爱他，他不爱你，就不要勉强。

真正的爱，是发自内心的，是一种很迷人的气质，和外表没有多大关系。真正的爱，并非天真或单纯，须是世事洞明、人情练达之后，却依旧能以坦然之心来对抗乏味的生活的一种力量。

爱，是一种非常珍贵的人生品格。爱，是与外表无关的，是一种遵循内心的自在洒脱。

女人之美，不在身姿与面容，而是不嫌夫君穷！男人之伟，不在财富与权谋，而是不厌糟糠丑！时光荏苒，当美貌不在，当财富散尽，你们还是否相爱？相守一生，靠的不是坚持，不是忍耐，而是发自内心的与君相伴到老。只有相濡以沫一生，同甘共苦一世，才是爱情和婚姻的真谛。爱人是需要去爱的。

禅宗里有一个偈语："吃饭时吃饭，睡觉时睡觉，做工时做工。"听起来很简单，其实有时很难做到，只因吃饭时老想着睡觉，睡觉时老想着做工，做工时老想着吃饭，于是也就没法发自内心地爱起来了。

对于我们来说，一个人的修养追求应该是"平淡天真"。保持一个恬淡包容的心情，放下一些名利，不计较，多感恩，有追求，做自己感兴趣的事情，自然生活就会爱意浓浓。思人恩德，想人好处，这叫聚光。光向上走，表现在脸上，就是微笑，微笑的脸是元宝形，嘴像莲花一样，肯定好运。想人不好，抱怨人、嫉妒人、憎恨人，这叫阴。气阴则下沉，表现在脸上，就是冬瓜脸、苦瓜脸，肯定倒霉。

平和的你，才最美丽。

钱钟书创作《围城》时，全家人都为此付出了大量的时间和精力。为全心全意投入写作，钱钟书特意向学校请假，减少了任教的时间。如此一来，家里少了一部分收入，不得不节省开支。而杨绛也果断辞掉家中女佣，甘为"灶下婢"。

那段日子里，她在外要写文章、做学问；回到家中，无论是劈柴生火还是做饭洗衣，也样样做得。

钱钟书的母亲对这位儿媳赞不绝口，夸她："笔杆摇得，锅铲握得，在家什么粗活都干，真是上得厅堂，下得厨房，入水能游，出水能跳，钟书痴人痴福。"

等到《围城》出版，钱钟书在序中深情地写道："这本书整整写了两年，两年里忧世伤生，屡想中止。由于杨绛女士不断地督促，替我挡了许多事，省出时间来，得以锱铢积累地写完，照例这本书该献给她。"

曾有记者问杨绛，由一代才女沦为"灶下婢"，是否觉得委屈，杨绛答："不委屈。"

记者又问她为什么，杨绛说："因为爱。"

因为爱，我们学会了付出。

因为付出，我们感受到被人需要的幸福。每一次付出的过程中，我们的心都能得到一种满足。

英国哲学家罗素说："关于道德，爱是明智的，恨是愚蠢的。我们必须学会容忍他人，并接受这样一个事实：总会有人说出我们不想听的话。"

三、大写的你

你不用靠家庭或出身的富有获得的天然的优越感去武装自己，也不用每天都活在被人赞美与期待的世界里，你要尽心尽力地活成自己，活成自己原本的样子，那些完美的或者不完美的，都是自己生命的财富。

自信从哪里来？从自己的内心深处来。所以，你要找到你自己。你的坏，你的好，你的长处，你的短处。只有全面了解自己，才能任凭八面来风。只有充分经营自己，才能逐渐出类拔萃。喜欢你的，说声谢谢；辱骂你的，淡然笑笑。帮助你的，记得感恩；攻击你的，敬而远之。绽放最美的自己，不要讨好任何人。做人就要像花一样，不管有没有人欣赏，一定要绽放，不是为别人，而是为自己，不做别人的赏物，只做最炫丽的自己。

这世上，有些人把你当童话，有些人把你当神话，也有些人把你当笑话。没关系，做最好的自己。花若盛开，蝴蝶自来，你若精彩，幸福开怀！

我们要生活得明朗一些。也就是说，不管是顺境或逆境，不管生活中成就的大小，都要坦然、光明、快乐地对待，活出自己的精彩与美丽，这是一种智慧与聪明。

人活着，不单是为自己活着，更重要的是为家人之需、他人之需而活着的。做一个被需要的人，不仅仅是人的基本责任和义务，更是做人的最高境界。世间总有喜欢你的、需要你的人，所以自己遇到再不如意的事，也要好好活着。只要你好好活着，好好学习，好好工作，开开心心过日子，就能让生命的价值得到提升，就能活出自己的运气与精彩。

努力之后才有资格谈运气，控制脾气才有资格谈修养。

一些女性结婚生子后，总是认为自己生命到了瓶颈期，认为这个时候要被社会抛弃了，有机会学习也不努力。但往往这个时候站起来，就是真正的强者。

你越努力，越幸运。上天给每个人的机会都一样，但每个人为此准备却不一样。女性喜欢追求完美，这世界上就没有完美的美，花开千朵，各花入各眼，美，或者完美，一切来源于每位生命个体的心灵宇宙，因为美，定义在他或她自己的心里。

世界的美好，都是相互的。一个人的修养关键在于控制自己情绪，控制好自己的脾气。女人是天使，天使自然要控制好自己的脾气，要干净清洁，包容大方、仪容整洁的才是真正的美人。

别人给你的爱，不会超过你早就拥有的。没有人给你爱，所以没有人能从你那里夺走爱。

每个人的美感都和别人不一样。保持你的样貌，保持你的肤色、身材、品位，很多时候别人看到的美丽与自己想象的是不一样的，最美的时刻一定是我们不必取悦任何人、内心绽放极致的自然呈现，那一刻你是最美丽的，因为你的内心已摆脱对美的设限，你发出的是你生命本源的光亮。追求美的终极目标是追求自信与自我愉悦。

大学毕业时，杨澜走进美女如云的中央电视台《正大综艺》栏目选拔现场，一位评委问了一个问题："杨澜同学，你觉得自己漂亮吗？"杨澜没有感到尴尬，她非常镇定地回答道："我不算漂亮，但也不丑，我觉得自己挺有气质的，为什么女孩一定要漂亮？做主持人一定要有的是自己的见解，不是吗？"杨澜改写了中央电视台挑选主持人的标准，改写了美丽之于女性的既定规则，充分展现了自己的个性美。

我们认真做人，努力工作，为的就是不依附。在婚姻里共同进步，才能爱得真实，爱得纯粹！

美丽的标准是多重的，外形的美会让你得到很多赞美，但内心却不一定开心、富有，如有的女演员，为了控制自己的体重，每天都是饥肠辘辘，想吃不敢吃。专注内心的美，会让你活得明白、自我、放松、快乐与满足。

当人们习惯了某种习惯，习惯的力量会驱使人们走向习惯的轨道，影响和改变着人的品性和行为。更可怕的是"习非成是"，对错误的事不以为意，反而认为是对的。所以，我们的有些习惯是要改一改。如现代女性在工作中风风火火，干练、自信，很好，但有时把它带到家里就变成了霸道与不讲道理，刚硬、不可理喻，因此，要用读书来修炼。

我们可以按照老子在《道德经》阐述的哲学观点，也是道家的最高境界：柔、静、慢来修炼。老子说，世界上没有比水更柔弱的东西了，但是水却最能以柔克刚。静，平静下来水为清，人心也是如此，人只有心静才能很好地思考生活。慢，就是遇到事情沉着冷静，不慌张，在日常生活中，让自己慢下来享受生活中一切的美好。

道家要求人做一切事情不暴不躁，不“乱”不“浊”。

优雅女性不一定要成为第一，但一定要成为唯一。每个人经历不同，她身上最独特的美丽就不同。你的眉毛想打动人就得拥有善意的笑容。再好的化妆品也化不出上扬的嘴角，再精湛的整容术也整不出会笑的眼睛。遇见最美的笑容，遇见最美的自己。

三毛说：“刻意去找的东西，往往是找不到的，天下万物的来和去，都有他的时间。”当我们的心智足够成熟，经历足够丰富时，就会越来越能够感知到美和那份深沉的用心。

每个人都可以活出自己的繁花盛开！女人，要把自己活成一道光！

亲爱的你，全世界就算只有一个你，就算没有人懂得欣赏，你也要好好爱自己，做最真实的自己。挥别错的，才能和对的相逢。

如果将关注的焦点放在对现状的不满上，习惯于“都怪他，才让我这么惨”的消极思维，说明你正处于视点低、视野狭隘的状态。因为你将自己束缚在那个环绕自己的狭隘世界之中，才看不到那些幸运的部分。

春天，有时就在不远的拐角处。现在的你，好好感受一切，让我们带着感恩之心感谢一切的来临与逝去。

你是我生命中最好的遇见。每个人都应该把自己当作品牌来经营，你的每一次亮相、每一次着装、每一次表达上都有你的品牌影子。我们活在时间之中，也活在时间之外。过去与未来的生活就汇集于当下！

什么都可以将就，唯有美丽不可以。从一个女人的身材可以看出她的修养与自律。

董竹君，12 岁被父亲押给青楼做了三年的“清倌人”，卖艺不卖身，后来创办锦江饭店，晚年时还经历过两次牢狱之灾，在狱中她学习蒲松龄，将污墙幻化为仙画，她和女儿们就做优哉游哉的画中人；又将肥皂放在床头，皂香袅袅，祛除污浊的空气，在困难的环境中，如此细致而又富有诗意美感。她活到了 97 岁。她在自己的回忆录《我的一个世纪》中说：“我从不因被曲解而改变初衷，不因冷落而怀疑信念，亦不因年迈而放慢脚步。”这就是初心。

著名作家杨绛说:“所谓人生,并不是与他人的斗争,而是与自己的斗争。为了在这场斗争中活得胜利,最重要的是内心必须坚定,控制住自己的感情和欲望。我懂得平凡但归真的道路:金钱、名誉和权力都如同刹那间烟消云散的一抹灰烬,只有正直的人生才是最有价值的。”

杨绛 48 岁从零基础自学西班牙语,她翻译的《堂吉诃德》被公认为优秀的翻译佳作。杨绛家中很简陋,地面还是水泥地,使用的家具也十分简朴,但她却将家里珍藏的珍贵文物、字画全部无偿捐赠给了中国国家博物馆。2001 年,她在清华大学设立了“好读书”奖学金,累计捐款 2000 多万元,资助了数百名优秀学子。而且,当初设这个奖学金的时候,杨绛先生了一再明确提出,奖学金不以自己和丈夫钱钟书的名字命名。舍得下自己的万贯家财,才能放得开那些因私的羁绊。一个人就是这样优秀和优雅,这份优雅凸显了人性的高贵和人格的魅力。

岁月何曾饶过谁?除了那些有准备的人。“传奇奶奶”姜淑梅,60 岁开始识字,识字以后,她看了莫言的几部小说,看完就不服了。她说,都是山东老乡,这样的小说我也能写。于是,在女儿的鼓励和支持下,75 岁开始写作。4 年间出版了 4 本书,引起了文学界的震动,还拿了很多奖,78 岁成为中国作家协会会员,她的打算是:只要活着,一年要出一本书。

“不怕起步晚,就怕寿命短,千万别偷懒”,这是姜淑梅的人生告白。人生因为努力而美丽,人生因为努力而更具魅力。

所有优秀的女性都是非常自律的。自律改变生活,每人每天拥有 24 小时,早起可以多活出半天的精彩!不埋怨谁,不嘲笑谁,也不羡慕谁。阳光下灿烂,风雨中奔跑,做自己的梦,走自己的路。

塑造优秀的自己,过程很痛苦,要耐得住寂寞,要有一股不服输的韧劲。

在这个激变时代,我们就好像在大海里航行的小船,要学会与风量抗衡,而不是指望天气一直很好,不奢望岁月静好。种一棵树最好的时间是现在,现在,凡事都有定期,何时播种,何时收获,天下万物都有定时。

女子温润如玉是一种优雅,但一个人最高的优雅是恪守内心的尊严。真正的精神贵族,既不迁就自己,也不迁就别人,更不迁就世界。

女性应该像流水一样,既要有耐心,具备一定的刚度,又要学会灵活,具有一定的韧性,更要有水一样利万物而不张扬的低姿态。世上的人都希望往高处走,唯独水总是往低处流,只有不断地摆正自己的位置,才能如水一般利万物而不争。

一个女性不辜负这一生就好了。在出现问题时能第一时间放下，能够及时止损，其实我们最大的成本是时间和精力。不要用自己的道德标准来衡量别人，懂得尊重他人，才是一个人最基本的修养和美德。

记住：所有的光芒都需要时间才能被看到！

善待父母；和好友相聚；培养自己的小爱好；保持健康的生活方式；整理房间；适当放松自己，不要拒绝哪怕一次微小的开心；经济独立；有自己的审美情趣。

烦恼不无根，不捡自然无；困惑本无源，不究自轻松。世间之事，一念而已。

相由心生。你心里有什么，你看到的就是什么。心理灰暗，就会看到满目灰尘，你觉得灰尘如山大，就会满地玻璃心。

比如给人发条信息，也许是很普通的事情，但是自己很急，先发 100 字试探，对方还没有来得及回复，又发 100 字补充，然后再发 100 字抱怨，继而发 100 字怒斥，最后发 100 字谩骂……

这种烦恼是自己造成的，只能说明太在乎自己，以自我为中心，不考虑别人的感受，也不考虑他人当时所处的境遇。

不惜我者，绝不为我所藏；不爱我者，你配不上在我心上！

不爱理你的人就别去打扰了，赔了笑脸还丢了尊严；不合适的鞋就别去硬塞了，磨了自己的脚还落下血泡。感觉不到痛苦的爱情，不是真正的爱情；感觉不到幸福的婚姻，必是悲哀的婚姻。

一副对联写得好，上联：若不撇开终是苦，下联：各自捺住即成名，横批：撇捺人生。

这副对联很有深度。“若”字的撇如果不撇出去就是“苦”字；“各”字的捺笔只有收得住才是“名”字；一撇一捺即“人”字。是啊，水无两点难结冰，“人”字两笔：一笔写得到，一笔写失去。

人生在世，没有永久的得到，也不会永远失去。得失总是相伴而行的。你在得到的同时也在失去，得失之间，莫要太过计较。

泰戈尔说：“不用留恋道旁的小花，在你前行的路上，沿途的鲜花会为你竞相开放。”

凡世间之事，撇开一些利益纠结就不苦了；看方寸之间，能按捺住情绪才是人生大智。无论世道无常，无论人心叵测，得意与失意，荣耀与沧桑，女性都要学会认识自己、接受自己、喜欢自己、成长自己。

女人总想获得安全感。其实，安全感很难从他人的身上获得，更多来自自身的建立。男人是天生的狩猎者，他们对自己心仪的女性，永远保持着强烈的靠近欲和征服欲，而智慧的女性要把自己塑造成聪慧优雅又不失韧性的女子，不断学习。

怎样才能把自己塑造成聪慧优雅又不失韧性的女子呢？只有把美的形态与美的德行结合起来，不断地充实自己，完善自己，增强自信心，才能逐步达到美的境地。

成功的人不是赢在起点，而是赢在转折点。长得帅气，自己却不知道，这就是气质；有钱有才华，别人却不知道，这就是修养。赠人玫瑰，手有余香，多去理解尊重别人，常怀宽容、感激之心，宽容是一种美德，是一种智慧，海纳百川。感激你的朋友，是他们给了你帮助；感激你的敌人，是他们让你变得坚强。好心态让人愉悦健康。遇事不要急于下结论，要学会换位思考，大事化小，小事化了。学会知足，人生最大的烦恼是没有意义的比较，这世界总有不如你的人，也总有比你强的人，当我们不争时，就活出了真我。

跟家人争，争赢了，亲情没了；跟爱人争，争赢了，感情没了。放下自己的固执己见，宽心做人，舍得做事，赢的是整个人生。你总羡慕别人美丽的景色，有人却喜欢你的美景。美有美的亮点，丑有丑的情趣，自己本身是一道风景，只是你没有去欣赏过。活出自己的格局，遵循自己的内心去面对生活。活出自己喜欢的样子，只管欣赏自己就好。

离你最近的人最值得你珍惜。因为，这个世界虽然很大，但我们生活的圈子很小，街上的人很多，但与你朝夕相处、息息相关的人却很少。而离你最近的人，他们的快乐与幸福，将直接影响着你的快乐和幸福；同样，你的快乐与幸福，也直接影响到他们的快乐与幸福。

珍惜离你最近的人，尊重他们，善待他们，珍惜他们。交流是互通的，你珍惜他们，他们也会尊重你、珍惜你的，这样你就不会感觉很孤单。多一份平和，多一点温暖，生活才有阳光。别奢望人人都懂你，别要求事事都如意。苦累中，懂得安慰自己。

人只有严格要求自己，经常反省和改善自己，不断追求更好的自己，而非一味让别人和社会适应你，才值得拥有更好的家庭、事业乃至人生。没人心疼，也要坚强；没人鼓掌，也要飞翔；没人欣赏，也要芬芳。忙时，偷偷闲，别丢了健康；累时，停停手，别丢了快乐。只要心中有家，人生就不会迷路。时光很美，让我们同行吧！人生是一场修行，只有更好，没有最好。

阻止你变得更好的那个敌人，从来都不是年龄，不是钱，不是别人的眼光，一直都是你自己。

能征服人心的，永远不是小聪明，而是厚道。能感动人心的，永远不是语言，而是行动。能始终如一的自己，永远不伪装，真诚到永远！

四、精神长相

精神长相，是一种看不见的能力，这个能力决定了一个人的精神世界与气场。

人之长相，分为体貌和心灵。

以貌取人有时真的很公平，因为相由心生，一个人的脸就是一张履历表。你内在的素质、内在的修养决定了外在的形象和风貌。不管是男生还是女生，无论你我他，只有自己足够优秀，才有底气和福气去般配他人的优秀。

独立的女性才有灵魂。自信、洒脱、智慧、包容是每一位女性的精神长相。

没有自信的女性，是没有真正魅力的。没有智慧的女性，是没有内涵气质的。真正优雅的女性，只是一个平平常常的女性，但当她走过你身边时，你能感觉到她走路带风，有一个气场，好像生来就有一种娴雅的气质和诱人的风度，让你不肯移开目光，令人难以忘怀。

我们每年花在找东西上面的时间很多，这是我们自己造成的。总是有所准备的人，其一举一动看上去也很美。看似不紧不慢，实际上速度很快。需要的东西随时准备好，尽量省去找东西的时间，这种用心就生出了一种美，一种对生活的从容之美，一种对生活的规范之美。

所以你从来不是为了离开的他，而是为了下一个即将到来的他。在新的爱来临之前安营扎寨，努力修炼自己，总有一天你会华丽转身，即使没有那个“对的人”，也会拥有一个“不再错”的自己。每个人都需要被看见，前提是，我们一定要首先看到自己，看到自己的存在，才能正确地看待他人。

有些人和事的出现，是为了在我们的世界里打开一扇门，照亮一条通道。让你知道，曾经在一个幽闭的房间里没有烛光而固执地寻觅，是多么辛劳。少一分沉重的世俗的背负，少一分对尘世的怨恨与幽怨，多一分坚韧，多一分自信，淡泊宁静地面对生活。

如果生活真的有诗有远方，梦想自然会成真！爱想爱的人，去想去的地方，做心甘情愿的事；人生一路顺风一路歌，花开花落两悠悠，岁月如春心如春！竞争社会优胜劣汰，你不学习，你不充实，你就落伍了，就会被淘汰，被灭灯。

失败者各有各的挫折，成功者却只有一个，那就是坚持、坚持、再坚持。长路且行且远，心里有着单纯而有力的意愿，一路向前。

一个聪明的女性应该学会扬长避短。一个成功的女性需要征服的不仅仅是困难、挫折，更是自我。一个女性成功的秘诀在于：赢得每一个人，而不是打败他们。

富贵可以包装，高贵却难以包装，它是一种气质、风度、仪态、谈吐、智慧等，这种美是很难以达到的，这就是优雅之美。

人生或漫长，或短暂，或平淡无奇，或波澜壮阔，都是只有一次的单程票。每个人都是一个发光体，点亮自己，照亮别人，愿我们芬芳彼此的生命，照亮彼此的路程，世界因我们而魅力精彩。

是什么在阻碍你的幸福之路？

挡住你视线的或接受它，或冲破它，或征服它，绽放你本自具足的生命之光，光耀世人！混浊之心如坠云里梦里，止而观之照见真山真水。

有一个古代笑话：

冬天，三个老头一起蹲在墙角，一边晒太阳，一边大谈理想。

拾粪的老头说："如果我当了皇帝，我就下令这条街东面的粪全部归我，谁去拾就派公差去抓他。"

砍柴的老头说："你就知道拾粪，如果我当了皇帝，我就打一把金斧头，天天用金斧头去砍柴。"

讨饭的老头说："你们两个层次真低！都当皇帝了，还用得着干活吗？要是我当了皇帝，我就什么也不干，天天坐在火炉边吃烤红薯。"

起点不一样，眼界自然不同。有一些你自以为是追求的极致，不过只是别人的底线罢了。环境不同，角色不同，心态不同，眼界自然就不同。我们无法选择原有的出生与起点，但是，我们可以斩断原有环境带来的不良影响，通过学习来开阔自己的眼界。

第三节　女性形态与仪态美学

前苏联诗人马雅可夫斯基写过这样的诗句：世界上没有任何一件衣衫，能比健康的皮肤和发达的肌肉更美丽。苗条的身材、光洁的皮肤是女性美的基本标志。

想要变美是所有女性的本能，但是许多女性在追求美的路上，没有明白女性身材变美的基本逻辑，导致她们用局部的观点去看待自己的身体，同时又采用欧美的训练体系，结果身体越练越粗。

女性在锻炼中应该保证不丢失与生俱来的柔美，更需要凹凸有致的身形和纤长优美的体态。

女性形体塑造就应该精细化，但从头到脚精细化的同时不能将身体这一整体分割开来。

一个优雅的女性主要表现在形态与仪态两部分。优美的形态表现出身材均衡对称，比例适当，线条感强。仪态主要表现为脸部丰润，眼神灵动，姿态柔美。形态与仪态的融合反映出女性的内在高贵、风韵灵动。

形态重点在脊背，主要是挺拔的站姿，让身体在健康的状态下变得纤细、苗条、均匀、修长而挺拔。

女性要想身形挺拔，可双脚“一字步”站立，每天坚持 5 分钟。仪态部分主要表现为灵动的眼神、迷人的微笑、内心的包容。中国古代女性下美在貌，中美在情，上美在态。

优雅美学是女性对人生的追求与鞭策！

美在一定程度上是学出来的，不是悟出来的，是一种对生活的热爱！追求美而不误解美、曲解美、亵渎美，这就要求我们从生活中领悟美、感受美，把美的外貌和美的气质、美的德行、美的言语结合起来，展示出心灵、人格、气质、外表等一个完整的优雅而美好的形象。

我们把实践课程叫“形体美学”和“仪态美学”。通过练习，可以从体态、神态、仪态、心态加以改变，并达到全新生命的状态。通过练习，从身与心、神与韵一层一层激发女性柔软的潜能，找回激情、自信和勇敢的自己，开启美丽、优雅、幸福的人生！

一、形态与仪态

（一）形态美学

形态（体态）是身体在放松状态下，不掺杂任何情绪及刻意动作的肢体位置，展开来讲就是身体姿态。体态是全身筋脉张力的外在表现，是判断身材好坏的重要依据，所以想要身材变美首先要解决的就是体态问题。

你的身材好坏是你自律与否的体现。人们常说：“如果连自己的体重都控制不了，又如何去掌控自己的人生？”体态之美是女性整体魅力的主要内容，无论什么年纪都保持良好体态的女人，人生往往是美好的。

健康挺拔的形体训练，改变的不仅仅是身材，更是身心健康和年轻的生命状态。

女性形体以纤长优美为标准，以凹凸有致为核心，从头到脚都有与众不同的雕刻方法。你应该了解自己的身体，掌握和生活融为一体的变美技巧。

形态是女性魅力之源。提升肢体对美的感知力，提高肢体语言表达能力，自觉运用肢体语言来增加女性的自信与魅力。塑造优美形体，让身体更加健康。外修于形，内修于心。

形态美学与仪态美学是一个整体，但形态美是所有美的基础。

形态美不仅是好身材，健康更重要。身体是我们灵魂的房子！

手柔软与手部有韧性是女性优雅柔美的主要体现。女人是水做的，柔软是天性，但仅仅柔软还不够，还要有韧性。

女人是本书，形态是封面，仪态是内容。高贵看颈，气质在肩，年轻在背，活力在腹，性感在臀，自信在腿，健康在脊柱，气质在仪态，不管动或不动都在通过体态表达自己。

培根说：“悦目的美，不如赏心的美，赏心的美又不如举止文雅的美。”形态就是气质美与风度美的基础。优雅的气质从何而来？它来自形态与仪态。

女性，最好的面貌是优雅，最好的妆容是微笑，最好的食品是谦虚，最好的衣裳是自信。

人最大的魅力，是保持阳光的心态。心态，就是心大一点。心态好，人缘好，因为懂得宽容；心态好，做事顺利，因为不拘小节；心态好，生活愉快，因为懂得放下。别让脾气跟着本事长，越有本事的人越没脾气。心态好的人，处处圆融，处处完满。

（二）仪态美学

香奈儿首席设计师卡尔说："没有优雅的仪态，任何华丽的服装都拯救不了你。"优雅的仪态体现在良好的修养上。仪态练习收效较慢，但越是难度大、见效慢，越要抓在手上，不弃微末，不舍寸功。

凡是会变化的就可能会消失，只有那些变化不大的，对我们的生命才是有意义和价值的。世界瞬息万变，想想在我们生命中有哪些是永恒不变的？我们的气质，我们的魅力。

女性之美，仪态为先，没有哪个女性可以年轻一辈子。当娇美的容颜不再时，优雅的体态和气质就成了自信的源泉。

女性有多大不重要，看起来多大最重要！五十多岁如何看起来像二十几岁？如何在这个年龄段拥有修长挺拔的身姿，少女般轻盈的体态，优雅的气质？要通过高度的自律、专业的优雅形体学习，才能保持体态的优美与轻盈。

要坚持，不能三天打鱼两天晒网。对自己要狠一点。自律的人一定拒绝了很多的诱惑，特别是美食的诱惑。真正成就强者的，是一颗面对诱惑不为之所动、自我要求更高的心。

练习瑜伽的都知道，初学者由相入。初学者什么都不懂，就以不懂的状态模仿外相，从而逐步靠近本质。持续积累，每天有微小的改变，可以成就美丽和自信的你。一个人付出不同程度的努力，就会收获不同程度的回报。你的付出，或许不会立刻让你转化为窈窕淑女，却可以沉淀成你的思想、格局与美丽。终有一天你会发现，你熬过的夜、读过的书、练过的功，全都铺成你脚下的路。

总有一天，你的努力，会为你证明自己。

人生没有捷径，所有优雅女性的背后，都藏着付出和努力。没有人永远年轻，但永远有人正年轻着。

二、提升气质的四个关键点

提升气质时要留意颈部、肩部、腰部、腿部，要提气、收腹、松肩、挺胸。通过各种练习，气质会有所提升。

（一）站姿

优美的站姿是衡量一个人外表与精神的重要标准。在一个人没有开口说话之前，站姿便表现了内在的精神。身姿挺拔，站如松则行如风，你的站姿是正确的吗？

优美的站姿：

腰背挺直，肩部放松，沉肩，核心部位收紧，颈部拉起来，颈部不要前倾，有头顶找天的感觉，视线平视，下颌微收，面部表情放松。

1. 站姿的四个要点

（1）提膝关节、大腿、臀部。膝关节、大腿向内收，臀部向上提。

（2）收腹部。轻轻收一点，如果用力收紧会憋气。

（3）松肩部、面部。两腮向上，嘴角上扬。

（4）挺胸。前胸挺起来，颈部向上拉直。

2. 配合运动：伸展运动

伸展运动的具体动作：

（1）侧腰。手向外转圈，中指用力，胯不动，手臂过耳后。侧腰，感觉到大臂和腰部拉伸。

（2）一手上、一手下，侧腰拉起。

（3）扎马步，下蹲推掌。掌根用力，推出，大臂带回。侧推，用力推出。

（4）放松腰背。腿蹬直，腰背直，从左到右下腰八下，吸气带回。

3. 练习

（1）慢走练习：膝关节和腿用力，脚跟着地；擦腿内侧；两脚相距一脚半距离；走在一条线上。穿裙子时，走成一条直线，使裙的下摆与脚的动作显出优美的韵律感。

（2）走路手臂练习：手臂 2/3 在前，1/3 在后；大拇指内侧擦裤缝；腹部收紧。两臂尽量收紧，往后收，肘部呈弧形。从后面看两个大臂像反括号，也像广州地铁的标识。不要甩前臂，后摆时不要甩手腕，保持平稳，走得从容。脚要像树叶一样，微微外开，两个膝盖内侧相互摩擦，走出一条直线。

（3）修长挺拔的站姿练习：纵向拉长，横向收紧，可以结合深层收缩来进行练习。可以用 9 个字来总结：头正、颈直、开肩、挺胸、立腰、收腹、提臀、夹紧（两腿）、抓地（脚）。

颈部：头顶找天，好像有一根绳子拉着你向上，百会穴找天，从两个耳朵向上的延伸线，拉起来颈部有个美人坑，侧面的耳朵、手臂与大腿在一条直线上。

练习：左耳找左肩，右耳找右肩，顺时针转圈，逆时针转圈。

肩部：带出女性温柔妩媚的一面。肩部主要向后打开，向下沉肩。练习往后转肩部，往前转肩部，前－上－后－下四个方位练习。这样可以快速消减肩部多余脂肪，塑造优美的天鹅肩部线条，展示女性魅力，把优雅雕刻在挺直的背上！

左右肩一定要平并且下沉，脖子不要往前伸。如果我们总是往前伸脖子，随着年龄的增长，后脖颈会隆起一个鼓包，我们也叫它富贵包，一旦拥有富贵包，穿再美的衣服也不能体现气质美。双肩练习可以避免颈部后面出现富贵包，在练习的时候后背的两个肩胛骨内收夹紧，挤压膏肓穴。

肩颈练习时可以配合音乐《你鼓舞了我》进行。两手打开，反扣在后背，尽量往上抬，两手前后波浪状摆动，提手腕，压手腕，用腰部的力量，核心部位收紧，两脚与肩同宽。

腰部：婀娜多姿、风情万种，柔软的腰部练习让你成为真正具有女性魅力。打造杨柳细腰，塑造女性曲线，一字步站立找到腰发力。

腿部：减去臀部多余脂肪。

塑造修长的腿部线条，如何走出风度和气质，基础步态练习：走时双腿膝盖内侧摩擦，走出一条直线，像树叶一样，迈步时后腿要蹬直。手臂摆动呈 V 字，前 1/3，后 2/3。走路时收紧核心肌群。

（二）坐姿

1. 完成坐姿的四个步骤

一是掩膝，二是并步，三是后撤右腿，四是腰背挺直坐下。

手放在大腿一半处；一般从左侧入座。坐凳子的多少以凳子的大小而定，小的坐 2/3；一般是一半，大的凳子坐 1/3。三个 90 度，一是大腿与腰身成 90 度，二是大腿与小腿成 90 度，三是小腿与脚成 90 度。

坐姿的四个脚型：垂直 90 度直立；斜放式，脚尖顺着小腿的方向；一脚前一脚后；侧跷美腿，脚尖顺着小腿的方向。

2. 优雅坐姿的关键点

没有凳子的时候：左脚后退一步，右手扶地坐下。有凳子的时候：双腿平行站立，站在凳子的左侧，先迈外面的脚，即左脚，右脚跟上并步，右脚的小腿肚往后退半步看看与凳子的距离，坐下后，一般看凳子的大小，坐 1/3 或 1/2 或满，坐多了会显出大腿很粗。坐下后手放在两腿的中间，如果与人谈话就放在谈话对象的那一边。坐下后，身体不可以前后左右摆动，背部与靠背平行。入座后，不要移动椅子。一般从左侧入座，但有时也看具体情况，有时左侧不便，也可以从右侧入座。

坐下后的脚型：两脚平行或一前一后，右脚放在左脚后面或左脚放在右脚后面。在左右移动时膝盖不要分开。女子站坐不开膝！坐下要收腹立腰，放松肩部，沉肩，脖子拉长，眼睛平视前方，视线与眼睛同高。拍照的时候视线可以在左右45度范围内。

坐下的手放在哪里？手自然交叉放在膝盖的中端也可以一只手抓握另一只手臂中间，或一只手放在腿上，一只手搭在椅背上。如果坐下面前有桌子，两臂应夹紧，不可以将肘支在桌子上，除非是拍照时。拍照时两手交叉，让两手显得修长；一手平放，一手托腮也可以。

椅背是休息时用的，不要一坐下就靠椅背，让人觉得你懒散和不礼貌。与人会面，正面对坐，会产生压迫感，应当有一定的角度，最好是45度，这样轻松些。

侧跷美腿的脚尖要是小腿的延长线，小腿要并紧。这一般只用在拍照中，生活中不要这样跷腿，不健康。坐下拍照时，脚尖要立起来。在正式场合，不可侧跷美腿，在拍照、休闲或聚会的时候可以用。

蹲下的优雅姿势：双腿并拢，面对观众的腿高，腰背挺直蹲下去，拾取时东西在身体的外侧，也就是在高的那条腿的外侧。

（三）眼神

梅兰芳为了拥有灵动的眼神，在年轻的时候经常放飞鸽子，有时候也点一根蜡烛一直盯着看，直到眼睛流泪。

手指左右画圈，眼神跟随，头、肩不动。

要面呈王字，即眉头肌、苹果肌、嘴角向上提，而不是向两旁拉，这样会显脸宽。

眼睛是心灵的窗户，更是一个人神韵所在。眼神对于女性来说更为重要，女性的一个目光，一个眼神都可能产生不可抗拒的力量。卢梭说过，“真正的美，是美在它本身能显示出美的神采。”

如何让眼睛显示出美的神采？如何让眼睛会说话？如何让你的眉毛有表情？

如何让面部表情更生动？通过苹果肌练习。可以从8个不同角度来进行眼神练习，如“米”字练习。

（四）拍照的姿势选择

如何拍照更上镜？如何找到和拍出最佳的上镜角度？

拍照谁都会，但有的人拍的比本人更好看，更有气质。如何拍出大长腿？拍出显高、显瘦、显气质的照片？怎样用各种神韵和表情来演绎？如何拥有最佳身体线条、整体美感、镜头感？拥有独特的审美观？

我们要记住，你拍的不是你的照片，是你的故事，你的世界。一张有灵魂的照片需要你来演绎，用肢体来表达你有趣的灵魂，留住每个阶段最独特的回忆。

在最美的时光，留住你最美的样子，多年后我们想起曾经努力的样子，用照片找回我们最初的回忆。用镜头定格你的美，用行动创造你的美。

站姿和蹲姿的最佳上镜角度。找45度角，如何找到？以胸线为基础找到最高点，同时丁字步站立，脚尖的方向对着镜头的方向，手叉在腰部最细的地方，手腕下压，拍照时头部、身体与腿部不要在一条直线上，通过“米”字来转换不同的角度与方向，头部、肩部、臀部不要在一条直线上，除非拍证件照，生活照一定要有曲线，要把腰线露出来。当然，也可以有90度侧身、135度侧身、180度侧身。

（1）拍照的几种手型和脚型：①搭手；②看天；③托腮；④弓步；⑤托举；⑥端庄，右手搭在左手上；⑦抱臂；⑧叉腰，叉在腰部最细的地方，要让手姿成为万金油搭配。

（2）拍照的几种腿型：①并步；②交叉腿型；③平行式；④沙滩上可以踮脚尖；⑤K型腿，一条腿直立，另一条腿的膝盖靠过去；⑥丁字步，一般小于60度；⑦侧踢美腿。

（3）面部风格18种演绎：可爱、迷人、生气、开心、疑问、羞涩、委屈、发呆、卖萌、高冷、无语、伤心、性感、妩媚、愤怒、激动、沉思、想念等。

（4）道具可以用：帽子、首饰、太阳镜、包包、外套、书本、高跟鞋、光线、树叶、墙面、太阳伞、凳子、桌子、饭碗、饮料杯等。

看手机的时候，手机尽量拿高一点，与眼睛平行，这样可避免颈椎问题，也可以显得更优雅。滑动手机屏幕时可以用中指。

三、提升气质的四个重点部位

1. 颈部

标准：站着，手自然下垂，能看到肩部线条。

锻炼颈部的动作：

（1）头部向左转、向右转。下巴与地面平行，不能看出有颈纹。

（2）头部向上向下摆动（下唇包上唇）。

（3）头部左倒、右倒，左耳找左肩。

2. 肩部

肩部向下沉，放松，从侧面看只能看到手臂看不到肩。

锻炼肩部的动作：手指交叉，向后，手掌放于臀部，向下，大臂发力尽量向后抬。

3. 腰部

立腰提臀，不能夹臀。肚脐找命门的地方，两腿呈一字，感觉到命门收紧。标准：九点靠墙，后腰与墙只能放进一个手掌。

锻炼腰部的动作：

（1）单侧提腰，左右交替。

（2）转胯，顺时针一圈，逆时针一圈。

（3）大横“8”。

4. 腿部

两腿膝盖并拢时没有缝隙，膝盖用力往上提，大腿夹紧。

大腿中间夹纸（一字脚）练习。要点：身体横向收紧，纵向拉长。

5. 优雅体态练习

（1）呼吸练习，可以用音乐《彩云追月》《至少还有你》等配合练习。呼吸练习有四组动作，双手起到胸部位置侧面落，单手起到头顶落，双手起头顶落，右脚在前，双臂扩胸打开，带上呼吸起与落、开与合。

呼吸与身韵，开吸合呼，起吸落呼。

（2）体态轻盈之伸展运动。全面活动自己的身体，有四个动作。双手起落，做 2 个 8 拍；双手握在一起往上拉，2 个 8 拍后往左斜拉 4 个 8 拍，再往右斜拉 4 个 8 拍；下腰，双手在体前交叉起来做 2 个 4 拍；两个手交叉，手心朝下，双手从左到右4次，再从右到左4次，做2个8拍。可以用音乐《无论怎样》《柔声倾诉》配合练习。

（3）气质丽人的法宝：美颈香肩练习。颈部练习，顺时针转，再逆时针转，转一个饱满的圆。

减去双下巴练习：左转，看向45度；右转，看向45度；下嘴唇包住上嘴唇，体前转圈，转个C形。

驼背导致脖子向前伸出，发胖或者年龄增长、舌头肌肉松弛造成双下巴。双下巴会让我们颜值减分。所以，下巴与脖子之间是两个指头的距离，这才符合标准审美。我们在做下嘴唇包住上嘴唇练习的时候，可以很好地防止下巴的肌肉松懈，同时，经常练习可以让脸变小，让下巴变尖一点，拍照更好看。

此外，还可以对舌头肌肉进行练习，将舌头往上抬，发弹音。

（4）下胸腰练习。一个手叉腰，一个手高举，胸腰往后，像芭蕾舞练习一样。

（5）胸部运动：凹凸美胸塑造。双臂夹紧胸部往上拉。这样多练习也能缓解乳腺增生。

（6）大臂运动，主要是打造纤细玉臂。两手臂自然下垂，手心朝前，大臂带动小臂往后转一圈；反之，手心朝后，大臂带动小臂往前转一圈；然后两臂向左右打开，与肩平行，手心朝上，大臂带动小臂往下往后转一圈；手心朝下，大臂带动小臂往上往前转一圈。

（7）腿部基本功练习。腿部力量训练：蹲、起、落，起来的时候收紧核心部位。每天5分钟，让腿部越来越有力量，腿部是大树的根基，根不稳，上半身就挺拔不起来。也可以练习登山步，用脚的前半掌用力往上蹬。

（8）深层收缩。两脚跟靠拢，脚前成60度，站立，收腹，臀部往内收，肚脐眼找命门。

（9）靠墙15分钟，美背线条塑造。

（10）灵动的眼神，达到眉目传情。左右、上下、画圈练习。

（11）腰胯练习，告别小“腹”婆。两腿并拢，两脚后跟在一起，脚尖分开成60度，左右平行送腰。

（12）踮脚尖练习，修长美腿打造。

优雅仪态练习：

（1）动人的微笑、灵动的眼神（上下、左右、V字各15次），注意眼睛的收放。

（2）手部姿态练习。压手腕，提手腕。

（3）站一位练习（三分钟）。芭蕾舞的基本站姿。

（4）摆臂练习（倒八字，手部摩擦裤缝）。

所有的练习都要带上呼吸，起息落呼，开息合呼。同时要带上“力”。男性的力往往表现为刚强，女性的力往往表现为柔韧。弹性就是女性的力，是内生的一种力。

6. 微笑的艺术及练习

微笑是人类最美的表情，是世界通用的语言。

微笑无须成本，却创造出许多价值。微笑表现在一瞬间，有时使人终生难忘。微笑如冬日的阳光温暖着人的心。微笑不能用钱买，不能借来或偷来，拥有全世界的财富也买不到微笑。微笑是心底情感的自然流露。微笑，是社交中无声的语言，可以起到良好的沟通效果。微笑，是气质与优雅的集中体现。微笑，可以化解矛盾，赢得主动权。微笑，可以在第一次约会中打动对方；微笑，可以在第一面试中获得意想不到的成功。

微笑是可以传染的。如果十个人坐一桌，你向右手边的人开始微笑，你右手边的人也开始向他右边的人微笑，这样十个人都会开始微笑。你本来收获的是一个人的微笑，通过感染，你收获了九个人的微笑，整个桌子都充满了温暖的笑容。微笑，有很强的感染力。

有两样东西，是最好的灵丹妙药，一个是开心的笑容，另一个是睡个好觉。

你之所以觉得一年比一年过得快，是因为时间对你而言一年比一年重要。有喜有悲才是人生，有苦有甜才是生活。再大的伤痛，睡一觉就把它忘记。老是背着昨天，会累坏了自己。能治愈你的，从来都不是时间，而是明白。生命中有许多你不想做却不得不做的事，这就是责任；生命中有许多你想做却不能做的事，这就是命运。

微笑的女人最美丽！从某种意义上说，微笑是同真、善、美结合在一起的，一个面带微笑的人，能让人感受到她的热情与善良。微笑是宽容，更是理解，倘若我们每天用微笑的面孔迎接生活，也等于把自己的生命拉长了一截。

微笑有感染人心的力量。自信时嘴角上扬，心情也随之飞扬；逆境中笑一笑，一切没什么大不了。带着笑容一路向前，你，更是他人眼中最美的风景线。微笑是半开的花朵，娇艳美丽！让微笑成为一种习惯，让它一直陪伴你。随时随地绽放迷人的微笑，用爱的微笑影响他人吧！

你的微笑，胜过最美的风景！

如何使自己掌握“微笑的艺术”呢？可以对着镜子练习微笑。要注意三块肌肉上提，一是嘴角肌，二是苹果肌，三是眼角肌。练习的时候要注意眼神，让热情流露于明眸之间。

这里所说的微笑是遵从内心的微笑，不是职业要求的标准，不是僵硬的微笑。

微笑就像一种习惯，经常微笑，好人缘真的就来了。

有的人认为自己笑起来不好看，牙齿不整洁，表情怪怪的，自己不笑更好看。其实，这也是误区，是因为你自己没有真正微笑过，或是自己没有掌握微笑的艺术。微笑是天生的，特别是在婴儿时期。婴儿最主要的表达方式就是笑与哭。随着长大成人，微笑慢慢地从一些人身上消失了，有的那么一点点微笑也很不自然，是生活的压力与不好的习惯使然。为此，我们要想优雅美丽，一定要练习微笑。

平时，可以通过唱歌练习；还可以经常朗诵关于微笑的诗歌。在生活中，保持良好的情绪，热爱周围的一切，热爱生活，保持心情愉悦，就会自然流出微笑。注意，微笑是发自内心的，因此，要始终保持心态平和，不管遇到什么事情，笑一笑就过去了，不要因一时的困难影响了自己的心情。微笑可以破解心中的困顿。

记住，微笑的人运气都不会太差！

人在心情愉悦的时候，心脏会分泌一种叫缩氨酸的荷尔蒙，会杀死体内 95% 的癌细胞。所以，喜乐的心乃是良药，你的笑容价值百万，愿你微笑每一天！无法给予别人微笑的人更需要微笑。微笑是一种不必费力却能让整个世界明媚和温暖起来的无价之宝。

下面是一首《微笑》小诗：

一个微笑，
花费很少，
价值却很高；
一个微笑，
仅有几秒，

留下的回忆，
终身美好。
没有人，
富到对它不需要；
也没有人，
穷得给不出一个微笑。
如果在匆忙中，
我忘记了给你一个微笑，
请原谅我。
那么善良淳厚的你，
是否可以给我一个微笑？

再小的坚持，时间足够都会产生裂变！古人云“试玉要烧三日满，辨材须待七年期”。所有的理想都需要坚持。在努力的过程中，你会逐渐认清自己。你攻克难关的能力比你自己想象的更强。

人生的美想要瞬间爆发，取决于长期的坚持。

哪有什么天生优雅，每一份优雅、淡定、从容的背后都付出了无数努力与坚持。生命之花能绽放多久，完全取决于自己。你的努力终将不会被辜负！

只要努力、坚持，总有一天，你会站在最亮的地方，活出自己曾经渴望的模样！

不管你正经历着什么，不管在你的身上是否依然能看到美丽的身姿，请你一直记得：微笑，灿烂地微笑。你可以比想象的做得更好，更能比其他人想象的更精彩。微笑，很微小，可当你能每天微笑时，你就能散发快乐的无敌力量！

切记，不要用别人的缺点惩罚自己。不和错的人告别，就无法和对的人相遇。年龄可以让人明确目标，知道应该珍惜和感恩什么。你有足够的时间，去见证生命的奇迹，原谅别人和自己，并且依然为达成目标而付出努力，充分享受每一刻。

世界上最公平的事情就是每个人都向死而生。每个人的归宿都是一样的，每个人在这个世界上都是几十年到百年的时光，不要沉溺从前，不要纠结过去，美好的是未来，珍惜的是现在。人生就像列车，开出去就不会回头。你遇见的所有人都是乘客，没有人可以永远陪着你，只能依靠自己，要做最好的自己。

黎明之前总有一段时间特别黑，你要悄悄努力，惊艳所有人。

每天练习以下七句话，你会变得不一样：

（1）不为欣赏，只为绽放！

（2）自信的你最美丽！心态是健康的关键，乐观是胜利的武器。

（3）你是世界上独一无二的！微笑是你永远的魅力！让世界因你而美丽！

（4）幸福=看清自己+内心强大。

（5）因为懂得，因为感恩，所以慈悲！

（6）人生最美是清欢！什么都不贵，你自己最贵。

（7）一个女人最好的样子，是把自己活成一道美景。

第五章　事业人生 健康人生

第一节　事业人生

一、职业生涯

职业是指参与社会分工，用专业的技能和知识创造物质或精神财富，获取合理报酬，丰富社会物质或物质生活的一项工作。职业是人们在社会中所从事的作为谋生手段的工作。职业具有专业性、技术性、经济性、稳定性、时代性和规范性等特点。

职业生涯具有四个特性。一是独特性：每个人扮演的角色不同，在相同角色中个人境遇不同。二是终生性：人的一生有不同阶段，职业生涯是贯穿人一生的过程。三是发展性：职业生涯是不断变化的。四是总和性：职业生涯是人们扮演各种角色并表现自我个性的组合，它是不同角色在人生中的有机叠加，是有序而又复杂的过程，具有发展性。

职业生涯在时间上可划分为五个阶段：

（1）成长阶段（0～14 岁）；

（2）探索阶段（15～24 岁）；

（3）建立阶段（25～44 岁）；

（4）维持阶段（45～65 岁）；

（5）衰退阶段（65 岁以上）。

当然，随着社会的发展、生活质量的提高，这种划分正在改变。人生是个变量，变化是一切美好生活的维生素。可以说，人生的变量就是我们精神家园的阳光雨露。很多人活到老学到老，很多人到了老的时候才开始学习一门技艺，如画画、唱歌等。职业生涯发展是贯穿人一生的。

职业生涯的基本理论，如帕森斯的特质因素理论，主要观点是个人特点与工作条件，讲究任人匹配。霍兰德的职业六边形理论主要讲的是人格类型、环境类型、适配性、一致性、区分性。舒伯的发展理论讲的是生命彩虹图、生命阶段、发展任务。苏明达的工作适应理论强调技能、需要、工作要求、增强系统。CIP（认知信息加工）理论希望通过金字塔模型、CASVE 循环、元认知来作出职业选择决策。后现代理论关注事出并非有因，人是自己的专家。我们掌握基本职业生涯理论后，能通过测评了解自己的职业兴趣和工作偏好，懂得获取职业信息的渠道与方法，学会分析和评价所收集到的职业信息。

凡事预则立，不预则废。在职业生涯中，我们一定要对自己的职业进行规划。职业规划可以帮助我们确立自身发展目标，思考未来理想职业与所学专业的关系，认识职业生涯规划与职业能力开发的重要性，逐步确立长远而稳定的发展目标。通过了解自我和相关职业与行业，激发我们对职业生涯发展的自主意识，建立适合自己的职业生涯规划，注重职业核心能力开发与培养，更好地应对未来生涯的发展。职业生涯规划也有助于树立积极正确的人生观和价值观，把个人发展和国家需要、社会发展相结合，确立职业的概念和意识，明确职业核心能力开发理念，愿意为个人的生涯发展和社会发展主动付出努力。同时，有助于清晰地认识自身的优势、职业的特性、社会环境以及职业核心能力的内容，掌握自我探索技能、信息搜索与管理技能、生涯决策技能等。通过职业规划可以提高学生的职业核心能力，比如与人交流的能力、与人合作的能力、解决问题的能力和自我学习能力等。了解职业核心能力、个人的职业能力目标，以及如何做最好的自己。了解塑造健康人格的方法，培养一般能力和关键能力。客观深入地认识职业世界和自身工作偏好，提升职业匹配度。掌握职业能力开发的训练目标，如树立正确的人生观、世界观、价值观，形成健全的人格，培养健康的身心，有坚持到底的毅力和决心，有改变不良习性与习惯的决心，有良好的人际关系，尊重别人。客观地认识成功与幸福的关系，并适时地调整自我。

孔子这样描述自己的人生轨迹：吾十有五而志于学，三十而立，四十而不惑，五十而知天命，六十而耳顺，七十而从心所欲，不逾矩。

什么是职业化呢？职业化就是工作状态的标准化、规范化、制度化。一个人仅仅专业化是不够的，只有职业化的人才能走在别人前面。

一个机构就像一部机器，主要由两组部件组成：文化和员工。在选择单位时，一要看企业文化，二要看企业对人才的任用。

良好的文化：一是讲求诚信并求真，各个环节极度透明；二是人际关系和谐；三是营造一种允许犯错，但不容忍一错再错的文化氛围；四是求同存异并保持同步；五是知道如何解决分歧。

一个单位的基本运作，就如同操作一部机器，要不断反思，诊断问题，探究根源；同时按既定计划行事，运用工作程序和协议来指导工作。

《淮南子》云："矩不正，不可以为方；规不正，不可以为圆。"没有规矩不成方圆。一个企业要想治理好，一定要把立规矩放在首位，并坚决执行。理有固然，势无必至。凡是合理的不一定必然能成为现实，执行制度才是硬道理。

忠诚比智慧更重要。刚到一家企业，忠诚于企业就是忠诚于事业，忠诚于自己的前途命运。企业如一部机器，需要每一个螺丝钉齐心协力。忠诚于你的岗位，忠诚于自己的良知和别人对你的信任。忠诚也是事业发展的一个先决条件。把自己彻底融入企业，并尽职尽责为公司着想，任何时候都不放弃肩上的责任，这样的人，就是一个值得信赖的、可以委以重任的人。

不要总是想在很短的时间里得到认可，如果不认可就不断跳槽。付出不比别人多，就不可能有那么多的收获。

人刚入职时应该具备两个觉悟：一是从零开始，二是坦然于未完成。也就是说，要输得起，看得开，放得下。不尊重朋友，你将失去快乐；不尊重同事，你将失去合作；不尊重领导，你将失去机会；不尊重长者，你将失去品格；不尊重自己，你将失去自我。

人的一生要解决三大关系，而且顺序不能错，一是要解决人与物之间的关系，二是要解决人与人之间的关系，三是要解决人与自己内心之间的关系。要抽出时间来考虑一下，一天中做了些什么，有哪些地方可以改进。成功者之所以成功，就是因为他们善于自省，犯了一点小错，马上反省，杜绝再犯。

一个人缺乏自省的精神，不能认识到自己的错误和不足，是难以取得成功的。善于自省，不断地发现自己的不足，才能少走弯路，不断进步，最终走向成功。在这个世界上，总是抱怨的人终究走不远的。

当别人拒绝你的时候，应该积极地去反思，找出自身的问题和差距。

人生是不公平的，耐心去接受它。请记住，永远不要抱怨。不抱怨的好习惯，不仅能净化心灵，也能缓和人与人之间的关系。我们要承认，人与人之间是有差距的，别指望别人用相同的态度来对待你，我们要有自信、自尊，但不过于计较自尊。当你还籍籍无名的时候，你的自尊是毫无价值的。所以，不要指望所有人都会热心地帮助你，还必须用你希望的方式。有的时候，面子成为妨碍我们发展的障碍。刚入职场，需要我们把姿态放低，别让无谓的自尊心断送了自己的前程。熬住苦累，才能担起大任。

在职业生涯中，我们一定会遇到一些令人不快的事情。心若放宽，时时都是晴天。人生不一定每天都很好，但每天都会有些小美好。它可能是清晨绚丽的朝霞、正午饭菜的香气、夜晚暖心的话语。学会发现生活中的美，才能开心度过每一天。

其实，我们内心的力量强大得惊人，只要肯加以利用，它就能帮助我们克服一切困难。在职场上，无论别人怎么看，自己绝不乱了节奏。喜欢的事情要坚持到底，要学会做一个不动声色的人。

华为提倡“火车头”文化，你要勇挑重担，成为火车头式的员工，成为公司前进的动力。

日本松下幸之助曾经问一个员工：“付给你一千元的话，你应该做多少事情才对？”员工回答：“给我一千元，我就做一千元的事。”松下幸之助摇摇头说：“如果真是这样的话，公司就等于没有利润，是在赔钱，所以公司不会要你的。”

人与人的差别在“做好”与“做了”上，在于做每一件事的用心程度上。

如果第一份工作在一个小公司，希望你不要马虎应付；如果第一份工作就进入大公司，也不要得意忘形。在职场上你还是个“零”，有可能变成正数，也有可能变成负数。你要老老实实尽自己的本分，尽自己职责，虚心地学习。

在浮躁的社会中，刚踏入职场的年轻人往往急功近利，很多人渴望“一夜成名”，工作中无所事事，或不断跳槽。其实，无所事事是一种灾难，随之而来的是智力与体力的快速衰退。工作就是维生素，是健康的必需品。

知道了这一点，人就不会讨厌工作，更愿意挖掘所做工作的美与意义，并从中得到愉悦。人甚至会动用各种力量，去维护工作的能量与节奏，让每一天都有所得，每一天都比昨天好。这个过程本身就有价值。

职场新人，就好比跑道上的飞机，飞机刚刚起步的时候是最耗油的。刚入职场，一定要全力以赴。就如同竹子，在最初的四年长在土下面，生长得非常缓慢，从第五年开始，就会以每天近 30 厘米的速度快速生长，仅仅用 6～7 周的时间就长到了 15 米。对于刚入职场的人来说也是如此。刚开始，需要积累，需要付出，把根扎得深一点、牢一点。这样，未来才会更好。

刚起步时，不付出比别人更多的努力，怎么跟别人比呢？

年轻人总是热情有余而持续不足。一个人要想事业成功，离不开拼搏敬业，离不开持续的奋斗，离不开持之以恒的勤奋刻苦。

年轻的时候一定要拼命工作，不怕苦、不怕累，越大的工作量越能让自己成长，学到的东西也越多。起步的时候，只要乐于奋斗、敢于拼搏，就会站稳脚跟，为未来的职业发展打下良好的基础。

树立危机感，强化使命感。不断地自我鞭策、自我鼓励、自我加压和自我完善，保持对事业的精益求精和不懈追求，不允许待在舒适区，不允许麻木与放松，只有这样才能把工作做好。

别人好像都春风得意，但你总是怀才不遇。如果你真的怀才不遇，那就要认真反省自己的人生态度和行为模式。每一个优秀的人，都不比别人幸运，他们只是在任何一件小事上，都对自己有所要求，不因舒适而散漫放纵，不因辛苦而放弃追求。雕琢自己的过程，必定伴随着痛苦，可那一锤一凿地自我敲打，终究会遇见更好的自己。

伤口是光进入你内心的地方。善待你的敌人，也就是善待我们自己。每一个层面的人性，都是人生路上的风景和痕迹，都值得感激。压得时间越久，深度越深，绽放的光芒才越灿烂。

所有的努力，不是为了让别人觉得了不起，而是让自己过得充实、有追求。人生的奔跑，不在于瞬间的爆发，取决于途中的坚持。

不要总想着在言语上胜过别人。高质量的社交离不开恰当分寸的拿捏，这是源自内心深处的善良，是一种体谅，也是一种修养。所谓高情商，不过是待人有分寸，自己有底线。宋代理学家胡宏说："行谨则能坚其志，言谨则能崇其德。"意思是说，做事谨慎，就能使自己志向更加坚定；说话谨慎，就能使自己德行更崇高。"同师曰朋，同志曰友。"一直坚持做事谨慎，坚定自己的志向，还能获得别人的认可。

你对一个人的态度，就是100个人对你的态度。

人在成长中有很多需要学习的东西，如知识、感情、沟通、做事的风格等。与这些相比，面子是微不足道的东西。不要让面子禁锢了自己。放下面子，你才能学到本领，才能做最真实的自己。

一个人在什么职业岗位是会变的，有的人现在风光无限，未来可能门前冷落；有的人现在寂寞，未来也许更美好；有的人栽了一个跟头，又赶紧爬起来，斗志昂扬，一路向上。在职场上要有一路向前的勇气与毅力。

中国烟草大王褚时健在改革开放之初，把一个小红塔烟草公司打造成红塔集团，成为云烟中的老大，云南省纳税第一大户。71 岁被判无期徒刑的时候，患上了严重的糖尿病，两度晕厥，走路需要扶墙。他唯一的女儿此前在狱中自杀。到他 74 岁保外就医后，开始承包千亩荒山，种起橙子来。他得从头学起，自己翻书看，找专家问，比农民还要掌握得仔细。经过十年，褚时健生产出“褚橙”，让自己再成为“中国橙王”。

热爱之所以有力量，就在于坚守。坚守下去，不要急于想有什么结果。孔子说：“仁远乎哉？我欲仁，斯仁至矣。”一个人要讲仁爱大义，不能依靠外界的力量，只要自身努力，就完全做得到。

二、职业生涯中需要发展的能力

职业生涯中需要发展的能力主要有：

一是职业生涯决策能力。如果在职业生涯中规划好关键的几步，那么职业发展就会很顺利。

二是对自我的认知能力。

三是对生活方式、价值及休闲的重视，借助生活方式拓展自己的世界。

四是不断纠错、不断调整的能力。要及时改正自己的缺点。我们在事业上取得一点点成绩的时候，很容易骄傲自满、得意忘形；同时，在遇到一点困难的时候很容易自暴自弃、自怨自艾。这需要我们不断调整思维模式，结合自身的情形反省、改进。能看得长远，叫眼明；能听从善言，叫耳聪。耳聪心才明，纳善言，路自远。把他人的善言当成自我精进的动力，是一个人成功的重要因素。

五是强调自由选择与责任承担。一个人在自信时，是完全处在自由状态的，一方面，他可以选择自己喜欢的事，另一方面，他也去承担自己的选择所带来的一切后果，把辛苦变成自己内在的一种体验。

六是保持自己的独立思考能力。不要让物质主义影响到自己的思考。

七是对外界变迁的应对能力。在这个快速变化的时代，我们要对外界变化有所回应，或改变每天既定的生活模式，享受变化本身带来的快乐。

英国前首相撒切尔夫人有一句名言：注意你的思想，因为它将变成言辞；注意你的言辞，因为它将变成行动；注意你的行动，因为它将变成习惯；注意你的习惯，因为它将变成性格；注意你的性格，因为它将决定你的命运。

工作中，要有进取心。职场上有两种人注定是一事无成的。一种是除非别人要他去做，否则绝对不会主动去做的人。另一种是别人要他去做却总也做不好事情的人。工作中要有工匠精神，要有精益求精的精神，要心沉下来踏实做事。

一个人的工作能力，就是在职场上最大的底气。没有人会平白无故地对你好，甚至有很多人还会给你使绊子。任何时候，对轻视和恶意最好的反击，就是好好打磨自己。唯有用实力堵上那些人的嘴；唯有你的底气，才能赢得别人的尊重。

（一）职业的成功靠什么

小成靠的是机遇，机遇垂青你，你就成功了；中成需要智慧，你要用阅历、知识、智慧，去对待工作和生活；大成要靠平台，任何一个人离开了一定的平台，都会失去一些机会。

不要轻易地肯定或否定一样东西，当你轻率地评议时，你确定真的了解吗？少一些功利主义，多一些原则的坚持。爱你所爱，行你所行，听从本心，无问西东。

王阳明在《传习录》中说："人只贵于自修，若自己实实落落是个圣贤，纵然人都毁他，也说他不着。却若浮云掩日，如何损得日的光明。"诱惑面前尽显百态，方寸之间尽显人生。看似寻常最奇崛，成如容易却艰辛。

世界没有改变，当你看世界的角度变了，你的人生与世界就发生了根本性的变化。生命质量、生命光华是什么？留自己的汗，才能吃自己的饭。

工作和生活中的许多事，并不在于你设定目标时有多坚定，而在于你实现目标时，心态能否保持平和。特别是面对意外时，面对他人阻碍时，你能不气愤与暴躁，回归静如止水的心态。

老子曰："自见者不明，自是者不彰，自伐者无功，自矜者不长。""自矜者不长"是说自我炫耀、自我张扬的人，是不会长久的。因此，要学会低调和谦虚，不要骄傲自满、炫耀张扬。

人生要耐得住寂寞，世间总是有太多繁华，撩拨我们本就不平和的心。曾有人说人最大的痛苦就是心灵没有归属。确实，心灵的归属，是心念力量的源泉。人的心情完全靠自己创设，带着爱去生活，带着爱去前行，就可以坦然地面对生活。

孔子曰："言必信，行必果。"一个言而有信的人，才能在人前彰显人格魅力。

言出必行，说了就一定做到，哪怕要付出巨大的努力。

《礼记》中曰：“君子贵人而贱己，先人而后己。”也就是说，为人处世要懂得尊重别人，唯有如此，才能赢得人们的称赞。

坚持做对的事本身就是一种自我实现。真正强大的人，从来不需要去碾压别人，更不会表现出强势的姿态。相反，他们非常柔和，让人如沐春风，但在智慧与见识的支撑下，让人为之折服。

鲁迅先生曾经说过：“伟大人格的素质，重要的是一个诚字。”一位哲人曾说：“能入我心者，我以诚待之。不入我心者，不屑于敷衍。”人与人之间都是相互的。你对我坦诚，我才会捧出自己的一片真心；你虚与委蛇，我自然会慢慢远离。那些虚伪的人，常常表面上热情坦诚，可背地里却使绊子。路遥知马力，日久见人心。这样的人往往经不起考验，最后也交不到一个挚友。

东晋思想家葛洪说：“劳谦虚己，则附之者众；骄慢倨傲，则去之者多。”懂得谦卑的人，懂得天外有天的人，不妄自尊大，往往会抑己敬人。谦虚的人都有一颗高贵的心灵。

（二）职场如何开好头，起好步

罗振宇说：“你想在职场好好混，首先你要把自己所有的思维和观念统一到三个词上：目标、方法和行动。是你的事儿，你要把它解决，躲是没有用的，想方法，去行动。遇到问题就搁置，这是职场第一大忌。其次要做大概率会赢的事，不要拘泥于每件事的具体效果。第三，表达是最重要的事，是沟通时最重要的事。第四，如果找不到态度，就回到真诚，没有任何道路可以通向真诚，真诚本身就是一切的道路。”

富兰克林也说：“真诚是最好的政策，是智慧之书的第一章。”作为职场新人，首先要端正态度，以真诚之心去接纳工作与任务，其次，在完成的过程中多问、多沟通，在磨难中获得经验教训。

（三）怎样才能改变现状

一是不断学习。知识和技能是学不完的，不管什么时候，都要不断学习，去丰富自己，多听、多看、多动脑。一件简单的事情，你可能看到的只是表层，但在其背后的深意，也许需要学习才能得知。任何人，想要有所提高、有所发展，都应该具备不断学习的品质。

二是先付出，再求收获。当你想得到一样东西的时候，先问问自己，是否已经具备获取的能力。要懂得先付出，再来求收获。

三是发现自己的优点并不断挖掘潜能。许多人为什么会成功？就是因为他们知道什么适合自己，做什么事会让自己的潜能发挥到极致。人最熟悉的莫过于自己，最陌生的也莫过于自己。古人说：“胜人者易，自胜者难。”能够认识自己是人生最大的智慧，认识自己能使生命清醒、旷达、圆融，能为生命把航、定位、定点。所以，我们一定要充分发挥自己的优点，并不断挖掘自己的潜能。

四是加强口才训练，加强沟通，主动表达自己的见解。职场上人才竞争激烈，善于表达才能脱颖而出。说话一定要围绕主题，用简单有力的语句阐明观点。多说商量、尊重的话，多说宽容、谅解的话，多说关怀、体贴的话，多说赞美、鼓励的话。在沟通中把握5C原则，即清晰、简明、准确、完整、有建设性。

五是勇于承担风险。工作上的事情不必计较私人感情，说一就是一。要有担当精神，让人感觉到你有担当的勇气和责任。一个人镇定地承受风险时，灵魂的美就闪耀出来了。

六是多向领导汇报。与领导随时保持联系，让领导了解工作的情况。但要拿业绩说话，不要任何事情都汇报，汇报时要先说结果再说过程。现在微信方便，可以用微信或邮件汇报，微信汇报时尽量用文字，不要用语音，文字看起来一目了然，在任何时候都可以看，语音就不太方便了。在与领导交往时，坚持自己的想法时要顾及领导的感受，有些问题一时说不清楚，不妨交给时间，让时间去说明；或者迂回曲折，通过其他渠道说清楚事情的真相。

世界上唯一能真正影响他人的方法，就是用别人需要的东西来加以引导。站在对方的角度想问题，了解对方的动机。向领导汇报要把握好以下几个方面：第一，汇报是一种请示，少用陈述句，多用疑问句。第二，如果遇到可能产生风险的问题，要第一时间向领导汇报，领导负责决策。第三，不是所有的事都要说。

在与上司沟通时，还要注意沟通技巧：除非上司想听，否则不要讲；若是意见相同，要热烈反应；意见略有差异，要先表赞同；持相反意见，勿当场顶撞；想要有些补充，要用引申式；如有他人在场，宜仔细考虑。

七是重视成长平台。你无法选择童年在哪里度过，也无法选择少年时在哪里读书，但走向职场时，你可以选择发展的空间与平台。

八是目标明确并抓住成长的机会。成长的机会不是随时都有的，你要懂得为成长做好准备，当机会来的时候牢牢地抓住。职场中，坚持不懈地去努力，为即将到来的机会做充分的准备，最后才能赢得更辉煌的未来。

在职业起步的道路上，想要得到更好、更快、更有益的成长，就必须以归零思维来面对这个世界。不要以大学里的清高来标榜自己，不要觉得自己特别优秀，而是要把姿态放下，让自己沉淀下来，抱着学习的态度去适应环境、接受挑战。放下“身段”才能提高身价，暂时的低头终会促成未来的成就。

年轻人从校园或者从一个环境进入新环境，要勇于将原来环境里熟悉、习惯、喜欢的东西放下，从零开始。我们想在职场上获得成功，首先就要培养适应力，从自然人转化为社会人。一个人起点低并不可怕，怕的是境界低。越计较自我，便越没有发展前景；相反，越主动付出，就越会快速发展。很多今天取得一定成就的人，在职业生涯的初期都是从零开始的，把自己沉淀再沉淀，倒空再倒空，归零再归零。只有这样，我们的人生才会一路高歌，一路飞扬。

大度看世界，从容过生活。格局决定结局，敲定一个人能否成功。格局就是人的胸襟与人生追求。做个格局大的人，就不会胸怀狭窄、眼光短浅。志存高远，就能矢志不渝地追求人生远大目标。

子贡问曰：“有一言而可以终身行之者乎？”

子曰：“其恕乎！己所不欲，勿施于人。”

六尺巷的故事可用这首诗归纳：一纸书来只为墙，让他三尺又何妨。长城万里今犹在，不见当年秦始皇。

一个人做事，该容忍的时候要容忍，该果断的时候要果断。人的生命可以用三个“量”来衡量，一是胆量，二是力量，三是肚量。最关键的是肚量，中国有句俗话叫：“宰相肚里能撑船。”

做平常事，得异常福。孔子一生以“勿意、勿必、勿固、勿我”来要求自己。子曰：“三人行，必有我师焉，择其善者而从之，其不善者而改之。”

《道德经》曰：“圣人无心，以百姓心为心。善者，吾善之；不善者，吾亦善之；德善。信者，吾信之；不信者，吾亦信之；德信。”“上善若水，水善利万物而不争。”

从事任何一个职业，最好的境界是什么？孔子曰：“知之者不如好之者，好之者不如乐之者。”

《论语》曰：“君子周而不比，小人比而不周。”

以利交友，利穷则人散。子曰：“君子不重则不威，学则不固。主忠信。无友不如己者。过则勿惮改。”过犹不及，要有分寸。君子之交，淡如水。

1. 做事的原则

子曰：“君子之于天下也，无适也，无莫也，义之与比。”

君子对于天下的事，不可以强求，不无故反对，没有薄，没有厚，没有远，没有近，没有亲，没有疏，一切按道义行事。道义即为行事的原则和标准。

2. 做事的方式

在言与行之间，孔子更看重“行”。“言寡尤，行寡悔。”多想、多思、多听、多看、谨言、慎行。正直、善良、聪明、才华，没有前两者，后两者会害了你。正直比什么都重要；不善良，那就什么都不重要了。

人不该为了活着而活着，应该活得正直、精彩，充满激情，充满幸福。你必须现在就有所行动，否则只能把平淡日子一直过下去。

3. 在低调中修炼自己

一无所有是惊喜的开始！

道的运动规则是正反两个方面的对立统一，是顺应而不是改变，天下万物从“有”中生出，而“有”从“无”中生出。一件事情坏到最后，就会慢慢地变好。人如已经一无所有，就没有什么可以失去的了，他只会慢慢变好。

贵柔敛强。见小曰明，守柔曰强。柔弱胜刚强。柔弱中含有无比坚忍的性格。看来柔弱的东西，由于它的含藏内敛，往往较富韧性；看来刚强的东西，由于它的彰显外溢，而不能持久。

善为士者，不武；善战者，不怒；善胜敌者，不与；善用人者，为之下。善于为士的人，不尚武；善于作战的人，不激怒；善于胜敌的人，不短兵相接；善于用人的人，对人谦下。

无私则无争，无争则无尤（怨尤）。有容乃大，谦下卑处。做人的最高境界是若水。

我们需要知己、知人、知时、知境、知止、知无知、知无常。培养多元文化理解与沟通能力、冲突解决能力、压力应对能力、处理海量信息的能力、灵活应变的能力、解决问题的能力、终身学习的能力，发展创新力与创造力。

需要发展的能力中语言沟通能力很重要。你的世界，从语言开始。从负向的表达方式，到正向的表达方式；从毫无意识地说一句话，到有意识地改变语言表达方式。看似微不足道的一点转变，却带给周围每个人美好的感受。你嘴上所说的人生，就是你的人生！

口乃心之门户。会说话往往会拥有比别人更宽阔的人生。每天说积极的话语，那么每一天都过得非常顺利，即使遇到了困难，也能渡过难关。相反，如果每天都在说消极的话，你真的很难应对。积极的语言沟通能够把你带向美好的人生！成功的人每时每刻都会察觉自己在说什么、看什么、听什么、做什么。你是当下的主演，你的人生这部戏是否生动，完全取决于你的表达。

每天都要对自己说：我是多么幸运！我是如此有魅力！我是如此健康！我是如此善良！我是如此富有！我是如此有能力！世界如此美好！

同理心即无论你是否认同对方的观点，都能理解对方。集体讨论问题时，你可以先复述一个人的观点，然后阐述自己的观点，而不是一开始就去反驳对方。

当今社会，什么不能改变？什么可以改变？不能改变的是科技的快速发展、经济全球化趋势、经济形势的日趋复杂、问题的复杂性增加。可以改变的是自我导向学习、乐观的态度、情绪的调节、对模糊的容忍，以及沟通与冲突解决技能。

喜欢一个人，始于共鸣，羡于才华，忠于人品。人品对一个人非常重要，一个人最大的资本不是其他而是人品。好人品是一个人最宝贵的财富，构成了人的地位和身份，它是一个人真正的最高学历，是每一个人的金字招牌。

人品是最高的学位，德与才的统一才是真正的智慧。

欲成大器，先要大气。大气之人，语气不惊不惧，性格不骄不躁，气势不张不扬，静得优雅，动得从容，行得洒脱。大气之人，如一朵花，花香淡雅而悠长；如一棵树，枝叶茂盛而常青。大气之人，能安安心心扮演好自己的角色，认认真真做好手头的事情，不为名利而争斗，不为钱财而纠结。

人是要懂得做自己，毕竟人活着就是为了自己，而不是做给别人看的。如果总是活在别人的世界里，那么就是在徒增烦恼，是一种悲哀。放下牵绊，目视前方，为自己的人生而奋力前行，把评价当作一阵风。只有这样，你才能活出自己的坦荡和精彩。

“望、闻、问、切”四个字原是中医诊断方法，也是用人单位选择人才时经常关注的。

望：望其气色，观其外表。用人单位在招聘员工时，除了考虑其工作经验和工作技能外，也要考虑应聘者的仪表、性格和气质，特别是服务行业。

闻：听其谈话。应聘者应善于倾听，从谈话中了解到招聘者传达的信息，听懂提问的要害。

问：有的放矢地发问。提的问题要张弛有度。一方面，逻辑和语言表达要清晰；另一方面，要有针对性地提出问题。在集体面试中，不要重复别人提出的问题。

切：是切中主题，找准关键，主要表现在回答问题或阐明对问题的看法上。

非语言信息，如身体姿态（紧张、放松、前倾或后仰、垂肩、架腿）、肢体运动（抖腿、抱臂、摇头或点头、手指交叉、摆弄衣服或其他小东西）、眼睛与目光（含泪或流泪、眨眼、闭眼、闪避、游移）等也非常重要。

面部表情（生动、呆滞、漠然、自然或不自然）、声音（快、慢、又高又尖、颤抖、低语）等也能反映一个人的心理变化与情绪变化。为此，我们可以采用以下方式进行交互：倾听（言语、非言语、书面和聆听技巧）；尊重；诚实；客观；敏锐的感觉；接纳；灵活性；同感。

人的精力是有限的，把大部分精力放在自己的短板上，只能让自己各个方面都和普通人一般，不能让自己变得更加突出。这样的成长，效率是不高的。

最高效率的努力，是尽一切可能，将长处放大。尽管其他地方不尽如人意，但长处可以带来自信，长处可以带来光芒，这些光芒足以掩盖那些不足。

我们经常说：经营自己的长处，能使人生增值；经营自己的短处，能使人生贬值。

普通人摆脱平庸的唯一办法就是悉心经营自己的长处。

有句老话说：“勿以短攻短，勿以顽济顽。”我们要喜己之长，同时不要嫌人之短。不要依仗自己的长处去挤对别人的短处。

判断一个人是否成功，主要看他是否最大限度地发挥了自己的特长和优势。你不必做全能冠军，但要做单项冠军。专注发挥自己的特长，你便可以跑赢很多人。

当你替别人着想时，别人也会相应回报你。如果你只计较自己的利害得失，那么你就很难得到别人的帮助，损失的可能不只是财产，还有改变的机会。

很多时候，我们要有自己的主张和坚持，哪怕被人误解，这样才能赢得他人的理解和尊重。

以下 12 种状态不会让领导喜欢：

（1）在工作中得过且过。做事情不讲效率，干活时无序、无效，不在状态。

（2）在领导面前斤斤计较。一丝一毫也不放过，一分一厘也要计较。

（3）背地里议论是非，或在一些公开场合直接顶撞。

（4）在处理问题时总自以为是，不接受别人的意见，也听不进去领导的意见，意气用事。

（5）闻过则怒。当领导批评自己并指出自己的错误时，一触即跳。

（6）在人际关系间搞小圈子，拉小帮派。

（7）在领导面前夸夸其谈，多说不做或多说少做，说话不切实际。

（8）在言行方面缺乏自律。管不住自己的口与手。

（9）在处理问题时越权施令。在工作中要准确定位，不要缺位、错位，不要越位。

（10）对上级退避三舍，敬而远之。看到领导来了就绕道走。

（11）缺乏诚信，违时违约。做人没有诚信，不守时，会给人留下负面印象。

（12）自感屈才，心怀不满。自我感觉良好，认为埋没了自己的才华。

要想成大事，一定要有大格局、大胸怀。正如再大的烙饼也大不过烙它的锅。你可以烙出大饼来，但是你烙出的饼再大，也得受烙饼那口锅的限制。所以，你未来有多大发展，取决于你自己设计的那口“锅”，也就是格局与胸怀。

那些成功的人，都有一个共同的特点：勇气与魄力。他们先做生活的观众，一个有审美、有趣的观众，然后再做演员，再做生活的导演。

“持之以恒”这个口号好提，计划好定，但执行好难。行百里者半九十，成功者未必有超人的才华，但肯定有超人的毅力，能在困难重重的情况下，不断地坚持和努力。

勤奋是职场上最重要的品质。一勤天下无难事。职场上遇到了困难，一要靠才智，二要靠勤奋，下工夫去攻克，做到精益求精，才能把工作做到完美，才能有更大的发展。

人生最大的自由之一就是不在乎别人对你评价。有时，你需要走出熙熙攘攘的人群，呼吸一番新鲜空气，保持清醒。最美妙的事情就是听从自己内心的呼唤，勇于挑战。不要再在意别人的看法，或者畏惧未知的事情而被动接受安乐窝，只要你去做，一切都会安好。

人的一生要走很多路，才能确定前行的方向。我们要不断去学习，努力做好自己。如果做不了大事，至少要把小事做好。

引路靠贵人，走路靠自己，成长靠学习，成就靠努力。要记住，昨天的太阳永远晒不干今天的衣裳，以阳光心态迎接每一天。

苦难有多深，人类的荣耀就有多大。每个人的生命中都会有最艰难的那一刻，将人生变得美好而辽阔。

记住：不会所有人都认可你！你不需要别人的认可，要相信自己的直觉，相信内心的力量。不要错过人生的美好。有时，你必须进入别人的世界去发现自己的世界缺少的东西。在对比中找到自己的兴趣点，做自己喜欢做的事情，做自己感兴趣的事情，让自己的爱好自由飞翔。

少和让你生气的人在一起，少和事多的人在一起，少和不懂感恩的人在一起，少和敷衍你的人在一起，少和谎话连篇的人在一起！和谁在一起高兴，就和谁在一起，不管是亲人还是朋友。

生命的觉悟，是需要我们自己去体悟的。以对自己负责的态度，做好人、行善事、走正道。自己的命运只能由自己把握。

作为新时代的年轻人，我们应该“为天地立心，为生民立命，为往圣继绝学，为万世开太平”。

三、未来职业发展趋势

我们所处的时代是有史以来最好的时代，有九大发展趋势：一是从固定产品变为流动业态。二是流动的数据将催生技术超体。三是使用权优于拥有权。四是通过追踪获得高度定制化方案。五是人工智能延续第二次工业革命。六是虚拟现实将成为社交媒体。七是共享、协作。八是屏幕化搜索。九是提问比答案更有价值。

20 世纪 80 年代，亚洲实力最强的国家是日本，它的工程设计师是最多的。到了 90 年代，韩国的工程设计师增多。而进入 21 世纪，中国的工程设计师开始增多，到了 2016 年，工程师人数远远大于其他国家。中国成为全球最具影响力和创新活力的地区。

改革开放 40 多年来，广东从一个农业省发展为总量连续 30 年居全国首位的经济大省。广东的产业规模全国领先，大数据技术、软硬件产品、应用服务等核心产业，以及电子信息制造业、软件和信息技术服务业等关联产业走在全国前列。据不完全统计，2019 年大数据产值约为 3860 亿元。广东正以大数据、“人工智能+”为动力，促进产业转型升级，以创新集聚发展为目标，推动完善大数据产业链，以“云平台”为载体，加快发展工业互联网。广东省多个地市抓住机遇，不断创新发展。

如广州市，毗邻香港特别行政区和澳门特别行政区，是海上丝绸之路的起点之一，也是中国改革开放的前沿城市。广东省统计局公布的数据显示，广州市2018年实现地区生产总值22859.35亿元，在全国城市中排名第四，位于深圳之后。深圳2018年地区的生产总值为24221.98亿元，在全国各城市排名第三。广州、深圳作为粤港澳大湾区的中心城市，深圳作为社会主义现代化先行示范区，以“互联网+金融”、文化产业为突破口，集聚了大量年轻、有活力的高技能人才，具有创新创业优质生态圈的集群城市效应，在人才引进、培养、流动、评价、激励、服务和保障方面有很多优惠政策，构建了全方面、全方位、全过程的人才生活和发展环境。

又如，深圳建设社会主义先行示范区，有利于在更高起点、更高层次、更高目标上，形成全面改革开放的新格局，也更好地实施粤港澳大湾区建设。2018年深圳的人均GDP为19.3万元，研发能力强，企业创新能力强。深圳已经从最初的小渔村，发展到最具创新活力的城市，连续26年出口第一。深圳致力于发展新动能，发展新产业、新业态模式，提升新势能，构建新机制、新规则。

全球经济要素有向湾区集聚的趋势。世界银行2010年统计的数据显示，目前全球 60%的经济总量集中在入海口，75%的大城市、70%的工业资本和人口集中在距海岸100千米的海岸带地区。人口向沿海集聚，沿海城市连绵形成都市区，部分湾区主要的“城市区域”发展成具有国际影响力的“全球城市区域”。

打造粤港澳大湾区，建设世界级城市群，进一步加强内地与港澳交流合作，为港澳经济社会发展及港澳同胞到内地发展提供更多机会，保持港澳长期繁荣稳定；有利于贯彻落实新发展理念，深入推进供给侧结构性改革，加快培育发展新动能，实现创新驱动发展，为我国经济创新力和竞争力不断增强提供支撑；有利于进一步深化改革、扩大开放，建立与国际接轨的开放型经济新体制，建设高水平参与国际经济合作新平台；有利于推进“一带一路”建设。

法国学者戈特曼提出，世界级城市群必须具备：

（1）人口一般在2500万以上；

（2）必须是国家的核心区域，能够对国家的发展产生重大影响；

（3）具有多层级的城市，而且具有强大的城市生活服务、社会治理结构支撑；

（4）具有十分发达的交通设施枢纽，有国际性的航空港、大型的现代化港口设施，有高速公路、铁路等轨道交通，内部具有四通八达的交通走廊；

（5）都市圈内外的经济社会联系十分紧密。

下面介绍几个有影响力的湾区建设。

（1）东京湾区：经济总量占日本全国的1/3。

以工业制造为代表的世界级湾区，是日本最大的工业区，也是以钢铁、石油冶炼、石油化工、精密机械、商业服务为主的综合性工业区。

（2）纽约湾区：是世界规模最大的金融中心。

是以金融业为代表的世界级湾区，以纽约港和新泽西港为核心，带动湾区整体经济发展。

（3）旧金山湾区：拥有全球高新技术企业最密集的地区——硅谷，人均 GDP 居全球湾区首位，是世界上最重要的高科技研发中心之一。

拥有全美第二多的世界 500 强企业，云集众多创新型企业。

（4）粤港澳大湾区的战略定位：

- 充满活力的世界级城市群。
- 具有全球影响力的国际科技创新中心。
- “一带一路”建设的重要支撑。
- 内地与港澳深度合作示范区。
- 宜居宜业宜游的优质生活圈。

就是要构建具有国际竞争力的现代产业体系、现代服务业体系，完善城市群和城镇发展体系，构建开放型区域协同创新共同体。建设“广州－深圳－香港－澳门”科技创新走廊，打造大湾区国际科技创新中心。

从粤港澳大湾区的产业结构来看，广州、深圳、东莞和珠海呈现的是“三二一”型产业结构，其中广州和深圳的服务业占比在60%以上，说明这两大城市已经进入后工业化阶段。

东莞和珠海的第二产业和第三产业比重相差不大，说明其正从工业化的后期往后工业化阶段发展。

另外几个城市的产业结构都是以第二产业为主导，其中佛山、惠州和中山的第二产业占比均在50%以上，只有肇庆市的第一产业比例达 15.21%。而香港特别行政区和澳门特别行政区主要以第三产业为主，占比达 90%以上。

这些战略定位与加快建设，对于年轻人来说都是机会与挑战，只有抓住机会的人才能获得成功。

第二节　职场之道

一、基本之道

职场上规矩很多，如何把握工作的进度、做法、亮点与效果，如何进行有效的汇报、沟通、调研、营销等，归纳起来就是把不想做的事做好，把想不透的事想通，把放纵的心收住，不要停留在心灵的舒适区。

人，切莫自以为是，地球离开了谁都会转，古往今来，恃才放肆的人都没有好下场。所以，即便再能干，也要保持谦虚谨慎，做好自己的事情，是金子总会发光。

《庄子·知北游》写道："人生天地之间，如白驹之过隙，忽然而已。"一念起，天涯咫尺；一念灭，咫尺天涯。时间过得很快，有时不由人们的意识。

人生三大遗憾：不会选择，不坚持选择，不断地选择。人生三不斗：不与君子斗名，不与小人斗利，不与格调低斗巧。人生三修炼：看得透，想得开；拿得起，放得下；立得正，行得稳。人贵三得：沉得住气，弯得下腰，抬得起头。人生三大悲哀：遇良师不学，遇良友不交，遇良机不握。人生三大陷阱：大意、轻信、贪婪。

朱熹说过"四不"：不懈怠、不拖拉、不放纵、不怠慢。能做到这"四不"，职场上就能应付自如。

同时，也要修炼好"六道"。

（一）心灵之道

苏东坡与佛印是好朋友，一次一起练打坐，苏东坡对佛印说："你看我坐在这里像什么？"佛印说："你像一座佛。"佛印问："那你看我坐在这里像什么？"苏东坡说："你像一堆牛粪。"苏东坡回去与苏小妹说了此事，苏小妹说，心中有佛眼中就有佛，你心中没有佛自然看不到佛。格局不同，心境不同。

一样的生活，为什么有的人快乐，有的人痛苦？现实生活中，每个人都有遗憾，可以改变的是自己的态度、心境。一个不欣赏自己的人，是难以快乐的。

三毛曾说："我来不及认真地年轻，待明白过来时，只能选择认真地老去。"可以去找的东西，往往找不到。天下万物的来和去，自有定时。知音一两个就好，不必太多。朋友之乐，贵在那份信赖。我们可以顺其自然地生活，想哭的时候便哭，想笑的时候便笑，不求深刻，只求简单。

不管别人怎么让你生气，你都要知道，那是在用别人的缺点惩罚自己，只要你不在乎就可以了。学会调节自己的心情，好好感受身边的美好，阳光每一天。

（二）处世之道

对一件事情的判断，不能说不是好就是坏，非黑即白。一个矿泉水瓶子，它是圆的还是长的？看的角度不同结论就不同。一件事情，看你做到什么程度，专业学习与工作状态也一样，没有绝对的好坏之分，用什么态度去做、在什么位置上做更重要。

一个君子的标准就是内心富足、人格完善、品格厚道，站在别人的立场上思考问题，少苛责别人，不怨天尤人。

什么是小人？没有大眼界，爱占小便宜。选择一种朋友，选择一种生活方式。自己修身养性是交好朋友的前提。

君子往往正直、宽容、尊重他人，做事有尺度。没有分寸与尺度会过犹不及。无事不惹事，有事不怕事。

（三）规划之道

在很多人眼里，成功者一定有过人的才华。其实，关键在于他们能够认清自己、规划未来。他们清楚自己的优点与缺点，知道自己适合做什么事、做多大的事，这样就能更好地完善和提高自己，实现梦想，实现人生价值。

我们不缺乏志向，缺乏达到志向的每一步。不付出行动的理想是空想。

缺乏规划是职场人的一个通病。有些人自认为有经验，可以不断地跳槽，其实那些"陈词滥调"早已不入行了。经验只能证明你有这段经历，不一定能代表你在这个领域是成功的。灰犀牛理论告诉大家，人们会对看得见或者可预见的危机视而不见，最终导致危机发生。如果缺乏长远规划，未来人生一定会平庸或折腾。

（四）学习之道

孔子学琴，不是只学几首曲子，而是先学气势。修德是成业的基本条件，有德行才有气量，最终气量决定成败。

有这样一个故事：

一个德国小伙子，每天老师让他做三道题。一天，他看到书中还夹了一个小条，上面有一道题，就花了一个晚上做了出来。他的导师大吃一惊，老师说，这是一道2000多年前的题目，我一直想解解不出来。学生说，如果你告诉我是2000年前的题目，恐怕我也做不出来。这个人就是数学王子高斯。

学习，一是学习知识，二是学习智慧，三是学习品德。

一个人来向苏格拉底学习演讲的技巧，苏格拉底还没有说话，他就开始不断地说。最后，苏格拉底说，你要交两份钱，我在教会你使用舌头之前，先要教会你管住舌头。

读书方可立志。古代圣贤都有救济苍生的情怀，读书是为了完成对生命的超越。读书做官，为国家尽忠，志存高远。立志做圣贤，不做小人，在学习中完成职业定位与人生制衡。

一位哲学家思考人与世界的关系，他不知道如何表达，正巧他的三岁孩子在一旁捣乱，他顺手就把散乱的地图给他拼，他想小孩会安静很久，半个小时后，小孩来说他拼完了，他大吃一惊。他的孩子说，反面是一个人的头像。一个人正确了，他的世界也就正确了。

社会在不断地变化，我们改变不了它的走向，只能改变自己。

2019年3月30日，艺术家韩美林获得“影响世界华人大奖”终身成就奖。站在华人盛典领奖台上，韩美林说：“我虽然83岁了，但依然有38岁的干劲，我现在正在采用3D打印和机器人做雕塑。今年我要爬上5000米去拜见三江源的源头，这是中华文明的源泉，一定要把三江源的雕塑造好。”

（五）为人之道

苏格拉底正在和信徒们谈经论道，一个占星术士走上前去，声称可以根据一个人的长相看出他的性格，打量苏格拉底一番后侃侃而谈：“你的鼻子说明你是个暴躁易怒的人。”信徒们听他这么说都非常生气，可苏格拉底让他们肃静，请术士继续，“从头型看你很贪婪，下颚表明你不够坚定而善变，嘴唇和牙齿证明你善于蛊惑人心。”苏格拉底耐心听他讲完后付了报酬并以礼相送，信徒们则非常困惑，围过来请教，为什么苏格拉底要如此对他，苏格拉底不紧不慢地解释道：“其实他说的都是事实，我完全接受所以才这样对待他。只不过他也犯一个错误：忘记了我的正义感，没能看出我拥有战胜自己负面天性的道德力量。”

在人与人的交往中，最基本的前提是尊重和善意。以尊重和善意为前提，才有资格谈直爽和率性。

与人相处，要时刻明白自己的不足，并在尊重别人的基础上不断改善。与人相处最关键的是要有道德底线。有些东西不需要去争辩，有些东西给对方留点余地。

凡事当留余地。任何事情一旦满了就会亏，物极必反。国画讲究留白，使人有更多的联想，也让意境更为深沉。

我们要记住三句话：一是责任就是方向，经历就是资本，性格决定命运；人生就是不断地选择和调整。二是复杂的事情简单做，你就是专家；简单的事情重复做，你就是行家；重复的事情用心做，你就是赢家。三是美好是属于自信者的，机会是属于开拓者的，奇迹是属于执着者的；你若不想做，总会找到借口，你若想做，总会找到方法。

京东创始人刘强东在新入职的员工会上说："我们通过能力、业绩和价值观体系量化衡量标准，将所有员工分为五类：金子、钢、铁、废铁和铁锈。价值观很好，业绩也很好的人是金子；能力、业绩不错，价值观也不错的人，属于钢；价值观不错，但是能力稍差的，是铁；能力不行，价值观也不行，就是废铁；能力很强，但价值观不正的人，则是铁锈，这是我们坚决要去除的。"

价值观永远是第一位的，要树立正确的价值观。一个勇于担当、正派的人，任何公司都会欢迎。

（六）人生之道

《朱子家训》最后一句说道："守分安命，顺时听天。"

守分，守住本分；安命，自己不能决定从哪来来，到哪里去，但可以尽人事，听天命。尽人事，无悔；听天命，无怨。顺时，顺势，顺应自然，遵循自然规律，荣辱、成败、得失看淡，固守自己的本心，心灵、灵魂、境界高尚。

时机要对，表达时态度要好。做好事，要讲求原则，拔刀相助不一定是好事。行直刚道，要选择对方能接受的口气、态度，要考虑别人的感受。

人有三种，有志于富贵者，有志于功名者，有志于道德者。人立德更好，继起而传承之，取义而安身。追求富贵的人患得患失，因此，我们要崇德辨惑，要谨言慎行。行德，是行己德，让生命更有格局、圆满，有为有守，有尺有节。

鬼谷子认为，欲成大事者，在逆境中必须有三种能力。一是遇横逆之来而不怒。遇到不顺心的事，不发怒或埋怨。二是遭变故之起而不惊。遭遇到突如其来的变故时，不惊慌失措。三是当非常之谤而不辩。受到他人无理的指责或诽谤时，不争辩或反驳对方。

善待自己，幸福无比；善待别人，快乐无比；善待生命，健康无比。人和人相遇，靠的是缘分；人与人相处，靠的是诚意；人和人相爱，靠的是真心。思念别人是一种温馨，被别人思念是一种幸福。缘是天意，分在人为。

工作，一半是运气，一半是努力。工作是生活中不可缺少的一部分，用积极的态度去迎接每一天，努力工作，充实地度过每个春秋。走的路，不后悔，等到抬头的那一天，历经艰辛的脸庞上，露出的是收获的微笑。

所谓功到天成，那些踏实勤奋、坚持用能力证明自己的人，获得成功和认可是早晚的事。总是抱怨机会太少、现实残酷、命运不公的人，该反省一下，为了实现某个理想，自己到底付出了多少努力和坚持。

方和圆，是基本的几何形态，无论以平面或立体的方式，都经常遇到。可以说，方和圆，奇妙地聚合着中国人的自然哲学、生命哲学与艺术哲学。

中国文化讲究外圆内方，既能坚持原则，又能在方法上做一些变化来解决问题。外圆内方是通权达变的圆融智慧。

沧海桑田，是潜移默化中的变迁。日新月异，是亲眼见证着的奇迹。人生不易，无论是苦难还是磨砺，都是一种功力。

我们感知的世界有风有雨，有悲伤也有欢乐，却偏偏没有先知先觉，所以才有遗憾和懊悔。有恨有爱，叫人生；有得有失，叫生活。我们承受不起太多的波折和反复。所以，淡然地面对未知，做一个坦然坦荡的自己，谓之豁达。

知音是贴切的默契，知己是完美的深交，缘分是长长的相系。人与人之间，可以近，也可以远；情与情之间，可以浓，也可以淡；事与事之间，可以繁，也可以简。真正的朋友不一定常见面，但一定在你需要的时候出现；不一定常联系，但一定把你放在心中最温暖的地方。

一滴墨汁落在一杯清水里，这杯水立即变色；一滴墨汁融在大海里，大海依然是蔚蓝色，为什么？因为两者的肚量不一样。格局，格是人格，局是胸怀。格局，乃人生的眼界与气魄。一个优秀的领导人的素质就是眼光、胸怀和实力。不要与你的下属比技能。

一个优秀的人要保持思考，对未知的领域保持好奇心。要不断跳出自我认知、跳出自己的行业来看整个世界。这是品格，品味人生，格物致知。

人生，最重要的不是得失，而是拥有一颗善待自己的平常心。重要的是不要随波逐流，要时刻保持一颗坦然之心。

保持一颗平常心，万事皆有缘。人生当随缘，枯萎的随它去枯萎，繁荣时任它去繁荣。顺其自然，该执着的执着，该放手的放手，不要画地为牢。

人生是一道接着一道的选择题，而且是“怎么选的必然会遇到困难，怎么活都注定会后悔”的选择。但是，那些在结果出现之前拼尽全力的人会后悔少一些，那些在结局尘埃落定之前奋力一搏的人会遗憾轻一点。每一个人都应该有这样的信心：他人所能负的责任，我必能负；他人所不能负的责任，我也能负。如此，你才能磨炼自己，进入更好的人生状态与境界。

一个人走向成功的三种迹象：开始低调，开始努力，明白付出才有收获；开始在意情商，开始换位思考，明白感情的珍贵；开始专注自己，不再做无效社交，明白人生应该做减法。

二、中国文化中的管理智慧

（一）管理自我与他人

1. 自助者天助

《易经》中写道：“吉无不利，自天佑之。”自己努力，老天才会帮助我们，也就是自助者天助。人生没有心想事成，只有水到渠成。

做任何事都应尽人事听天命，不怨天不尤人。

孙武，字长卿，春秋时期军事家及军事理论家，后人尊称其为孙子、孙武子。大约在齐景公三十一年（公元前 517 年）左右，18 岁的孙武离开齐国，长途跋涉到了吴国。孙武一生的事业在吴国展开，死后亦葬在吴国，所以《吴越春秋・阖闾内传》称孙武为“吴人”。孙武来到吴国后，结识了伍子胥，二人结为密友。公元前 515 年，吴国公子光在伍子胥的辅佐下夺得吴国王位，称阖闾。伍子胥向阖闾推荐孙武。孙武见吴王阖闾，并把自己撰写的兵书 13 卷呈献吴王。公元前 482 年，在孙武等将领的辅佐下，吴王夫差在黄池（今河南封丘县南）与晋、鲁等诸侯国君会盟，以强大的军事力量为后盾，争得霸主的地位。

随着吴国霸业蒸蒸日上，夫差渐渐自以为是，不纳忠言。听信奸臣的挑拨，逼伍子胥自尽。孙武深知“狡兔死，走狗烹；飞鸟尽，良弓藏；敌国破，谋臣亡”的道理，于是便悄然归隐，继续修订其兵法，成《孙子兵法》一书。

一个人活在世上，应该清楚地知道自己要什么。有目标、有行动才会完成任务。

作家流沙河说，平凡的人因有理想而伟大，有理想者就是“大写的人”，世界上总有人抛弃了理想，理想却从来不抛弃任何人。

李德，河北沧州的一名掏粪工。他一边掏粪，一边利用空余时间钻研创新，先后进行106项技术革新，9项获得国家专利，4项填补国内特种设备领域空白，为国家节省了上千万元的成本。他被列入“大国工匠”高技能人才专家，成为全国首位享受国务院特殊津贴的环卫工人。

从“掏粪工”到“大国工匠”，李德用自己的奋斗传奇告诉我们：能决定你命运的只有你自己，人生的价值在创造中升华。真正努力是立德业。

使事业成为喜悦，使喜悦成为事业。爱你的工作，用心去做，你定会收获快乐和成功。

一些人总说自己有能力，但是你给他一个数瓶盖这样的工作，他可能连三天都无法坚持。所谓的踏实，关键是有耐心和毅力。一件事情，哪怕再小，哪怕再难，你也能持续做下去，全身心地投入这项工作，把它做深、做细、做透，一丝不苟地完成，本着这样的工作态度，你一定会收获成功和快乐。

积善之家必有余庆。积善之家，是可以永远存在下去的。人的一生只做一件事，就是提升自己的品德。

如果每一个人善于改变思维，突破自己固化的思维模式，那么，就可以掌握超越他人、改变自己命运的力量。

每个人所处的环境不同，位置不同，所面临的状况自然不同，即使是在同样的位置，在能力、选择、喜好上也各有差异。但是，是金子总会发光，自助者天助。

在职场上，一个人为什么迟迟没有起色，关键就是因为心比天高，认为自己能力大，又不愿脚踏实地、专心做事，总是这件事情没完成，又想着去做另一件，于是每件事情都没有结果。一个职场新人，如果不能领悟到这一点，难有大成就。

一个人能够让后代铭记的，通常不是有形的东西，而是无形的东西。就像孔子留下的是精神方面的，而不是物质方面的。物质只能保障我们的生存，无法让我们生活得更满足。

庄子讲过一个故事：一个人乘船渡河，前面一只船正要撞过来，就破口大骂，结果撞上来的竟是空船，怒火一下子就消失得无影无踪。生气与不生气，竟取决于撞来的船上有没有人。庄子因此得出一个结论：人能虚己以游世，其孰能害之。一个人若能虚己忘己，不要太自我，谁又能伤害你呢？

生活中，我们要顺其自然，不要自我加设一些障碍。过多地考虑自己的问题，反而产生更多的问题。

2. 真正的管理，就是合理的配合

中国讲究合作分工，一件事情分给一刚一柔的两个人去做，分工的目的是为了合作。

组织作为一种工具，最大的功能就是以小博大，通过管理产生一加一大于二的合力。

每个人都应该有这种心愿，就是不要因为自己的疏失，而使整体的效果打折扣。这是责任担当，而不是对错的问题。中国企事业单位的考核，要先考核整体。

合作就是一团和气，可是一团和气也有两种结果，一种是一事无成，还有一种是万事顺成。这两种结果都有可能发生。组织不是一加一等于二，而一定是一加一大于二。

一个人站得很高，自然就会被孤立，因为曲高和寡。一个有德行的人，总能体现自身价值，利用自身的行为去影响他人。

好的领导一生最大的成就，不是自己做出很大成就，而是带出一批优秀的员工，营造出良好的工作生态环境。

3. 辩证之道

《易经》讲究平衡，讲究阴与阳的辩证关系。“一阴一阳之谓道。”月、地、女人、下、卑、光、坤等属阴；日、天、男人、上、尊、明、乾等属阳。好事与坏事可以转化。中国人做事遵循阴阳之道，也就是一种辩证的思维，一定要走出一条“太极线”。太极讲求有所变，有所不变，变中有不变，不变中有变。一阴一阳，如一枚钱币的正反两面，很难切断。所以，办事要有灵活性，要有随机应变的能力，但也绝对不可以投机取巧。要想职业发展好，就要有辩证的思维方式，能够敏锐地看到问题的两个方面，并有的放矢。

4. 无为与有为

有为才有位，职位的高低与自己的努力程度有关。我们只能找到最合适的职业，永远没有办法找到最好的职业。但是，要想有位子，前提是必须有为。

人最怕的就是天下无敌手。什么叫作“天下无敌手”？就是没有一个人把你当对手，那表示你毫无价值。人只有被别人当对手看，才会谨慎，才会自律，才会尊重别人。

任何事情都要适可而止，绝对不能越界。可是要“止”，是天底下最难的。“止”的写法就告诉我们，不要顶到天。能够顶到天的，就是“正”，叫作正气凛然。平常要“止”，量力而为，适可而止。不要一人独大，功成不必在我，但功成必定有我。

每个人都是从未定之时出发，然后摸索、搜寻，最后走向既定之局。人生的努力，只不过在追求自己的定数。

人生只做一件事情，就是自我精进，进德修业。所以，时间永远不会为某个人停留，我们要做的就是努力向前。

春、夏、秋、冬四季中，最要紧的是冬天，如果冬天没有藏好种子，第二年就没有办法播种。人生最要紧的是耐得住寂寞，要在冬天知道怎么样去藏好自己，所以，养生不如养藏。工作中也是一样，要打好基础。

5. 拿捏好度

中国人的事情往往要绕个弯，才会有比较好的效果。

中国人的事情只有一个答案——合理就好。

中国人的事情其实就是一个字——度，而这个“度”是很难拿捏的。

爱因斯坦告诉我们，光线也是曲进的，不是直进的。凡事绕一个弯，才会有比较好的效果，直来直去不符合事物的规律。

人生是什么？人生就是从求人走向不求人。当我们不求人的时候，格局自然就高了。当然，在年轻的时候多数是要求人的，要认清自己的位置。人在屋檐下，不得不低头。

（二）中国式管理的精髓

管理是一种历程，起点是修己，终点则是安人。修己、安人看起来是伦理，同时也是管理。中国式管理谋求安居乐业，互敬、互惠，各得其安。

修己旨在自觉、自律与自主。

管理的历程着重在“同中求异，异中求同”，也就是“有矛盾时甲乙调和，让差异趋于相同。没有矛盾，就不可能产生变化，而没有变化，也就不能进步”。

一切从“保护自己”着手，遵循“由疏而亲”的原则，避免“因不了解而结合，却由于互相了解而分离”的不愉快结局。我们要保护自己，要通过守法、守纪、守分来完成任何事。

水避高而趋下，懂得绕道，善于借力使力。水避实而击虚。

中国式管理的四大要点：

（1）以人为主；

（2）因道结合；

（3）依理而变，取“合则留，不合则去”的原则，可长可短，合理就好；

（4）自我管理。

管理中最主要的还是管好自己，用脑力、眼力、体力、脚力、心力管理自己。

脑力是所有理性层面的能力与能量，在纷繁的现象中能够做出有未来导向的判断和决策。当今社会脑力越来越重要，创新思维多数来自脑力，把危机变成转机的也多数靠脑力。

哲学家冯友兰说，人生成功过程需要具备天才、努力和拼命。机遇在职场上是十分稀缺的，脑力就是能抓住职场关键的机会，从而实现自己的人生跨越。

眼力，是观察事物的能力。工作中眼力很重要，有的人能从事物中看到机会，有些人就看不到。很多人说犹太人是最会做生意的商人，其实是因为他们对事物和人性有独特的认知和了解，这就是眼力。

你眼中的问题，就是别人眼中的解决方案。如何处理上下左右的关系，要靠眼力。职场中，大的陷阱容易识别，而真正危险的是暗藏的小陷阱。当大的陷阱被排除的时候，不要放松和得意，因为真正的陷阱可能会紧随其后，这就考验我们的眼力了。

当今社会，要想在职场脱颖而出，或不轻易被淘汰，必须在拥有一技之长外，还要有眼力，眼里要有活。

体力是现代社会的基本要求。身体好、肯加班的才是公司喜欢的员工，有的公司为了研发新的产品或项目，员工可以在公司里吃住几个月。如果你想在职场中赢得自己的一席之地，就必须多付出，把工作做得超出领导的预期。你敬业乐业，全身心地投入工作，干一行，爱一行，精一行，肯吃亏，肯加班，领导自然会注意到你，你也会有更多、更好的用武之地。

脚力是脚踏实地地工作。对所做的工作充满职业感，不懂就多问，多进行调查研究。脚力就是把工作做实、做细，这也是职场上的工作方法。脚力就是把职责当成自己的信仰，用自己的青春、汗水履行职业要求与使命。

记住，能力越大，责任越大。

心力是具有方向感和使命感的。心力就是一份担当，一份责任感。在职场上，任何事情都要用心去做，心力不到是做不好工作的。我们要经常这样问自己：我是谁？我有什么能力？我来到这个公司的目标是什么？我工作的替代性强吗？扪心自问可以让自己更清醒，也能更努力地工作。

职场是强调价值的地方，你能提供什么，才能索取什么。你必须拥有“这项工作只有我能胜任”的自豪感。工作，既不是用于换取金钱的不得已而为之的劳动，也不是义务性的职务，而是完成使命的过程。一个人是不是用了心，其实很明显。工作越久，你越会发现，心力才是金字招牌。成功的人不一定智商很高，而是很用心。

人在职场，把能力、毅力、体力和敬业精神尽数表现出来，让领导对你刮目相看，你在职场上就能站得稳、立得牢。同时，要注意脑力、眼力、体力、脚力、心力“五力”的相互作用，“五力”并举，方能收获理想人生。

三、人际关系管理

孔子说：“恭则不侮，宽则得众。”和谐的人际关系就是对他人多谅解、多宽容。

任何人只要踏入职场，都想得到晋升机会，在合适的岗位上施展自己的才华与抱负。然而，企业就像一张网，人际关系错综复杂，相互之间都会牵扯到利益，因此人际关系的处理要有艺术。

正因为总想迎合别人，或让别人迎合自己，才会造成矛盾。这种时候，就要转变心态，享受这种差异。人与人在性格、品位、情感、考虑问题的出发点等方面有很多差异，职场上常会因为对一件事情的看法不同而产生摩擦，这个时候，我们必须转换视角，发挥同理心和宽容的力量。

有人说，你和世界上任何一个陌生人的间隔，不会超过 6 个人。但是，真正与你有稳定关系的人，也不会超过 150 人。人在社会上生活，必然要处理好各种关系。人际关系处理得好就是助推剂，处理不好就是毒药。永远不要去责怪任何人，好的人给你成功，坏的人给你经历，最坏的人给你教训，最好的人给你回忆。

面对相同的问题，有些人一直耿耿于怀，有些人却完全不受干扰，也就是我们经常讲的“心大”。这是不同的人的心灵免疫力问题。造成心灵的耐力、免疫力低下的原因主要有三个方面：

一是自我肯定感的欠缺，也就是没有自信，认为这事自己干不了，责备自己。

二是无意识地以他人为轴心。即在自己没有察觉到的情况下，将他人的价值观作为自己的价值观，将同事的表现或其他人的肯定作为自己的标准。

三是自我设限。这是我们的本能，源于害怕变化了的自己。当事物发展不如意时，就会把自己封闭起来，希望维持现状，不接受新的事物，不想尝试。

解决的方法就是确立自我轴心，让自己喜欢上自己。真正的人际关系管理，是在明白自己的位置、对方的位置都发生了变化的基础上，衡量彼此的差异。

每个人实际上都生活在自力、他力的平衡之中。你可以要求自己守信，但不能要求别人守信；你可以要求自己对人好，但不能要求别人对你好。你怎样对待他人，并不代表他人就一定会怎么对你。如果只看到不同，只会徒添烦恼。人生本是过客，何必心有千千结。

在人际交往中，我们总想弄清楚谁是敌人，谁是朋友。可是，谁人背后不说人？认识你的人，都在背后说过你，他是你的朋友还是你的敌人？如果你的敌人无限地大于、多于你的朋友，此生难道不过了？开门所遇是你恼者，进门所见是你恨者，到底是他痛苦还是你痛苦？所以，为他人，多一点气量；为自己，多一点气量。

我们必须相信：人生不只有一片天空，此时此地你得不到的晴朗，彼时彼地未必得不到。

人际交往需要有道德底线，不揭短，不因私愤妨碍公务，不触碰法律底限，不以自我为中心。没有任何一个人有资格否定另一个人。每个人都有存在的价值，不要用自己的道德标准去衡量他人，也不要用自己的价值观去要求他人。和别人打交道时要多留心，注意观察，因为你遇到的每一个人都有独特的个性，所有人都值得尊重。

两个人沟通，70%是情绪的交流，情绪不对，内容就会被扭曲，就会把沟通变成了吵架。并非所有的事情都要针锋相对，要学会适时地妥协，适时地沟通，适时地迁就，适时地放弃。

团队智慧是指，积力之所举，则无不胜也；众智之所为，则无不成也。共怀愚公之志，共尽担当之责。

从个体的角度看，很多事是有目的的。但是从群体的角度看，其实仅仅是测试。比如，高考表面上是教育，其实是学习能力测试；职场表面上是奋斗，其实是工作能力的测试，更是一种人品的测试。

人际交往中，不会所有人都喜欢你，如果你要计较，只会筋疲力尽，生活变成一地鸡毛。层次不同，三观不同，有时无法沟通，不要放在心上就好。海明威说："送给他人一份厚道，他人会还你一片阳光！"英国作家狄更斯说："在你的人生中永远不要弄破四样东西：信任、关系、诺言和心。因为当它们破了，不会发生任何声响，却异常地痛苦。"人际交往中，不要对别人妄加评论。

付出善心不是为了得到回报，也不是每一份善心都能得到回报，但凭谦卑之心可以赢得别人的帮助，可以化解人际关系中的矛盾。

你对别人好，别人自然会对你好，你对别人差，别人自然也会亏待你。

德国哲学家叔本华说："你的人格修为，决定着你能走多远。"如果我们注重提升自身的修为，就能化解矛盾，让个人魅力在人际交往中发出光彩。

人品是人与人交往的底气。"择其善者而从之，其不善者而改之。"在人际交往中，我们应该学习别人的优点，包容别人的缺点，包容缺点就成了我们的优点。

寿山佛学院的一位老师对学生很严格，很多学生不喜欢他。有一天，一个学生向担任院长的星云大师投诉，滔滔不绝说了半个多小时，列举了那位老师的种种不是。

听完学生的抱怨后，星云大师淡淡说道："既然他什么都不好，而你什么都好，你就应该继续原谅他。"

学生一怔，然后低下了头。

第三节　健康人生

在职场上打拼的年轻人，总觉得自己的生活过得不好、不顺利，可去看看别人，别人的生活也许更糟。珍惜拥有，才是健康人生的法则。

年轻人走进职场就进入了"青年危机"，有的甚至开始抑郁。心理学家认为，"青年危机是一个人关于职业、人际关系和财务状态的不安全感、怀疑和失望的时期"，主要分为四个阶段。

阶段一：你感到被生活中的选择完全困住。比如，你不知道该选择什么样的职业，不知道该维持什么样的亲密关系，觉得自己正在被生活的压力推着往前走。

阶段二：你感到必须走出这样的被动局面。你越来越觉得，如果自己能够“豁出去一把”，生活就会有转机。

阶段三：你开始行动了。你辞掉了不喜欢的工作，结束了一段轰轰烈烈的或不咸不淡的感情，但现在要干什么呢？你还是不知道。你进入一段“暂停时间”，试图重新认识自己，重新找到生活的目标。

阶段四：你领悟到了自己真正向往的生活，下定决心，开始为这样的生活而努力。

怎样度过“青年危机”时期呢？

首先是把危机当成转机，每一次危机都是一次反击机会；其次是合理管理职业规划，职业规划要适时地调整，以切合实际。只有遵循时序，依时序而行，顺时序而动，抓住时机，做起事来才能事半功倍；最后，时间是最好的老师，给自己一点安静的时间，从“不常态”进入“常态”，让梦想的种子把根扎得更深，厚积薄发，所有的危机最终都是人生的财富。

追求卓越，可以看到的世界，可以拥有的选择，无疑更多。更让人向往的，是在这个过程里，发现的更多的可能，更多的改变世界的可能。

也许你也曾对一项任务一拖再拖，羡慕别人的高效率，却改不了懒散的状态。其实，高效率的人不过是懂得自律，知道什么时候该干什么事，心中有明确的规划。当你还在火急火燎地做一件事的时候，他们已经拥有空余时间了。

偷懒、嫌麻烦、逃避、得过且过，也许会让你觉得一时舒服，但不会让你一直舒服。这世界上有很多人比你厉害，却比你还努力。只要你的方向是正确的，只要你想做出改变，只要你愿意付出努力，生活也终究会回应你。

时光如流水，一去不复返，在每个年龄段都应该葆有奋斗的活力。我们要时刻提醒自己，光阴有限，不该在偷懒中白白度过。

一、健康人生的快乐习惯

哈佛大学推荐了 20 个快乐习惯：

（1）感激生活；

（2）谨慎交友；

（3）体贴他人；

（4）不断学习；

（5）解决问题；

（6）做喜欢的事；

（7）享受生活；

（8）笑口常开；

（9）学会宽恕；

（10）心存感恩；

（11）增强人际关系；

（12）诚实守信；

（13）深思冥想；

（14）专注于自己的事；

（15）乐观心态；

（16）无条件去爱；

（17）永不言弃；

（18）积极行动；

（19）照顾自己；

（20）充满自信。

我们心怀敬畏，不是为了弯下身体，而是放下自身的傲慢。我们欢喜，不是颜面和乐，而是心境舒展。我们不断修炼，不是摒弃所有，而是心地无私。

金钱不如感情耐用，健康胜过一切财物。将就多了，心会疲惫；计较多了，人会憔悴。欲望太多容易麻木，懂得知足才最幸福。事想不通，就不想；人讨不好，就不讨，只要自己活得快乐，何必理会他人。所谓的幸福，就是心中无烦恼，身上没病痛。

二、健康心态练习

最好的药物是心态。不同的人，人生是不同的。

山有山的高度，水有水的深度，没有必要攀比，每个人都有自己的长处。风有风的自由，云有云的温柔，没必要模仿，每个人都有自己的个性。你认为快乐的，就去享受快乐；你认为值得的，就去珍惜守候；你认为是幸福的，就去珍惜。

依心而行，无憾今生。

我们做了很多事情，但不是所有的事情都有回报，我们把分内的事做好，收获就在不远处。有了这种心态，任何事情都会越来越好。

你只有去做一件最普通的事情，做一个最普通的人，不要觉得自己是最重要的，才能把事情做好。

第六章　创新之美 创业之美

2014 年“大众创业、万众创新”被提出。

2015 年 5 月 13 日，《国务院办公厅关于深化高等学校创新创业教育改革的实施意见》发布。该意见指出，要“健全创新创业教育课程体系”“健全体制机制”。

中国“互联网+”大学生创新创业大赛举办六年来，已累计有 375 万个团队的 1577 万名大学生参赛，涌现出一大批优秀的创新创业项目和高素质创业人才。六届大赛组建了一支双创新锐大军，孵化了一批高质量创业项目。以创新驱动创业、以创业引领就业，形成了高校毕业生更高质量创业就业的新局面。

新时代呼唤青年创新创业，我们要在巨变的时代相依前行！

第一节　创新时代

一、创新发展

目前，中国经济处于高质量发展时期。中国在全球的创新排名逐渐靠前：2013 年为第 35 位，2014 年为第 29 位，2015 年第 29 位，2016 年第 25 位，2017 年第 22 位，2019 年为第 10 位。中国正在向创新型国家迈进，已经从产业竞争到标准政策制定过渡。

改革开放 40 多年来，我国民营经济从小到大，从弱到强，不断发展壮大。截至 2017 年年底，我国民营企业数量超过 2700 万家，个体工商户超过 6500 万户，注册资本超过 165 万亿元。概括起来说，民营经济具有“五六七八九”特征，即贡献了 50%以上的税收，60%以上的国内生产总值，70%以上的技术创新成果，80%以上的城镇劳动就业，90%以上的企业数量。在世界 500 强企业中，我国民营企业由 2010 年的 1 家增加到 2018 年的 28 家。我国民营经济已经成为创业就业的主要领域、技术创新的重要主体、国家税收的重要来源。

创新是一个民族前进的动力。我们除了向发达国家学习先进技术外，也要结合本国的实际，用创新全面开启现代化建设新进程。

“变者，天下之公理也。”

“芳林新叶催陈叶，流水前波让后波。”

为实现中华民族伟大复兴，我们要敢闯敢试，并不断创新。

在改革开放先行地广东，通过40多年的创新发展，凝聚了广东精神，那就是“厚于德、诚于信、敏于行”。敢为人先，务实进取，开放兼容，敬业奉献，是广东创新发展的精神所在。

纵观改革开放40多年的发展，都是大胆创新的结果，变成为一种社会常态。“明者因时而变，知者随事而制。”社会在发展，时代在进步，要求我们顺应时代潮流，鼓起改革的勇气，激发创新的智慧，多出新招、硬招。要突破“老办法不管用、新办法不会用、软办法不顶用”的困境，闯出新路子，开拓新境界。

求新者胜，思变者通。穷则变，变则通，通则久。变是行动，是创新，是为了前进，为了发展。变中求进，包含中华民族优秀传统文化的底蕴，体现了当今中国人排除万难的决心。大路小路，只要有创新，只要有行动，都有出路。

如广东提出要以功能区战略定位为引领，加快构建形成由珠三角地区、沿海经济带、北部生态发展区构成的“一核一带一区”区域发展新格局，加快推动区域协调发展。“一核一带一区”区域发展新格局，就是要做优做强珠三角核心区，加快珠江口东西两岸融合互动发展，增强辐射带动能力。加快珠海、汕头两个经济特区发展，同时把汕头、湛江作为重要发展极，串珠成链，打造现代化沿海经济带。

“一核一带一区”新格局与区域协调发展有“三个”观念转变，一是从二元思维向系统思维转变，二是从同质竞争向协同发展转变，三是从城镇思路向城乡思路转变。广东着力构建功能错位、合作发展新机制，实施产业准入双清单，在集聚中走向均衡。着力深化三个链条，形成网络型区域发展新格局；着力构建生态价值体制机制，转变政绩考核体制，实行分类考核；完善排放权交易平台，体现生态价值；构建横向生态补偿支付制度。

20世纪90年初，华为创始人就清醒地认识到，随着国家经济建设高潮的到来，大规模发展通信基础设施将是大势所趋。华为从几十号人、几千人到今天的十七万人。这种正确的创新战略、创新方向感以及对正确战略的孤注一掷的坚持，无疑是华为崛起和成功的核心力量。

作为创新领头的企业，华为的企业文化是：力出一孔，利出一孔。力出一孔：即企业的力量要集中一个地方；利出一孔，企业的收益来自服务对象。客户是华为的魂，任何人都围绕客户这唯一方向、唯一目标去奋斗努力。

二十年多前，在上海租住的一间简陋民居中创业，今天，华为已经在全球有28 个联合创新中心，17 万员工中有将近一半的人从事研究与开发。在全球有 16 个研发中心（海外 7 个），销售收入的 15%投入研发，涉及 107 个国家或地区，为全球 1/4 的人口服务。

《孙子兵法》写道："兵无常势，水无常形，能因敌变化而取胜者，谓之神。"

社会在不断地变化，唯有顺应变化，不断创新才能适应社会。

创新不是口头上的一句话，而要付诸行动。不要以为一个简单的战略规划就是创新。战略规划得再好，也只是一张图纸而已，关键要实施，要随时变化。因势而谋，应势而动，顺势而为，因时而变。

创新中遇到的困难，就如同面对的高山。山就在那里，是奇峰罗列，还是临渊而立，不取决于山，而取决于自身所站的高度与角度，以及内心的深远。智者见山，愚者见渊。

人要对自己负责！词语可以连成一条细线，直升上天，轻快无言；而行动却要艰难地沿着地面绕行，紧紧地贴着地面。每个人都应有充分的忍耐去担当，有充分单纯的心去执着，一切皆有可能。

未来最需要什么？有人说，一是整合资源，从借船过河到造船过河，培养自己的创造力与创新思维；二是学与变，赢在学习，胜在改变，要想改变地位，先要改变思维。要有终身学习的意识，要保持独立的见解，能透过现象看到本质，培养批判性思维。身处变动不断的时代，唯一不变的是变化，只有不断创新，才能立于潮头。

有两个词很重要，一个是用心，一个是执着。用心的人改变自己，执着的人改变命运。只要坚持在路上，就没有到不了的远方。你改变不了环境，但你可以改变自己；你改变不了事实，但你可以改变态度；你改变不了过去，但你可以改变现在；你不能控制他人，但你可以掌握自己；你不能预知明天，但你可以把握今天；你不可能样样顺利，但你可以事事尽心；你不能延伸生命的长度，但你可以决定生命的宽度。努力是为了看到更宽广的世界，是为了有自由选择人生的机会，是为了以后不向讨厌的人低头或不变成自己所厌恶的模样。

总之，社会的变化很快，我们既要培养硬能力，如沟通能力、创新能力、自我管理能力等，还要培养软能力，即做人的品质、格局与胸怀。只有拥有远大抱负的人，才能为祖国增添荣耀，为自己带来收获。

二、大数据时代的创新发展

大数据、云计算已经成为科技发展的代名词。大数据的最重要特征之一，就是在混沌、失序、杂乱的数据中，寻找看似毫无关系的数据之间的关联。大数据的价值在于提供了一种人类认识复杂系统的新思维和新手段。大数据将带来颠覆式发展的机遇。

大数据改变了我们的思维方式、工作方式、生活方式，改变了人类探索世界的方法。当我们用数据的思维思考时会发现，很多问题有了新的解决可能。比如，基于数据分析，淘宝不仅仅知道你的购买习惯，甚至能推测你的生活习惯和思考方式，并把分析的结果运用到产品销售中去，不断突破既有的商业格局，最终成长为全球性的大公司。

在大数据时代，我们至少需要拥有三大智慧：一是边界识别技术，二是条块间避让智慧，三是数据的重构与自我修复能力。大数据时代，不仅要求有一定的专业知识，还要求与之相适应的变化能力与自我智慧。通过不断地学习，提升自己的价值，跟上时代的步伐。

创新创业不仅仅是少数人的生活方式，也是多数人必须学会应对的生存和发展方式。要实现创新创业的成功，长久地关注和参与是重要前提。要提高自身的科技能力，提升生活品质与质量，最后找到适合自己的创新创业方向和路径。

要创新，就要不断了解当今科技创新的新模式。

作为一个最便利的交流和信息共享空间，大数据、互联网及手机对生活的影响显而易见。我们要充分利用大数据的众创空间，创新职业发展，集聚创新创业资源。我们的思维也要跟上，思维应该是发散性的，不论是感觉、数字、气味、线条、颜色、节奏等，都可以成为一个思考中心，并由此向外发散出成千上万的节点，每一个节点代表与中心主题的一个连接，而每一个节点又可以成为另一个中心主题，再向外发散出成千上万的节点，这些节点的连接可以开启人类大脑的无限潜能。

目前，人们正在学习区块链，区块链有以下特点。一是安全。不受任何人或实体控制，数据在多台计算机上完整地复制（分发），数据安全性更有保障。二是不可篡改。一旦进入区块链，任何信息都无法更改。三是可访问。网络中的所有节点都可以访问信息。四是无第三方。区块链的去中心化可以帮助点对点交易，无须第三方的批准。

现代社会，创新可以是在原有事物基础上的创新，当然，更多的创新是在一张白纸上的创造，需要几代人的连续奋斗。我们所处的社会未来有更多的不确定性、不可预测性和多重框架。一个商品要讲品质、设计、价值、文化、增量需要与潜在需求。如物联网从整合到融合，通过大数据比对与分析，利用人工智能回归本源；通过机器读懂图片，对影像资料进行整合，让机器来进行设计与美化。

变化使我们成熟，但它首先使我们思考。生活中最重要的变化，一定伴随着大的焦灼和忧虑。我们能否与人工智能实现共生与繁荣？

2013 年，全球企业研发 2500 强公司的研发投入达 7408 亿美元，占全球商业研发总投入的 90%。七年前研发的内容，如新材料、物联网、虚拟现实、移动电子商务、3D 打印、新能源汽车、大数据、人机交互等，多数今天已经进入我们的生活领域，成为生活的一部分。

2020 年年初，全球新冠肺炎疫情暴发，在“战疫”过程中，人工智能、大数据、云技术、网游、在线教育、远程办公、在线短视频、长视频、在线零售、物流快递等得到广泛应用。

以上海为例，实施政务服务“一网通办”，以及城市运行的“一网统管”，在“战疫”中发挥了重要作用。“一网通办”指的是足不出户就可以办理各种证件；“一网统管”即把整个城市的交通、治安、环保、急救、生产、市场等数据集聚到一个平台上共联共享，为精准防控疫情、精准推动复工复产作出了贡献。

这次疫情让全社会对数字技术的需求集中井喷。几亿人在线办公，全国所有学生在线上课，还有几乎所有的生活物资的交易，都可以在网上进行。在线下难以交易的时候，线上数字经济建立了一套支撑现实社会的新“循环系统”。

“健康码”已在全国各个城市落地，大大提高了各地防控疫情和复工的效率。全国迅速建起数字防疫系统。在基层，由阿里云支持的智能社区防疫系统在全国 122 个城市上线服务，帮助社区物业极大地提升了疫情防控和智能化管理水平。

可以预期，通过数据的整合，中国的“智慧城市”会迎来跨越式发展。“智慧”可以涵盖一切，如智慧行政、智慧医院、智慧交通、智慧物流、智慧住宅、智慧物业、智慧餐饮等。通过数据的创新，我国发展的巨大潜力和强大动能将充分释放，中国的新技术革命会更上一层楼，整个社会会更精细化。

我国未来的经济必将走“新硬核”之路，经济新硬核将成为经济的新动力。早在 2018 年年底召开的中央经济工作会议上，5G、人工智能、工业互联网、物联网等就被定位为“新型基础设施建设”，简称“新基建”；此后，“加强新一代信息基础设施建设”被写入 2019 年政府工作报告；再往后，“发展工业互联网，推进智能制造”被写入 2020 年政府工作报告。

“新基建”是指 5G 基建、特高压、城际高速铁路和城际轨道交通、新能源汽车充电桩、大数据中心、人工智能、工业互联网等，是新找到的基建投资洼地。过去二十年，高速铁路、高速公路、桥梁、水利、房地产等“旧基建”领域已经基本饱和，“新基建”提供了新的投资目标，这些领域是兼顾短期刺激有效需求和长期增加有效供给的最佳结合点。

“新基建”不但是中国人在做，欧美国家也在大力投入建设。德国在强悍的制造业基础上发展工业 4.0，用数字技术提升工业新动能。

我国的制造业和互联网技术率先走出一条数字化与智能化转型之路。现在，我国已经是数据资源最为丰富的国家。未来，物联网、5G 等技术的成熟，让每一座城市、每一个工厂、每一条道路等都将实现数据化。

4G 改变生活，5G 改变社会。

5G 的迅速发展，将会对社会产生思想和文化方面的影响。当然，对普通人来说最根本的是生活方式的变化，对于一个国家来说，那会促进一个国家的全方位发展。

5G 最根本的力量是技术，科技的力量，创新的力量。

5G 有六大特点：高速度、泛在网、低功耗、低时延、万物互联、重构安全体系。这个世界，政治、军事、经济、金融都是以科技为基础的，没有科技创新就没有更多的竞争力。

我国现在已经有 610 万个通信基站，所以在我国的任何一个地方，我们都默认有网络存在。4G 时代，我国的移动支付、移动电子商务发展特别快。

华为的 5G 技术已领先其他公司 2～3 年。5G 是一场革命，关乎我国未来的发展战略。

踏踏实实做好创新。不久的将来，这些新技术都会运用到我们生活的方方面面，这些都是未来的创新点。

三、高校创新创业人才培养

世界各国都很重视创新创业人才培养。

美国斯坦福大学是世界上较早开展创新创业教育的高校之一。斯坦福大学的创新创业教育有自己的特色，除了课程设置合理和师资优质外，斯坦福大学还利用其地理优势，多渠道筹措资金，并且通过技术创新与商业转化来实现收益，最终与教学、研究相辅相成。通过组织创新社团、项目小组等，营造有利于让想法变成产品的环境。

以色列理工学院也是一个享誉全球的创新型理工类大学。学院主要通过开展创新管理教育工作坊，来培养学生的创新创业能力。工作坊结合学生的兴趣、特点，通过创新管理指南，确定创新的工具、方法和措施，让学生识别问题、生成想法和选择想法，做出改变和创新；工作坊改进学术和行业专业技能，采用的工具和实践源自共同推动各个行业和文化创新的可靠模型，重点围绕推动创新所需的价值观和领导行为以及加强创新的指南、方法、工具和措施展开。

东京大学是日本最早开展创新创业教育的高校之一。东京大学旨在培养具有开阔的视野，兼具高度的专业知识和理解力、洞察力、实践力、想象力，且拥有国际视野和开拓精神的各领域领导型人才。通过产、学、研合作的方式，将企业引进学校，将学校教学与企业合作，将创业课程更多地转移到实践上。通过实践、体验式的教学，学校不仅能在创业前发掘好的项目，培养学生相关的创业投资能力，还将创业的收益与企业挂钩，让企业关注好的项目并注入资金。在投资方面，更关注科技领域的创新，推进创新项目进市场，实现新兴企业的良性循环。同时，注重在大学里培养创新创业文化和企业家精神。

我国高校目前也越来越重视创新创业教育，基本上开设了创新创业基础课程。“创业基础”课作为创新创业类通识课程，基于创新创业教育与创新型人才培养的理念，从学生的实际出发，以传授创业基本规律和知识为基础，以启发创新意识、培养创业精神为核心，以锻炼创新创业能力和思维为关键，进而促进个体职业生涯的发展。在内容上主要涉及以下几方面：创业是怎样的活动，可能会给你带来什么，可能会让你失去什么？创业需要具备什么样的条件？创业者的精神和思维是怎样的？创业需要哪些资源，如何获取、整合和开发这些资源？创办一家新企业需要做哪些准备？如何发现创业机会，如何识别和防范创业风险？学习以上创业行为和过程，了解创业的艰辛，不仅能培养学生的创新创业意识和能力，也有助于学生换位思考，使其更多地了解企业和职场，从集体的角度去思考个人与企业的关系，有助于树立正确的职业观念和精神。

同时，各高校抓住创新型国家建设战略的机遇，开发了不同形式的创业创新模式，探索了具有本身特色的创新创业教育课程体系和服务体系。

青年处于人生积累阶段，需要培养思维能力及对新事物的敏感性。在大数据时代，一切都是网络化、在线化、虚拟化、去中介化的，甚至是智能化的，创新创业能力培养对学生来说至关重要。

大学教育首先应该是创新教育。“大学教育的价值不是为了记住很多事实，而是为了训练大脑会思考。”爱因斯坦的这句话，实际上就是说的这个道理。大学教育进行过多次改革，但不管怎样改革，都需要经常停下来，问问：我们为什么要进行改革？我们要不忘初心，对大学而言这个初心就是培养人才，培养创新型人才，为国家的创新发展提供强大的人才支撑。

教育部提出，从2016年起，所有高校都要设置创新创业教育课程，对全体学生开发开设创新创业教育必修课和选修课，纳入学分管理。根据广东省教育厅2019年10月份公布的数据，广东目前已有63所高校设置了创业学院，137所高校开设了创业课程。创业是门实践性非常强的课程，如何在教学中完成？

教育部对就搞好创业课程也提出了六创优：思路创优，师资创优，教材创优，教法创优，机制创优，环境创优。各地高校也进行了创新创业示范学校的评选及示范基地建设。课程方式可以为：创设情境→讲解→引导启发→组织活动→点评→激励；课前预习→聆听→观察思考→参与体验→感悟→建构。

2020年11月11日教育部新闻发布会上，教育部就高校的创新创业教育改革，提出六个方面的措施。一是要建基地，把样板竖起来。用双创示范基地或示范校来引领高校的创新创业改革走向深入。二是定标准，把质量立起来。发布本科专业类教学质量的国家标准，明确了各专业创新创业教育的目标要求及课程要求。三是抓课程，让根基强起来。200所深化创新创业教育改革的示范校建立了3400门创新创业教育的在线开放课程、6500多门“专创融合”特色示范课程，大学生选课人数达到了3400万人次。四是强师资，让结构优起来。聘请了各行各业的优秀人才担任创新创业教育的兼职教师，同时加大双创教师的培训。五是推政策，让活力热起来。在大学里全面实施弹性学制，支持学生在一个较长时间里创新创业，同时建立了创新创业的学分累计与转换的机制，在线开放课程的学习认证和学分认定的制度。六是强实践，把能力提起来。通过开设国家级大学生创新创业训练计划，提高大学生创新创业的时间能力。通过政策导向、标准制定、教育实践改革提升创新创业教育的水平。（资料来源：《中国青年报》客户端）

不是成立一个创新班，创立一个创新研究所，成立一个创新学院，就是创新人才培养了。最重要的是创新理念与环境的创设，创新人才培养方案的实施。

创新人才的培养不能用设计图的方法铸造。我们致力于建立一个鼓励创新的社会文化，用创新文化鼓励更多的人有创新的思维与创新的途径。我们要向别人学习，要跟别人合作，要广泛地参与。我们有整体规划的优势，但是光有这个优势还是不够的，可以从历史、社会发展与实践中去发现特色，这本身也是一种创新。可以通过促进创新创业教育与专业教育有机结合、与思想政治教育深度融合，通过办好大学生创新创业训练计划、中国国际“互联网+”大学生创新创业大赛和“青年红色筑梦之旅”等活动，着力培养大学生的创新意识、实践能力和奋斗精神。

创新的路很艰难，但人生在勤，勤则不匮。每天努力，未来才可期。没有比手更大的天，没有比脚更长的路，没有比人更高的善，没有比心更宽的海。生活中的计划往往跟不上变化，原先计划好的事情，随着时间、地点、条件的变化，会出现很多新情况、新问题，善于发现问题，适时调整计划，才能把事情做好。摆正心态，努力自相随，创新时代需要创业者努力奋斗。

第二节 创业时代

一、近20年大学生就业状况

2001—2019年全国高校及广东省毕业人数、全国就业率见表6-1。

表 6-1 2001—2019 年全国高校及广东省毕业人数、全国就业率

年份	全国毕业人数/万人	广东省毕业人数/万人	全国就业率/%
2001	103.4	6.16	95.54
2002	145	8.97	94.11
2003	212	11.15	94.92
2004	280	13.25	95.25
2005	338	16.45	96.05
2006	413	21.08	95.24
2007	495	24.72	96.3
2008	560	29.06	96.7
2009	611	33.2	96.1
2010	631	34.9	95.2
2011	660	39	95.12
2012	680	45	94.1
2013	699	46	93.6
2014	727	47	92.2
2015	749	49.35	93.4
2016	765	50	92.4
2017	795	51	91.1
2018	820	52	92
2019	834	53.92	90.1
2020	874	60.3	
2021	909	64.2	

注：数据来源于《广州日报》。

《2019 年中国大学生就业报告》显示：

（1）2018 届本科毕业生“受雇工作”的比例为 73.6%，正在读研的占 16.8%，准备考研的占 3.3%，本科待就业比例为 4.2%。

（2）2018 届高职高专毕业生“受雇工作”的比例为 82.0%，高职高专毕业生待就业比例为 7.5%。

（3）2018 届本科毕业生就业率最高的学科门类为工学（93.1%），其次是管理学（92.7%），最低是法学（85.1%）。就业率排前三位的专业分别是软件工程（96.8%）、能源与动力工程（96.8%）、工程管理（95.8%）。

（4）2018 届高职高专毕业生就业率最高的专业为生化与药品类（93.7%），其次是公共事业类、材料与能源类（均为 93.3%）。就业率排在前三位的专业分别是高压配电线路施工运行与维护（97.1%）、电气化铁道技术（95.9%）、电力系统自动化技术（95.5%）。

2019 年广东省共有 53.92 万名高校毕业生参加就业，初次就业率为 94.58%（其中研究生为 91.26%，本科生为 93.44%，专科生为 96.12%），自主创业比例为 0.38%。

（1）按就业区域流向统计，大多数毕业生集中在粤港澳大湾区。粤港澳大湾区共吸纳 38.74 万广东应届毕业生，占已就业毕业生的 83.07%。广州市吸纳 17.08 万毕业生，占已就业毕业生的 36.63%，比去年同期增长 0.82 个百分点，吸纳研究生、本科生和专科生的比例分别增加 1.95、0.24 和 1.24 个百分点。深圳市吸纳 7.97 万毕业生，占已就业毕业生的 17.10%，比去年同期减少 0.34 个百分点，吸纳研究生、本科生比例分别减少 1.18、0.64 个百分点，专科生的比例与去年同期持平。

（2）按就业单位类型统计，在机关、部队、党群及政法系统和事业单位就业的高校毕业生有 5.29 万人，占毕业生数的 11.77%；在企业单位就业的有 38.37 万人，占 73.41%；升学和出国出境的有 4.37 万人，占 8.10%。全省 42.13 万高校毕业生在基层和非公有制单位就业，占已就业毕业生的 90.34%，同比增长 1.09 个百分点。

（3）按学科（专业大类）统计，全省各学科（专业大类）的就业率有一定差距。研究生就业率较高的学科有教育学类（93.23%）、历史学类（93.16%）和经济学类（93.11%），较低的学科有哲学类（71.81%）、艺术学类（85.51%）和法学类（86.66%）。本科生就业率较高的学科有艺术学类（94.80%）、教育学类（94.53%）、工学类（93.84%），较低的学科有法学类（88.80%）、哲学类（89.15%）、农学类（90.46%）。专科生就业率较高的专业大类有农林牧渔大类（98.22%）、轻工纺织大类（98.00%）和食品药品与粮食大类（97.91%），相对较低的专业大类有公安与司法大类（94.91%）、文化艺术大类（95.02%）和教育与体育大类（95.25%）。

（4）从创业情况看，广东省高校 2019 年应届毕业生选择自主创业的人数为 2055 人，与去年基本持平，创业比例为 0.38%，其中研究生毕业创业比例为 0.24%，本科毕业生为 0.47%，专科毕业生为 0.31%。选择在广州市创业的比例最大，占创业人数的 34.01%，其次是佛山市，占 9.44%，第三是深圳市，占 8.18%。创业行业占比最大前三位分别是零售业、文化艺术业和教育，分别占 17.32%、13.43% 和 11.44%。

2019 年全国毕业生为 834 万人，同比增加 14 万人。创业、基层就业人数同比增加。毕业生就业工作完成了预定的任务，达到了预期的效果。2020 届毕业生达到 874 万人。高校、企业和社会都在积极推进毕业生就业工作。（数据来源：《广东省高校毕业生就业报告》）

毕业生就业难有多重因素，高校人才培养与社会需求错位是原因之一。由于高校人才培养机制与社会需求脱节，人才培养规格与社会需求不尽相符，高校毕业生的期望值与用人单位的期望值不匹配。不少高校存在“重知识传授、轻能力培养”的弊病，而社会对技能型人才的需求逐渐增多，而从高中考入大学的学生缺乏职业技能教育，基本是从校门到校门，动手能力较差，导致所学理论知识和实践脱节。同时，高校专业设置同质化。高校普遍开设热门和通用性学科，且热衷于创办开设门槛低、经费投入少的经济学、管理学、文学、法学类学科专业，造成高校间学科专业同质化现象加剧，人才培养规格和实际需求脱节，加上毕业生就业观念未改变，因此形成错位，就业难度加大。

在新经济形势下，市场对人才的要求更高。高校要进一步深化教育教学改革，积极调整教育结构，通过深化校企合作、工学结合，培养生产、服务、管理一线的应用型和技能型人才。完善就业与招生计划、人才培养、经费拨款、院校设置的联动机制。同时，高校进一步明确办学定位，突出办学特色，加强就业教育，提高人才培养质量，促进高校依据市场需求完善专业培养课程，使人才培养更好地适应经济社会发展需要。

越来越多的“95 后”“00 后”毕业生，告别传统的“毕业就工作”模式，成为“慢就业族”。他们有自己的想法，而不是一毕业就找工作。我选择，我负责。慢就业不是不作为，而是明白自己要什么，给自己选择的空间，经过理性思考后做出抉择。在通往理想的道路上，多去拓宽视野，增长见识，慢慢选择适合自己的路。更多的毕业生认为，一个人底蕴的厚度会决定人生的高度，因此，不是一毕业就找工作，而是不断深造，多阅读，多经历，走出去看看缤纷多彩的世界，了解人情世故和社会的错综复杂。

当前国家采取很多措施鼓励企业吸纳毕业生，鼓励更多的毕业生到基层就业或创新创业。在基层，人才缺乏，毕业生有更多的发展空间，更能实现人生的价值。

国家引导毕业生多向就业的政策很多，如引导更多学生投身扶贫开发和农业现代化建设，到中西部地区、东北地区和边远地区工作，到基层机关事业单位工作；鼓励大学生参军，征兵政策放宽了对身高、体重与视力的要求，入伍政策也向大学生做了很多倾斜。再者，充分发挥中小微企业吸纳毕业生就业的主渠道作用，落实优惠政策，鼓励毕业生到中小微企业就业。

在就业带动创业方面，国家加大了对大学生创业的扶持力度，一是把创新创业教育改革作为高等教育综合改革的重要突破口，深化高校创新创业教育改革。多数高校成立了大学生创新创业教育专家指导委员会，统筹协调大学生创新创业全局性工作，负责创新创业教育相关人才培养方案制订与完善，创新创业教育课程建设，相关管理制度的改革与调整。积极开展创新创业教育教学的研究、考核、评估，建立创新创业教育评价体系。组建了大学生创新创业导师库，为大学生提供创新创业项目的咨询、策划、指导和服务，开展创新创业活动跟踪服务。同时，各高校陆续出台了大学生创新创业激励措施。鼓励扶持、资助在校期间进行创新创业实践并经学校认定进驻校内孵化基地的学生；帮扶毕业年度内已注册公司、领取营业执照自主创业的毕业生；学生创新创业项目提出资助申请后，学校根据学生项目及实体的实际情况，由创新创业学院组织有关专家评审，提出专项配套扶持额度建议，并报学校创新创业教育工作领导小组审定；同时，学校也设立专项资金，并划拨一定的额度给二级学院，鼓励二级学院老师指导学生创新创业，指导学生团队参加国家的创新创业大赛。二是各政府部门认真落实创新创业优惠政策，为毕业生创新创业开辟“绿色通道”，为项目培育、孵化、打磨、推送等设立专项服务。三是加快发展学校或区域的众创空间，提升创新创业服务保障能力，以多种形式扶持大学生自主创业。如在众创空间，凡吸纳毕业生就业的创业公司，按吸纳就业的人数给予一定的补贴。

就业时的选择不仅是选择一份工作、一种职业，更是确立一份担当，坚守一份使命。毕业生是在基层奉献，实现人生价值，还是去北上广深创新创业？是找一个稳定的单位坚守一辈子，还是突破一般性思维限制，不断提升自己，让自己在创业中实现梦想？每个人都有自己的想法。

2019 年 4 月，36 岁的张一鸣登上福布斯全球亿万富豪榜，并被《时代》杂志评为全球 100 位最有影响力的人。张一鸣说："选什么专业、公司、职业、发展路径，自己要有判断力，不要被短期选择而左右。在经济学中，有一个理论叫'迟来的奖金'，就是说：高薪只会迟到，但从不缺席。"他真诚地告诫年轻人，短期薪酬差别并不重要，重要的是始终坚定信念，志存高远，有正确判断力。信念要坚定，眼光要长远，干事业要厚积薄发。眼光有多远，未来就有多远，事业就能走多远。目标远大而持之以恒的人，往往会在人生的后半程发力并创造不一样的自己。

在任何时候，都要坚定信念。

生命的力量源自信念，人生的风景取决于选择。人的一生总会遇到挫折和磨难，有信念的人能够将阻力转化为动力，将经历转化为阅历，能够从风雨中不断获得成长的养料。"心中有阳光，脚下有力量。"有坚定信念的人是强大的、坚韧的，是无所畏惧的、不可战胜的。

当前，我们正处于突发性、复杂性、模糊性、不确定性并存的时期。尤其是随着工业 4.0、大数据、人工智能、数字经济、共享经济等新技术和新业态的不断涌现，企业对复合型人才的需求越来越大，对人才的素质和能力要求越来越高。大学生要志存高远，行行建功，处处立业，成就"大写的人生"。

李大钊先生说："凡事都要脚踏实地去作，不驰于空想，不骛于虚声，而惟以求真的态度作踏实的工夫。以此态度求学，则真理可明；以此态度做事，则功业可就。"走向职场，我们要铸就刚健不息的自强精神，培养行胜于言的实干作风。唯有实干，才能沉着应对前进路上的任何挑战，才是实现远大理想的可靠阶梯。

中国近代著名思想家梁启超先生曾说："深愿及此时机，崇德修学，勉为真君子，异日出膺大任，足以挽既倒之狂澜，作中流之砥柱！""（故）今日之责任，不在他人，而全在我少年。"年轻人的选择，决定了祖国和民族的未来。年轻人要经得起磨砺，扛得住压力，不退缩、不服输、不懈怠，将个人发展融入到国家富强、民族复兴的伟大事业中，以奋进的姿态开启新的人生！

强大的中国赋予了年轻人巨大的安全感、自豪感和幸福感，基于国家的快速发展，年轻人可以自由地选择他想生活的地方、想追求的职业。国家已经给予了年轻人最好的礼物，即一个稳定发展的新时代。年轻人要不懈努力，去建设、去发展，自觉将职业发展融入国家建设，在实现中国梦的征程上建功立业。

二、创业新趋势

知识经济时代已经赋予创业新的意义，我们一定要了解知识经济发展与创业的关系，经济转型与创业热潮的关系，了解创业新趋势、新热点。技术性失业是由技术进步所引起的失业，主要是由于劳动者技能素质提高的速度落后于技术更新速度，与转型升级需求不匹配。在新经济时代，无论是转型升级还是创新驱动，技术进步都是必然的，它对就业最大的影响是，极大地减少了对一般劳动力的依赖，增加了失业风险，并加大区域性或行业性集中失业的潜在风险。新技术的应用、新产业的发展将贯穿经济结构的转型升级全过程，大学生就业困难的一个很重要原因就是知识技能与社会经济发展的实际需求不符，这种状况在短期内会呈现加剧的趋势。因此，创业创新显得尤为重要。

目前，国家的战略给年轻人带来了很多机遇，如“一带一路”倡议的机遇，硬联通与软联通的机遇，国外国内双循环的机遇等。

知识经济是以重大技术突破和重大发展需求为基础，以高新技术产业为先导，以互联网和大数据技术为支撑，以技术创新和新业态创新为核心的经济活动，它主要包括新技术经济和新业态经济。新技术经济是指以研发新技术为核心的经济活动。新业态经济是指利用新的科技成果、新兴技术来组织生产要素，从现有产业中衍生新环节、新链条、新商业的运行模式。新经济是市场性和计划性的融合、标准化和差异化的融合、个性化与碎片化的融合、生产和消费的融合、金融属性和实体属性的融合、区块链与大数据的融合。在新经济时代，我们要找准创业的发力点。

目前，我国创业发展有五个趋势：一是从数量活跃到质量为重；二是区域差异短期内难以缩小，如长三角、珠三角与西北、东北的区域差异明显；三是创新创业中心兴起，以高校集中的大城市形成创新创业中心或区域中心，如武汉的武昌区；四是创业环境改善，如今国家出台了多种创新创业的政策与补贴优惠政策，创业环境得到了极大改善；五是很多青年认可创业的价值，认为创业可以实现自己的人生价值。

随着网络的发展，很多人选择在家创业，在家创业可以节约成本，这对于初创者来说很重要。

创业生态体系由以下几方面构成：政策方面，如政府；金融方面，如金融资本；文化方面，如社会规范、成功故事；支撑方面，如基础设施、专业服务、非政府机构；人力资本方面，如劳动力、教育机构；市场方面，如潜在客户、网络等。

根据对北京、上海、杭州、广州、深圳、香港特别行政区、澳门特别行政区7个城市的调查，经过人才生活环境和人才发展环境的综合评估发现，上海市人才创新创业生态圈较好，评估得分最高，位居一线城市榜首；北京、广州和深圳评估得分分列第二位、第三位和第四位。澳门特别行政区人才创新创业优质生态圈评估分最低，广州和深圳人才创新创业优质生态圈水平好于香港特别行政区和澳门特别行政区。

互联网时代，随着云计算与大数据、移动支付和共享经济等的发展，以下工种逐渐会被机器替代：装配工、司机、银行柜员、翻译师、某些体力劳动者、低级脑力活动者、中间商。

未来，软件工程师、律师、财务经理、土木工程师、培训师、流程管理师、营销策划师、自媒体、产品经理、设计师、社群运营人员、独特的艺术家、高级脑力活动者等更具发展潜力。

智能时代，个人发展的机会很多。如2020智能制造有九大新趋势：需求导向、重点聚焦指引工业人工智能从理想走入现实；工业大数据成为智能制造和工业互联网发展的核心；基于大数据的工业智能带来更多服务；设备状态智能管理系统成为远程运维的新模式；工业区块链服务于数据安全和网络安全；协作机器人成为工业机器人的重点发展方向；基于算法的工业智能平台成为应用场景的重要基石；云边协同成为工业智能应用产品的路线；工艺设计装备的智能化成为制造业转型发展的一个亮点。这些发展趋势为创新创业提供了非常多的空间与机会。

菲尔普斯在《大繁荣：大众创新如何带来国家繁荣》一书中说，大众创新如何带来国家繁荣？繁荣的核心是生活的兴盛：对事业的投入、迎接挑战、自我实现和个人成长。国家层面的繁荣源自民众对创新过程的普遍参与。一个民族的繁荣取决于创新活动的广度和深度。现代经济是开展自主创新的经济，也是一种艺术，通过这种方式改变世界，激发人们独立的灵魂。

作为一个创业者，要思考什么是好的创业项目，什么是好的商业模式。对商业模式的意义和本质，商业模式和商业战略的关系，商业模式因果关系链条的分解，设计商业模式的思路和方法，商业模式创新的逻辑与方法加以了解。如果站起来就够得着，那不是好的创业项目。要选择一个有发展前景、与众不同但能解决实际需求的项目，一个通过较长时间的拼搏才能完成的项目。创业者可以通过校内外市场需求调查发现创业机会，运用头脑风暴法产生商业创意。

2014 年 7 月，柳青从高盛辞职，来到才创业 2 年的滴滴出行公司。这让很多人不理解，柳青说她甘愿降薪加入滴滴的原因，是看到了一家正在彻底改变人们出行方式的价值巨大的企业。

柳青来到滴滴后开启疯狂工作模式，每天晚上九点下班，回家哄三个小孩睡觉，十一点再在她家楼下开会。经过半年多的努力，柳青从一个首席运营官升任总裁。

一个个项目选择组成了我们的人生。有什么样的项目选择，就有什么样的际遇。做项目选择是创业者的慎重要务，创业者一定要在义利、是非、诚信、需求等方面做出正确的选择。

努力学习永远不会浪费时光，犹豫不决才会浪费时光。当你决定要去开创一个项目时，就放手一搏，考虑太多反而会一事无成。

事实上，现在所做的任何事情将来可能都会出现问题，但这不能阻止我们开始。人生，从动手去做的那一刻开始，就会变得不一样。不管年纪多大，下定决心创业，一切都不会太晚。就算大器晚成，总比碌碌无为好。

人间哪会有毫无理由的横空出世，每一个创业者的成功，都是努力埋下的伏笔。

世界上绝大多数创业项目因为“没有市场”而夭折，你的创业项目如果能生存下来，那一定是“幸存者”。

成功没有固定路径，但失败的教训是可以吸取的，避免犯错，自然也就通向了成功。爱因斯坦说：“在一个崇高的目标支持下，不停地工作就会获得成功。”

好的项目有什么秘诀？

美国心理学家史密斯教授曾说：“做任何事情都有它的秘诀，创业也一样。比如能够把闲置资源重新优化分配，成功的案例就是‘优步专车’和‘空中食宿’。”

现在有一种新木桶理论，个人的成功取决于木桶最长的那一块，因为知道自己的不足，就不会去理会那块短板，而是将最长的一部分发挥到极致。如一些从事艺术活动的人，可能文化课不行，但是确实在艺术方面有天赋。努力挖掘自己的天赋，一样可以梦想成真。

特色不特，则优势无优。善于走自己的路，才可能走别人没走过的路，才可能走出自己的精彩。

为什么有的公司能够率先创业成功？因为它们满足了如今人们最迫切的需求。如果把优化分配的思维放大去想问题，把闲置资源重新组合、重新优化，也许能找到新的创业空间与创新领域。

闲置资源包括闲置资产、闲置技术、闲置时间等，只要充分挖掘利用，就有可能找到好的创业项目。我们在选择创业项目时，要坚定信心，善于从眼前的危机、困难中捕捉和创造机遇。危和机总是同生并存的，克服了危即是机。

三、创业应该注意的问题

（一）创业的艰难性

1994 年，马云和朋友创立海博翻译社，开始创业。阿里巴巴从中国杭州最初 18 名创业者开始成长为拥有超过 50000 名雇员的公司。马云说："其实没有中国黄页，没有前面外经贸的经历，没有无数次的失败，我们是不会走到今天的。"

万通地产董事长冯仑说："创业就像孩子成长，要先学会站，而创业初期只要活着就好。创业会遇到很多难以想象的艰难，像我当年经历了家徒四壁扒火车回北京的窘境。"

如何获取创业机会？

创业机会也称商业机会，可以简单地定义为一个有吸引力的、使投资者能够收回投资资金的想法或主张。创业机会要考量对社会变迁的敏感度和感知度，要考量善于发现的眼睛。创业机会更多地直接源于现实社会。

创业机会是创业的切入点和出发点，能否发现一个好的创业机会，是创业成功最为关键的因素。纵观古今中外的创业成功案例可以发现，绝大多数创业成功者具有如下特点：留意看似平常的现象，有爱问问题的习惯，注意观察被人忽视的细节，善于挖掘隐藏在个体事件中的必然规律。

李维・斯特劳斯（Levi Strauss）于 1829 出生于德国，1847 年移民到美国，1853 年到西部淘金，途中有一条大河，他租了条船做起了摆渡生意。后来，他用许多人丢弃的帆布帐篷做工作服，创办了旧金山服装公司。1855 年，斯特劳斯开始以自己的名字 Levi's 为品牌，向普通服装市场进军。1873 年，斯特劳斯为他的牛仔裤申请了专利。1980 年，Levi's 销售了其第五亿条牛仔裤，真正成了世界级的服装品牌。

当代大学生面临的创业机会有：

（1）利用所学知识进入创业园创办科技公司；

（2）独立或合伙成立从事一般性业务的新公司；

（3）登记成为个体工商户；

（4）加盟连锁机构；

（5）独立或与其他组织合伙进行项目合作；

（6）做自由职业者；

（7）以就业的方式在自己的工作岗位上从事具有开创性的工作。

创业应具备的能力与品格有：

（1）风险承受能力；

（2）领导力、意志力；

（3）人际交往能力、学习能力；

（4）积极、开放；

（5）独立、果断；

（6）友善、宽容；

（7）务实、坚忍、灵活、机警；

（8）远见卓识；

（9）冒险精神；

（10）奇思异想；

（11）批判精神；

（12）独辟蹊径；

（13）追求完美；

（14）关注细节。

影响发现和把握创业机会的主要因素有：敏锐的观察力，丰富的想象力，迅速、果断的决策能力和执行力，搜寻意识、探究意识、学习意识、问题意识、责任意识，能根据形势的变化灵活地调整自己的思路和想法。我们要有智能化思维的意识，要有打破自己“信息茧房”的勇气，不断改变自己的思维认知或认知局限。很多时候，在创业中不可能创新的原因就是我们被自己的认知牢牢禁锢住了。

（二）创业的陷阱

创业中陷阱很多，作为初创者，要学会识别创业机会和创业风险。通过创意发现商业机会。创业者要学会识别创业机会，排除影响创业机会识别的关键因素。要掌握有价值的创业机会的基本特征，了解个人与创业机会的匹配情况；有创业风险识别，了解系统风险防范的可能途径和非系统风险防范的可能途径。同时，创业者要充分估计风险承担能力，在风险估计运作中预测创业收益。商业成功是概率事件，唯有认知突破，方可获得生机。创业者要充分获取创业资源，敏锐识别创业资源与一般商业资源的异同，了解社会资本、资金、技术及专业人才在创业中的作用，掌握影响创业资源获取的因素，挖掘创业资源获取的途径与技能。如创业融资时，要分析创业融资情况，包括创业所需资金的测算与风险、创业融资渠道选择策略，避免掉入陷阱。也要考虑成立新企业组织形式选择的风险，注册企业必须考虑的法律与伦理问题与风险，新企业选址策略和技巧，新企业的社会认同，新企业成长的驱动因素与风险控制，新企业成长管理的技巧和策略，新企业的风险控制和化解等。

不管是首次创业，还是多次创业，都是从零开始的，避免不了犯错、踩陷阱。应具备防范意识，应有陷入逆境毫不气馁的精神。踩陷阱、犯错误不可怕，可怕的是从此一蹶不振。

每个人的处境不相同，不可能按照别人的路子走，没有人可以预测创业者的未来。在创业时作出的每一个决定都是风险决策，这个风险只能由自己来担。你的前面可能是一个陷阱，可能是一次挫败，因为谁都有盲点、局限，重要的是做好心理预期，如果这次失败是在自己的心理预期之内，那就坦然接受，如果是在心理预期之外，那就找突围的机会。有的时候，时间会给出答案。创业路上有很多坑，重要的是每经过一个坑都会学到很多、成长很多。每个坑都会扎痛自己，但也建造了心灵坚强的基石。

创业不是短跑比赛，而是马拉松，在作决定的时候不应该只着眼于当下，而应该把时间的维度拉长，这样才更容易发现做的事情是否有价值。归根结底，企业的目的就是创造顾客要的价值。

创业要剔除存量思维。不跟任何人讨论存量问题，存量会绑架你，也是创新和变革的敌人。提醒自己，永远保持增量思路。

初创企业，每天多做一点是成功的开始！创新是一种品德，是一种生活方式。生活从来都不会亏待努力的人，而你要做的，就是用最少的悔恨面对过去，用最少的犹豫面对现在，用最多的梦想面对未来！

鲁迅曾说："伟大的心胸，应该表现出这样的气概——用笑脸来迎接悲惨的厄运，用百倍的勇气来应付一切的不幸。"勇气是生命中最鲜艳的一抹原色，勇气是改变一切的力量。我们要用勇气来提振创业精神。

（三）创业的团队管理

《周易》中曰："二人同心，其利断金；同心之言，其臭如兰。"

任何创业的人都明白：合则两利，分则两败。这就像一棵树，无论它怎样伟岸与挺拔，也成不了森林；一块小石头，无论怎样，也成不了一面墙。任何人要创业成功，有所作为，就一定要组建团队，共谋发展。

一个人不能揽下所有的事，要牢记 1+1>2，找合伙人应遵循"互补"原则。

创业团队组建后要思考以下问题：

（1）我们是谁？

（2）我们想实现的目标是什么？

（3）我们如何实现目标？

（4）我们采用什么手段或模式运作？

（5）我们借用什么力量不断创新？

（6）创业团队的优劣势是什么？

（7）创业团队的管理技巧和策略。

（8）领导创业者的角色与行为策略。

（9）创业团队的社会责任等。

唐僧西天取经的故事，从另一个角度看，也别有新意。

孙悟空能力超强，还拥有广大的人脉，虽然细节做得不好，又经常跟唐僧对立，但是如果没有他，唐僧估计早就被妖怪给吃了，更别谈西天取经了。

猪八戒看似没有能力，但是，他是团队里面的调和剂，起到很好的协调管理作用。没有他，取经路上也没有那么多乐趣。他更是孙悟空和唐僧之间的调解员。

沙和尚任劳任怨，挑担喂马，做了很多细活，在团队里算是一个很好的管家了。

唐僧是一个目标坚定、品德高尚之人。虽然没有降妖除魔的能力，但是在困难重重、漫长西行的路上，如果没有他坚定的信念，恐怕这团队早就解散了。

这四个人在团队中都起着非常关键的作用，缺一个都可能难以取得真经。

从这个故事可以看出：创业团队应该将合适的人放在合适的位置，取所长，补己短。

怎样管理好一个团队？

科学家通过实验发现：一个人在独立完成一项工作时，效率最高，个人所发挥的潜能最大；当与他人共同完成一项工作时，其效率和个人所发挥的潜能就会大打折扣。

未来世界，将被分割成一个个的小单元格，相同的人被放在同样的单元格中，所以，作为一个团队的管理者或领导者，要懂得把一个团队的大担子分成若干个小担子，让每个人都独立承担一副担子。这样的团队才能凝心聚力、一起干事。

缺乏团队精神的人，是无法在现代职场中立足的。如果仗着自己比其他人优秀而拒绝与同事合作，或者没有积极的合作意识，自己一个人孤军奋战，是很难成功的。创业者不是全才，需要与不同专业背景的人合作。

很多创业者，在技术领域非常优秀，但对营销、管理、融资等不了解，因此要找专业人士来做。

求同，同频共振，要做成一件事，需要与同频之人产生共振之力，同频之人给我们赋能。存异，自己身上没有的恰恰是需要补充的，是成长的营养。有“同频之人”为成长赋能，有“异类之人”为成长提供养分，才能构建一个完整的成长生态，这就是求同存异的意义。团队中，别人的思维方式和渠道资源与自己是互补的。

主创者求同存异的同时，不要被他人所影响，要有自己的判断，凡事要看得远、看得深，要能通过事物表面看到本质。记住，有时，两点之间的曲线比直线更短。

作为创业团队的核心人物，人品也是非常重要的，别人之所以跟你干，或许更多的是看中你的人品。

当然，作为一个创业型企业，除了团队管理外，还要掌握基本的管理理念。如服务观：客户为先，真情服务；风险观：管理风险，控制风险；人才观：德才兼备，唯贤是举；团队观：同心同德，团结协作；领导观：率先垂范，关爱员工；

人本观：尊重人才，发展人才；成果观：压力共担，成果共享；学习观：不断学习，超越自我。

百度公司创始人李彦宏从八个方面诠释了企业管理者的思维方式。

（1）做事要分轻重缓急，知道该把精力投放在什么地方。人的精力和时间是有限的，不可能把精力放在所有的事情上，最好的分配比例是把80%的精力用在20%最重要的事情上。

（2）同与自己想法相左的人交朋友。

（3）心动不如行动。有了好的想法和创意，只有付诸实践才有作用。要让好的创意转化为行动，才能开花结果。

（4）思想一定要与时俱进，不能一成不变。不要停留在你最初的想法层面上，要根据实际情况随时调整，要经得起他人的质疑和时间的考验。

（5）要慎重地选择合作对象。合作方一定要是有主见的、明智的人。

（6）做任何事情都要懂得留有余地。凡事要有战略性的长远眼光，对自己的目标定位要非常清晰。

（7）尊重别人，要知道“山外有山，人外有人”。

（8）要有自信心。不能总说一些丧气的话，要这样想：我不行谁行？

一家企业的发展，一定不是通过打败竞争对手完成的，而是在自己擅长的领域不断深挖、不断创新，建立优势和壁垒。对于年轻人来说，在一家公司，比赚钱更重要的是让能力得到提升，使自己更有价值。

（四）创业的大环境很重要

创业的大环境很重要，目前我国鼓励创新发展，有很好的政策支持。世界银行发布的《2018中国城市营商环境质量报告》显示：我国开办企业所需平均手续，已从2013年的13项减少到了7项，所需平均时间从33天缩短为22.9天；企业纳税每年平均所需时间已从259个小时减少到了207个小时。这得益于我国政府致力于创造平等竞争和基于规则的营商环境。如深圳的“领航计划”，各区都有自己的措施与重点。南山区旨在着力打造“四区一港”，即人才发展体制机制创新区、人才权益保障法治化试验区、多元文化融合模范区、创新创业要素集聚区、国际人才集结港，目标是到2020年，力争将南山区打造成创新创业人才高度集结、人才载体高度发展、人才服务机构高度活跃、各类创新要素高度集聚、政策法规体系完备的人才创新创业发展先行区。

深圳之所以成为“中国硅谷”，一个重要原因在于这个城市具有与众不同的营商环境。具体而言，深圳主要具有优越的营商政策环境、法治环境、国际接轨环境。

深圳具有对接香港特别行政区的区域优势，再加上珠三角经济发展快，深圳的发展空间很大，所以，深圳能在 40 年时间里，由宝安县一个只有 30 万人口的边陲小镇，发展成为今天有 1000 多万人口的国际化大都市。作为经济特区，深圳以开放作为最大特点，反过来再推动内部改革。深圳从最早的价格改革，到劳动人事制度改革、施工管理体制改革、土地使用权制度改革，到后来的推进所有制改革，发展混合所有制经济，发展资本市场、证券市场、产权教育市场，政府行政管理体制改革等等，特别是在扶持民营企业方面出台了很多很好的政策，给年轻人提供了更多施展才华的空间，所以，培育出来的企业也都具有国际影响力，如华为、腾讯、大疆、平安、招商银行等，深圳成为了市场化改革的领头羊。

如大疆无人机，最先是在 2006 年，一位年轻人在香港科技大学读研究生时的一个想法，是为了学校的机器人大赛做的参赛作品，制造一个能够自动控制的直升机的飞行梦想。后来这位年轻人毕业后来到深圳，在一个居民区租了一间屋子开始创业，刚开始无人机只是部分发烧友的玩具，后来慢慢走进了工业、农业、建筑业、商业、电力、消防、安保、地图等应用领域以及人们生活各个方面。十年后，全球 90%的无人机产品都来自深圳，深圳也成为研发生产无人机的首要城市，比美国硅谷的研发与生产能力还要快一倍以上。这位创业的年轻人就是王滔，26 岁在深圳莲花村租的一间不足 20 平方米的仓库里创业，7 年后成为全球无人机第一，身价 500 亿元！目前，大疆无人机稳坐全球第一，也是中国制造的品牌产品。美国《华尔街日报》称“它‘先进’得不像一家中国企业，这是一家全世界都在追赶的中国公司！”无人机可以为农村脱贫服务，一部手机就可以管理的一架无人机，简单、方便、好操作，一天的工作相当于 60 个农民的工作量，大疆植保机种田、播种、施肥、除草、洒农药样样精通，也精准，为农村智能化生产提供了快捷的服务。

可以说，深圳目前形成的高科技、金融、物流等支柱产业，从本质上讲是多年改革创新的产物。没有长期在产权制度、行政管理体制、科技管理体制、金融体制等方面的改革创新，没有比较完善的市场环境和发展环境，就难有这些产业的崛起。

（五）创业者的心态调整

珠海格力电器股份有限公司董事长董明珠说，格力在2005年前的时候还是一家不大的专做空调的公司，没有自己的研发产品，都是组装产品，没有自己的核心技术，没有压缩机。中国要想从制造大国走向制造强国，就必须有自己的研发与创新，所以之后格力走自主创新之路，到了2018年格力进入世界500强，成为多元化、科技型全球工业集团，产品线覆盖消费与工业装备。

在遇到失败时，自弃者扶不起，自强者击不倒。坚守、执着、挑战、奉献是良好的心态。创新不是赚多少钱，而是改变了人们的生活方式与生活品质。

中国产品值得期待！

创业企业会无数次面对即将失败的情形，要真放弃了，就什么都没有了。当然你不放弃也可能什么都没有了，但是至少努力过，不后悔。按照这个方向去调整自己的心态与努力，往往能把事情做好。

华为的任正非就是这样的人。

辉煌人生都是在苦难、磨难、艰难中磨砺出来的、造就出来的，任正非的辉煌成就同样诠释了这个道理。

青少年时期，家有兄妹7人，加上父母共9人，生活非常困难，任正非一直在贫寒、动荡、压力下成长。19岁考进大学，把“生当作人杰，死亦为鬼雄”奉为人生警句。大学毕业投身社会，因父亲所谓“政治问题”，背负沉重思想负担和政治包袱，难以施展才华，一直在无形的政治、社会压力下生存。从部队转业后到国企，在经营中被骗200多万元，被单位除名。

1987年，43岁的任正非背负200的万元债务，在深圳与几位志同道合的朋友一起凑了两万元，自己创业。在公司初创期，屡遭挫折，一直在曲折、挫折、波折中发展。1992年，他决定将华为的全部资金投入研制自有程控交换机技术，这风险很大，可以说是孤注一掷。就是凭着这种破釜沉舟的决心与毅力，任正非采取了“农村包围城市”的销售策略，让华为先占领国际电信巨头没有能力深入的广大农村市场。

2000年，全球互联网泡沫破裂，国际通信巨头纷纷亏损、裁员、并购，信息通信行业一夜入冬。华为由于长期高速扩张，原有的管理经验一时无法适应形势突变，经营陷入困境。这时，任正非又身患多种疾病，做过两次癌症手术。

2003年美国思科公司对华为发起海外诉讼，种种不利因素叠加，使公司面临重重危机，几近崩溃，任正非的心理同样在接受极限考验。但令人惊讶的是，任正非不仅没有倒下，而且以超越常人的毅力、钢铁般的意志挺过了这段人生至暗时刻。他不断地忠告所有华为人，“不奋斗，华为就没有出路。”

任正非在一次会议上说：“其实，华为就是一只大乌龟，二十五年来，爬呀爬，全然没看见路两旁的鲜花，忘了这二十多年来经济一直在爬坡，许多人都进入了富裕的阶层，而我们还在持续艰苦奋斗。未来二十年，经济危机未必很快过去，四面没有鲜花，还东张西望什么。华为更要着眼长远的生存方式。乌龟取胜，靠的不是速度，而是坚定的目标，心无旁骛，在爬行过程中抵御沿途鲜花、风景与诱惑，不投机、不取巧、不拐大弯弯，踏踏实实地一步一步来，讲究恒心、毅力、耐力，这样我们一抬头就会看见前面是耸立着‘龙飞船’。”

任正非倡导“乌龟精神”——既要有专注的目标、持续的定力和坚忍的耐力，又要有因时而变的能力。

同时，他也倡导淡泊人生。在《华为的冬天》一文中，任正非希望全体员工低调、本分，“当社会上根本认不出你是华为人的时候，你就是华为人；当这个社会认出你是华为人的时候，你就不是华为人，因为你的修炼还不到家。”

任正非曾形象地比喻：“水和空气是世界上最温柔的东西，但大家又都知道，同样是温柔的东西，火箭是空气推动的，火箭燃料燃烧后的高速气体，可以把人类推向宇宙。像美人一样的水，一旦在高压下从一个小孔中喷出来，就可以用于切割钢板。可见力出一孔，其威力之大。”

在危难时刻，正是任正非让华为人力出一孔，形成了强大的抵御力，经受住了前所未有的巨大考验。

任正非曾说：除了胜利，我们无路可走！

做好自己的事，你的努力终究会见到成效。

善于调整心态，是人生最大的财富。

顺丰快递是我国目前最大的民营快递公司，成立于 1993 年，最初是一个叫王卫的小伙子与几个人合伙开的一家送货公司，2020 年成为全球最具价值 500 强品牌之一。王卫没有上过大学，在顺德做小工的时候，就想如何快速把客人的货物送到，所以做了一名背货工人，从最先的人力车送货开始，发展到有空运与航运，目前有 40 万名员工分布在全国。王卫做事非常低调，从不打广告，也不接受媒体采访。他的心态非常好，低调做事，从不张扬。

心态，就是心大一点。心态好，看问题的角度好；心态好，更多看到事物的发展，做事顺利；心态好，生活愉快，懂得放下。做任何事情都会遇到困难，心态好的人会克服困难。心态好的人，处处圆融，处处圆满。拥有好的心态，才能成大事，创大业。好的心态，是人生最大的潜能，是最大的财富。拥有好的心态，才能引导企业走出困境，走出自己的阳光。

调整心态的方法有：

（1）每天坚持读书 1 小时，坚持提升专业技能，提升你在这个领域的影响力。

（2）先从形象上改变，提升自信。

（3）时常反省，不诋毁，向优秀的人学习。

（4）坚持早睡早起，坚持体育锻炼，保持微笑。

（5）人不能怯懦，但不能不知敬畏，要学会敬畏自己的对手。对于劲敌，应感到庆幸，并作为激励，让自己更好。

现实中，我们以什么样的心态看待成功与金钱，不仅取决于努力程度，更取决于对成功以及金钱的认识，对人生得失的认识。

人生在世，能修炼到宠辱不惊，去留无意，乃为高人。因为官场少有常青树，财富总有用尽时。人在职场，不可能一帆风顺，不可能总遇贵人，甚至一路走来，遇到的小人比贵人要多。有的时候要学会服输，只有承认自己的不足，才能找到新的奋斗目标。

企业家王石说：“我们应该把财富当成一种回报，很多时候不用刻意追求，面对财富，我们要学会淡然处之。因为获取财富的手段多种多样，任何财富其实都来源于你的工作和事业。商人可以通过做生意，精英白领可以通过上班，老师可以通过教书育人，农民可以通过耕田种地，工人可以通过自己的劳动力和技术，保姆可以通过家政服务，甚至是乞丐也可以通过上街乞讨来获取金钱与财富。但是面对各种各样的诱惑和困难，我们应该保持清醒的头脑和理智，甚至是道德和法律的限制。人不可能把钱带进棺材，但钱可能把人带进棺材，我们应该通过合理的渠道获得自己想要的、喜欢的、渴望的。在不损害他人利益的前提下获取最大利益。不急功近利，不唯唯诺诺，不举棋不定，该出手时就出手，胆大心细，大胆从事，小心求证。财富不会从天而降，要想获得它，你就老老实实去干吧。”

（六）在绝望中坚持

什么是坚持？就是只要不到最后一天，仍然继续坚持。

在迷茫中修心，在绝望中坚持，在慌乱中平稳！坚定信念、矢志不渝，脚踏实地、坚持奋进，绝不抛弃、从不放弃。

什么是女排精神？

中国女排教练郎平说：“女排精神不是赢得冠军，而是知道有时不会赢，也会竭尽全力；是一路虽走得摇摇晃晃，但站起来抖抖身上的尘土，依然眼中坚定。”

中国女排总是坚持到最后，让最后的希望攀援着意志的臂膀上升。

自古雄才多磨难。屈原遭放逐而写出了《离骚》；孙膑和司马迁都身受酷刑，或修列《兵法》，或写出《史记》；马克思穷困潦倒却完成了《资本论》。只要坚持，就会创造奇迹。

刘备一生坎坷，从军以来，大战都不会胜，五易其主，没有人看得起，也没有什么战绩，但是他不断坚持，最终建立了丰功伟业。

坚持，就是一种勤勉的跋涉，一种淡泊的心境，一种刚硬的精神气质，一种不达目标决不罢休的执着。球员科比说：“我骄傲的不是在夺冠时，而是在低谷时的坚持！”

那些早起努力的日子，那些熬夜努力的时光，那些太累却依然支撑的夜晚，才是梦想的力量。重要的不是结果而是过程。如果你认识到这一点，就会发现，也许梦想不会成真，但由于你的坚持，更好的未来会到来。

机会来的时候不会同你打招呼，不疏忽平时的每一个点滴，做好每一件不起眼的事，就是在为自己创造最佳的机会。机会肯定不是等来的，你有心，它无声，真正准备好了，它就真的来了。

当一个人在内在力量的驱动下，将个人的发展机会置于某种挑战、争取的过程中，他就获得了成长的机会。

其实，每个人都不是最棒的，所谓“最棒”，只是你拿自己和不如自己的人进行比较的结果而已。

建立内心强大的自己，你就可以无往不胜。

宋代苏轼说：“古之立大事者，不惟有超世之才，亦必有坚忍不拔之志。”一次次失败是对意志力的考验，决不能自暴自弃，而应从中分析原因，寻找对策，使之成为人生中的一次次有益的经历，或为特殊的财富。以此为新的起点，以坚韧不拔之志昂首向前，活出自己的精彩。

什么是创业创新者的坚持？

成功者，先相信后看见；普通人，先看见后相信；失败者，看见了都不信。没有太晚的开始，只有太早的放弃。

对很多人来说，眼见为实。而创新者则是相信就会看见。创新者不是一个人，他们是一群人，是一个团队在战斗。对于所有创业者来说，要告诉自己一句话：从创业的第一天起，每天要面对的是困难和失败，而不是成功。也就是说，从第一天开始，你就要坚信自己。

创新者就是在绝境中坚持的人，在危机中积极寻求突破的人。

做一件事，开始时的斗志很重要，但更重要的是坚持不懈的毅力。行百里者半九十，畏惧艰难，凡事浅尝辄止，就永远无法看到最想要的结果。把开始那一刻的勇气，变成此时此刻的坚持，你才有机会拥抱美好的未来。

无论做什么事，只要明确了目标，就要坚持下去。尤其在遇到困难时，坚持下去，才能胜利。我们必须明白，一个人无论做什么事，总会有人质疑！与其费劲让所有人都相信你，不如和相信你的人一起去创造想要的人生！因为相信，所以坚持。

胜者有计划，败者有托词。胜者常说，虽有困难，还是办得到；败者常说，虽然办得到，但太困难。

有的时候，我们坚持一件事情，并不一定会立马出成效，但坚持下去，事态一定会往好的方向发展。每次的不如意，都是上天给的长假，这时的你应该好好享受假期，并坚持下去。

不害怕改变，不自我设限，人生最美好的时光永远是现在。为了我们的事业与生活应该坚持，也许收获有迟有早、有大有小，但坚持本身，就是人生的大收获。

只要意志坚定，不管遇到多大的困难和变化，都不会动摇。唯有坚定前行，才能最终实现目标。愿你走过的所有弯路，最后都成为美丽彩虹。

才华，是上天对一个人最好的奖励，也是最大的惩罚。意大利时装设计师皮尔·卡丹说："我的每一次创新，都被人们抨击得体无完肤。"

成功者心里能容下世界，失败者眼里只有对手。成功者坚信"事情会变好"，这种信念往往支撑他们经受住长期的艰难和挑战。他们相信，前途尽管坎坷，也不乏光明。无论自己此刻多么依赖别人，命运最终要掌握在自己手中。

《道德经》里有一句：飘雨不终朝，骤雨不终日。只要坚持，时间会改变一切。

吴京从小开始练武术，14 岁时下肢瘫痪，后来经过不断练习，最后重新站起来了。为了准备《战狼》拍摄，他花了 6 年的时间，前后在特种部队服役两年，自编自导自演。很多人不看好，认为他拍军人题材的电影不合时宜，他说：“如果我这一辈子不能为自己的梦想去坚持一回的话，这么活着也没有什么意思吧。”“在我的字典里，我觉得机会是给那些勇于开始，而执着坚持的人准备的。”后来，电影《战狼》获得了巨大的成功。

创新都是饱含激情的人创造出来的。

当你在创业中遇到不顺利、不如意，甚至是惨重的打击时，你要相信，时间会改变这一切，挫折和低谷终将过去，明媚的阳光终将来到。

《汉书·枚乘传》写道：“泰山之霤穿石，单极之绠断干。水非石之钻，索非木之锯，渐靡使之然也。”做事要持之以恒，不断努力，才能取得成功。钻木才会有火，滴水即能穿石，只有坚持才是取得成功的真经，只要寻得了正确的道路，便不惧艰险，一往无前，成功指日可待。

人们为什么愿意去帮助那些积极向上、艰苦奋斗的创业者？因为这样的人总是充满无限希望、无限可能。帮助这样的人总有一天会有收获。

清朝曾国藩说；“天下断无易处之境遇，人间哪有空闲的光阴。”自古以来能够成就伟大功绩的人本身没有具备什么优越条件，却能做成大事。世界上从来都不缺创意和愿景，缺的是说到做到，并一直坚持下去。不要轻易地去评价别人，因为我们未必什么都懂。更不要去嘲笑别人的坚持，也许明天，他的坚持就是成功的前奏。

有一首诗《坚持或放弃》写道：

无论你睡多晚，总有人比你更晚；
无论你起多早，总有人比你更早；
无论你多努力，总有人比你更努力！
不管你有多辛苦，总有人比你更辛苦！
“放弃”二字十五笔，
“坚持”二字十六笔，
放弃和坚持就在一笔之差！
差之毫厘，失之千里！
你若坚持，定会发光。

时间是所向披靡的武器，它能积少成多，也能聚沙成塔，将人生的不可能变成可能。这一路走来，也许没人看好，也许总有人劝你放弃，也许热爱大不过生存的意义，但只有你最清楚，你的坚持，无可替代。人生最大的失败就是放弃，今天很残酷，明天更残酷，后天很美好。所有成功的背后，都是苦苦堆积的坚持；所有人前的风光，都是背后傻傻的不放弃。只要你愿意开始，并为之坚持，总有一天，你会活成自己喜欢的模样。

海明威在《老人与海》中写道："要想钓大鱼就要有孤身入深海的坚毅、单刀刺鲨鱼的勇气，扬长避短的智慧和周旋到底永不放弃的韧性。"

惟坚韧者始能遂其志。坚持不懈的人方能实现愿望。成功的人所达到的高度，是他们在其他人都睡着的时候，还一步步艰难地向上攀爬的结果。成功需要坚持与积累，与其专注于搜集雪花，不如省点力气去滚雪球。

投资家巴菲特说："人生就像滚雪球，最重要的是发现很厚的雪和很长的坡。"让自己沉淀下来，学着发现"很厚的雪"，努力寻找"很长的坡"。记住，散落的雪花会很快融化，化为乌有，只有雪球才更实在，才能长久。

人生的奔跑，不是瞬间的爆发，而是途中的坚持，纵有千百个理由放弃，也要找一个理由坚持下去。能激励你、温暖你、感动你的，不是励志语录和心灵鸡汤，而是身边比你优秀的人比你还努力！永远不要觉得自己有多努力、多勤奋，因为你永远不知道，在你看不见的地方，别人会有多努力。

人的一生要走多少路，才能确定前行的方向。在路上要遇到多少人，才能知道与谁同行。我们的路已经在脚下，我们的伙伴就在身旁，不断去学习，努力做好自己。

泰戈尔说："不要着急，最好的总会在不经意间出现，我们要做的，就是怀揣希望去努力，静待美好的出现。"

成功的路上并不拥挤，因为坚持的人太少。

创业者的誓言：

（1）加强时间管理，克服拖延的习惯；

（2）与手机保持距离，享受纸质书阅读；

（3）坚持锻炼身体，亲近大自然；

（4）快乐生活，家务劳动时不忘唱歌；

（5）相信未来，有成长型思维；

你努力或不努力，一天看不出任何变化，一周也看不出任何差别，半年后会看到气质不同，一年后会看到人生道路不同，三年后会看到生活质量不同，十年后会看到生活圈不同。你的日积月累，早晚会让别人望尘莫及。

请不要在吃苦的年纪选择了安逸，惟有奋斗，才能创造更加灿烂的辉煌！

参考文献

[1] 《广东改革开放史》课题组．广东改革开放史（1978－2018）[M]．北京：社会科学文献出版社，2018．

[2] 冯刚. 改革开放以来高校思想政治教育发展史[M]. 北京：人民出版社，2018.

[3] ［德］黑格尔．美学（第 1 卷）[M]．朱光潜，译．北京：商务印书馆，2009．

[4] 朱汉民．中国传统文化导论[M]．长沙：湖南大学出版社，2010．

[5] 中国人才创新优质生态圈评估研究课题组.中国人才创新创业优质生态圈发展报告（2019）[M]．北京：中国社会科学出版社，2019．

[6] 中央纪委监察部网络中心．中国家规[M]．北京：中国方正出版社，2017．

[7] 宗白华．美学散步（序）[J]．读书，1981．

[8] 邓牛顿．中华美学感悟录[M]．北京：社会科学文献出版社，1996．

[9] ［美］泰勒•本-沙哈尔．幸福的方法[M]．汪冰，刘骏杰，译．北京：当代中国出版社，2011．

[10] 曹延华，许自强．美学与美育[M]．北京：高等教育出版社，1997．

[11] 汉宝德．美学漫步[M]．北京：北京联合出版公司，2012．

[12] 曾仕强．中国式管理[M]．北京：中国社会科学出版社，2005．